■2025年度高等学校受験用

駒澤大学高等学校

収録内容一覧

★この問題集は以下の収録内容となっています。また、編集の都合上、解説、解答用紙を省略させていただいている場合もございますのでご了承ください。

（○印は収録、一印は未収録）

入試問題と解説・解答の収録内容		解答用紙
2024年度	英語・数学・国語	○
2023年度	英語・数学・国語	○
2022年度	英語・数学・国語	○
2021年度	英語・数学・国語	○
2020年度	英語・数学・国語	○

★当問題集のバックナンバーは在庫がございません。あらかじめご了承ください。

JN004661

●凡例●

【英語】

≪解答≫

〔　〕　①別解

②置き換え可能な語句（なお下線は置き換える箇所が２語以上の場合）

(例) <u>I am</u>〔I'm〕glad〔happy〕to ~

（　）　省略可能な言葉

≪解説≫

1, **2**… 本文の段落（ただし本文が会話文の場合は話者の１つの発言）

〔　〕　置き換え可能な語句（なお〔　〕の前の下線は置き換える箇所が２語以上の場合）

（　）　①省略が可能な言葉

(例)「(数が) いくつかの」

②単語・代名詞の意味

(例)「彼（＝警察官）が叫んだ」

③言い換え可能な言葉

(例)「いやなにおいがするなべにはふたをするべきだ（＝くさいものにはふたをしろ）」

//　訳文と解説の区切り

cf.　比較・参照

≒　ほぼ同じ意味

【数学】

≪解答≫

〔　〕　別解

≪解説≫

（　）　補足的指示

(例)（右図１参照）など

〔　〕　①公式の文字部分

(例)〔長方形の面積〕＝〔縦〕×〔横〕

②面積・体積を表す場合

(例)〔立方体 ABCDEFGH〕

∴　ゆえに

≒　約、およそ

【社会】

≪解答≫

〔　〕　別解

（　）　省略可能な語

＿＿＿　使用を指示された語句

≪解説≫

〔　〕　別称・略称

(例) 政府開発援助〔ODA〕

（　）　①年号

(例) 壬申の乱が起きた（672年）。

②意味・補足的説明

(例) 資本収支（海外への投資など）

【理科】

≪解答≫

〔　〕　別解

（　）　省略可能な語

＿＿＿　使用を指示された語句

≪解説≫

〔　〕　公式の文字部分

（　）　①単位

②補足的説明

③同義・言い換え可能な言葉

(例) カエルの子（オタマジャクシ）

≒　約、およそ

【国語】

≪解答≫

〔　〕　別解

（　）　省略してもよい言葉

＿＿＿　使用を指示された語句

≪解説≫

〈　〉　課題文中の空所部分（現代語訳・通釈・書き下し文）

（　）　①引用文の指示語の内容

(例)「それ（＝過去の経験）が ～」

②選択肢の正誤を示す場合

(例)（ア，ウ…×）

③現代語訳で主語などを補った部分

(例)（女は）出てきた。

／　漢詩の書き下し文・現代語訳の改行部分

駒澤大学高等学校

所在地	〒158-8577 東京都世田谷区上用賀1-17-12
電　話	03-3700-6131
ホームページ	https://www.komazawa.net/
交通案内	東急田園都市線 桜新町駅・用賀駅より徒歩13分 小田急線 千歳船橋駅よりバス10分

普通科

男女共学

くわしい情報は
ホームページへ

応募状況

年度	募集数		受験数	合格数	倍率
2024	推薦	250名	320名	320名	1.0倍
	併願	250名	374名	374名	1.0倍
	一般		339名	143名	2.4倍
2023	推薦	250名	311名	311名	1.0倍
	併願	250名	370名	370名	1.0倍
	一般		307名	120名	2.5倍
2022	推薦	250名	309名	309名	1.0倍
	併願	250名	428名	428名	1.0倍
	一般		288名	123名	2.3倍

※併願＝併願優遇

試験科目　(参考用：2024年度入試)

推薦：小論文，面接

＊奨学生入試希望者は，上記に加え，適性検査(国・数・英)，校長面接(保護者同伴)

併願優遇：小論文，面接

一般：国語・数学・英語，面接

＊チャレンジ制度(奨学生入試)希望者は，国語・数学・英語，面接

沿　革

駒澤大学高等学校は，駒澤大学予科をその前身とし，昭和23年新制高等学校として発足した。大学の学生数の増加に伴い，同41年に現在地に校舎を移転。平成７年度より男女共学制に移行した。

駒澤大学は，仏教，文学，経済，法，経営，医療健康科学，グローバル・メディア・スタディーズの７学部17学科がある。本校は，「行学一如」という駒澤大学の建学精神を継承する。

特　色

第一の特色として，「仏教」を礎とした「心の教育」があげられる。永平寺での宿泊研修や坐禅実習などを通し，自律心や感謝の心，他者を思いやる気持ちを育てている。

第二に，幅広い選択肢がある。駒澤大学の付属高校として内部進学が可能であるが，他大学への進学希望者が年々増加していることもあり，２年次より「受験コース」で難関大学受験に向けての手厚い指導を受けることができる。放課後や早朝，長期休暇中の講座も充実している。

第三に，活発な部活動と盛んな行事があげられる。全国大会出場の強豪部から，和気あいあいと楽しむ部まで，数多くの部が活発に活動している。また，文化祭や林間学校，修学旅行などの行事も，生徒を主体として実施し，生徒の積極性やコミュニケーション能力を育てている。国際性を養うカナダ短期・長期留学，オーストラリア短期留学も実施。

合格実績

◎2024年度・主な他大学合格者数　(2024年・春)
筑波大１名，東京外国語大１名，横浜国立大１名，早稲田大10名，慶應義塾大２名，上智大３名，東京理科大７名，明治大20名，青山学院大13名，立教大20名，中央大43名，法政大29名，学習院大１名，成蹊大３名，成城大７名，明治学院大11名，日本大16名，東洋大23名，専修大８名，國學院大11名，獨協大６名ほか

編集部注―本書の内容は2024年6月現在のものであり，変更されている場合があります。正確な情報は，学校のホームページ等で必ずご確認ください。

出題傾向と今後への対策　英語

出題内容

	2024	2023	2022
大問数	8	10	10
小問数	62	59	57
リスニング	○	○	○

◎大問は８～10題，小問数は60問程度である。出題構成は一定していないが，長文読解は２～３題必ず出題されている。この他，放送問題，適語補充，整序結合，対話文完成などが出題されている。

2024年度の出題状況

1 放送問題
2 適語(句)選択
3 適語補充
4 整序結合
5 書き換え―適語補充
6 対話文完成―適文選択
7 長文読解総合―物語
8 長文読解総合―説明文

解答形式

2024年度　記　述／マーク／併　用

出題傾向

長文の課題文は説明文，物語，会話文などさまざまであり，長さもまちまちである。設問は総合問題で，音声問題，文法問題から内容把握に関するものまで幅広い。文法問題は中学で学習する内容を身につけていれば解答できる問題で構成されている。放送問題は，短文とやや長めの文を聞いて質問に答える形式などのパターンが多い。

今後への対策

英文を読む基礎となる教科書の必修単語と重要構文は，手で書いて暗記してしまうこと。教科書の音読を繰り返すことも有効だ。問題集は１冊決めて繰り返し解こう。放送問題はラジオ講座などで毎日英語を聞き，耳を慣らしておくのが大切。仕上げとして過去問題集を解き，問題形式と時間配分を確認しておこう。

◆◆◆◆◆ 英語出題分野一覧表 ◆◆◆◆◆

分野		年度	2022	2023	2024	2025 予想※
音声	放送問題		■	■	★	◎
	単語の発音・アクセント		●	●		◎
	文の区切り・強勢・抑揚					
語彙・文法	単語の意味・綴り・関連知識			●		△
	適語(句)選択・補充		■	■	■	◎
	書き換え・同意文完成		●	●	●	◎
	語形変化					
	用法選択					
	正誤問題・誤文訂正					
	その他					
作文	整序結合		●	●	●	◎
	日本語英訳	適語(句)・適文選択				
		部分・完全記述				
	条件作文					
	テーマ作文					
会話文	適文選択		●	●	●	◎
	適語(句)選択・補充					
	その他					
長文読解	内容把握	主題・表題				
		内容真偽	●	●	●	◎
		内容一致・要約文完成		●	■	◎
		文脈・要旨把握		●	●	◎
		英問英答				
	適語(句)選択・補充		●	●	●	◎
	適文選択・補充			●	■	◎
	文(章)整序					
	英文・語句解釈(指示語など)		■	●		◎
	その他(適所選択)		●			△

●印：１～５問出題，■印：６～10問出題，★印：11問以上出題。
※予想欄　◎印：出題されると思われるもの。　△印：出題されるかもしれないもの。

出題傾向と今後への対策　数学

出題内容

2024年度

大問５題，23問の出題。①は小問集合で，10問。各分野から出題されている。確率は，正誤を問う問題。②は関数で，放物線と直線に関するもの。三角形の面積を２等分する直線の式などが問われている。③は空間図形で，立方体を利用した問題。④はサイコロを利用した場合の数に関する問題。⑤は特殊・新傾向問題。３枚のピザを４人に同じ形にして分ける方法などを，数の性質を利用して求めるもの。

2023年度

大問５題，20問の出題。①は小問集合で，８問。数と式，方程式，関数，データの活用，図形などの出題。②は関数で，放物線と直線に関するもの。回転体について問うものもある。③は２つのサイコロを利用した確率の問題。④は空間図形で，円錐の内部に２つの球がある図を利用した問題。球の半径や体積などが問われている。⑤は数の性質で，わり算の余りを利用したもの。

作 …作図問題　証 …証明問題　グ …グラフ作成問題

解答形式

2024年度　記　述／マーク／併　用

出題傾向

大問５題，設問20問程度の出題。①は小問集合７～10問で，各分野から出題。②以降は，関数，図形がほぼ毎年のように出題。確率や規則性に関する問題などが出題されることもある。②以降の総合題は，頻出パターンの問題が多く出題されているので，日頃の学習の成果が試されるといえる。

今後への対策

教科書の章末問題や練習問題はひと通り解いて，基礎事項を確認しよう。解けない問題は教科書で再確認を。基礎を確認したら演習をして問題に慣れていこう。初めは基礎を定着させるために基本問題集で，その後標準レベルの問題集を用いて，いろいろな解法や考え方をマスターしていこう。

◆◆◆◆◆ 数学出題分野一覧表 ◆◆◆◆◆

分野	年度	2022	2023	2024	2025 予想※
数と式	計算，因数分解	■	■	★	◎
	数の性質，数の表し方	★	★		◎
	文字式の利用，等式変形			●	△
	方程式の解法，解の利用	●	●		◎
	方程式の応用	■	●	●	◎
関　数	比例・反比例，一次関数	●	●		△
	関数$y=ax^2$とその他の関数	★	★	★	◎
	関数の利用，図形の移動と関数				
図　形	(平面) 計　量	●	■	■	◎
	(平面) 証明，作図				
	(平面) その他				
	(空間) 計　量	★	★	★	◎
	(空間) 頂点・辺・面，展開図				
	(空間) その他				
データの活用	場合の数，確率	★	★	★	◎
	データの分析・活用，標本調査		●		△
その他	不 等 式				
	特殊・新傾向問題など			●	
	融合問題				

●印：１問出題，■印：２問出題，★印：３問以上出題。
※予想欄　◎印：出題されると思われるもの。　△印：出題されるかもしれないもの。

出題傾向と今後への対策 国語

出題内容

2024年度

論説文　古文　国語の知識

課題文

一 好井裕明『違和感から始まる社会学』

二『今昔道の栞』

2023年度

論説文　古文　国語の知識

課題文

一 古田徹也『いつもの言葉を哲学する』

二 松平定信『花月草紙』

2022年度

論説文　古文　国語の知識

課題文

一 杉田　敦「コロナと権力」

二『十訓抄』

解答形式

2024年度	記　述／マーク／併　用

出題傾向

設問は，読解問題にそれぞれ10問程度，慣用句・ことわざなど国語の知識の問題に４問程度付されている。読解問題の設問には，30～60字程度の記述式解答の設問が，いくつか含まれる。課題文については，現代文は比較的新しい作品からの出題が目立ち，古文は平安・鎌倉時代の作品が選ばれることが多い。

今後への対策

読解問題については，記述式の解答もあるので，文章を正確に読む力だけでなく，読んだ内容を的確に表現する力も必要である。こうした力を養うには，基礎学力養成用の問題集を数多くこなしていくのがよい。国語の知識については，慣用句・ことわざなどの語句関連，漢字，文法，文学史をまんべんなく復習しておくこと。

◆◆◆◆◆ 国語出題分野一覧表 ◆◆◆◆◆

分野		年度	2022	2023	2024	2025予想※
現代文	論説文 説明文	主題・要旨	●	●	●	◎
		文脈・接続語・指示語・段落関係	●	●	●	◎
		文章内容	●	●	●	◎
		表現		●		△
	随筆 日記 手紙	主題・要旨				
		文脈・接続語・指示語・段落関係				
		文章内容				
		表現				
		心情				
	小説	主題・要旨				
		文脈・接続語・指示語・段落関係				
		文章内容				
		表現				
		心情				
		状況・情景				
韻文	詩	内容理解				
		形式・技法				
	俳句 和歌 短歌	内容理解				
		技法				
古典	古文	古語・内容理解・現代語訳	●	●	●	◎
		古典の知識・古典文法	●	●	●	◎
	漢文	(漢詩を含む)				
国語の知識	漢字 語句	漢字	●	●	●	◎
		語句・四字熟語	●	●	●	◎
		慣用句・ことわざ・故事成語	●	●		◎
		熟語の構成・漢字の知識				
	文法	品詞	●	●	●	◎
		ことばの単位・文の組み立て				
		敬語・表現技法				
	文学史		●	●	●	◎
作文・文章の構成・資料						
その他						

※予想欄　◎印：出題されると思われるもの。　△印：出題されるかもしれないもの。

合格を勝ち取るための

本書の使い方

本書に掲載されている過去問をご覧になって，「難しそう」と感じたかもしれません。でも，大丈夫。ほとんどの受験生が同じように感じるのです。高校入試の出題範囲は中学校の定期テストに比べて広いですし，残りの中学校生活で学ぶはずの，まだ習っていない内容からも出題されているかもしれません。

ですから，初めて本書に取り組む際には，点数を気にする必要はありません。点数は本番で取れればいいのです。

過去問で重要なのは「間違えること」です。自分の弱点を知るために，過去問に取り組むのです。当然，間違った問題をそのままにしておいては意味がありません。

本書には，長年にわたって高校受験に関わってきたベテランスタッフによる詳細な解説がついています。間違えた問題は重点的に解説を読み，何度も解きなおしてください。時にはもう一度，教科書で復習するのもよいでしょう。

別冊として，抜き取って使える解答用紙を収録しました。表示してあるように拡大コピーをとれば，実際の入試と同じ条件で，何度でも過去問に取り組むことができます。特に記述問題では解答欄の大きさがヒントになる場合があります。そうした，本番で使える受験テクニックの練習ができるのも，本書の強みです。

前のページにある「出題傾向と今後への対策」もよく読んで，本校の出題傾向に慣れておきましょう。

2024年度 駒澤大学高等学校

【英　語】（50分）〈満点：100点〉

※問題1はリスニング問題です。A～Cの３種類の問題があります。試験開始から約５分後に実施します。なお，あらかじめ問題を読んでおくことは構いません。

1　リスニング問題

A　この問題では，英語の文章と質問文が放送されます。各質問文に対する最も適切な答えを，それぞれ解答欄に英語1語で記入しなさい。英文は２回放送されます。

(1)

(2)

(3)

(4)

B　この問題では，短い英語が放送されます。各文に対する返答として最も適切な答えを，それぞれ①～④の中から１つ選び，その番号を解答欄にマークしなさい。英文は２回放送されます。

(5)　① About half an hour on foot.　② Sure, I can pick you up.
　　③ I slept for 7 hours.　④ Yes, we have six classes today.

(6)　① I don't know.　You can check the website.
　　② It's a big library, isn't it?
　　③ I like reading comic books.
　　④ I borrowed some books three days ago.

(7)　① That's too bad.　② That sounds good.
　　③ Here you are.　④ You're welcome.

(8)　① Sure.　Your friends in Canada will help you.
　　② Sure.　My friends said the video was interesting.
　　③ OK.　I told you why I wanted to make it.
　　④ OK.　I think I have some good ideas.

C　この問題では，ある中学校における英語の授業中の話が放送されます。英文を聞き，以下の問いに答えなさい。英文は２回放送されます。

問１　次の文が，放送された英文の要約になるように，(　　)に入る最も適切な１語を入れなさい。

(9) During summer vacation, the students had to write a love letter as their (　　　).

(10) When they were writing the love letter, the students had to follow some (　　　).

(11) Yuri wrote a letter to his (　　　).

問２　次の質問に対する答えの文を完成するとき，____に入る最も適切なものを①～④の中から１つ選び，その番号を解答欄にマークしなさい。

(12) What did Katie NOT tell the class?
　　They had to __________.

① use English　② write to a person
③ write to anything that they liked　④ write three sentences

※＜リスニング問題放送原稿＞は英語の問題の終わりに付けてあります。

2 英文の(　)に入れるのに最も適切なものを，それぞれ①～④の中から１つ選び，解答欄にマークしなさい。

(13) Which do you want to, wash (　　) or dry those plates ?

① much dishes　② the dishes

③ a dish　④ dish

(14) Stop talking, please. You (　　) in the library.

① may be quiet　② should not be quiet

③ can be noisy　④ must not talk

(15) "Is this your textbook ?" "No, it's (　　)."

① our　② his　③ her　④ my

(16) Let's keep (　　) touch with each other while you're in America !

① at　② for　③ in　④ by

(17) "Can we start now ?" "No, we can't. Howard has not come (　　)."

① ago　② if　③ yet　④ being

3 英文の(　)に入る最も適切な１語を入れなさい。

(18) Sachiko began guitar lessons at the (　　) of eleven.

(19) I know you don't like this medicine, but you won't get (　　) if you don't take it.

(20) "I met your sister on the second street yesterday." "Oh, (　　) you ?"

(21) She will have to (　　) a speech in front of all the students.

(22) "Do you know Monica ?" "Yes, she and I have known (　　) other for ten years."

4 日本語の意味に合うように，下の①～⑧の語(句)を並べ替えて英文を完成させるとき，指定された空欄に入る語(句)の番号を解答欄にマークしなさい。**ただし，設問にはそれぞれ１つずつ不要な語(句)が含まれています。**また，文頭にくる語も小文字になっているので注意しなさい。

(23)(24) ここから東京まではどのくらい距離がありますか。

(　　)((23))(　　)((24))(　　)(　　)(　　) Tokyo ?

① here　② far　③ is　④ it　⑤ from　⑥ to　⑦ how　⑧ wide

(25)(26) ウィリアムが私たちに会うために５年ぶりに日本にやってきた。

William came to (　　)((25))(　　)((26))(　　)(　　)(　　) in five years.

① to see　② the　③ Japan　④ time　⑤ first　⑥ us　⑦ for　⑧ at

(27)(28) 私が今読んでいる本はロンドンにいる友人が送ってくれたものだ。

The book I ((27))(　　)(　　)(　　)((28))(　　)(　　) friend of mine in London.

① reading　② by　③ am　④ it　⑤ was　⑥ sent　⑦ a　⑧ now

(29)(30) 私は今夜，レナードに夕食を作ってほしい。

(　　)(　　)((29))((30))(　　)(　　)(　　) evening.

① dinner　② Renard　③ I　④ think　⑤ want　⑥ to　⑦ this

⑧ cook

(31)(32) うちの家族では，おじいちゃんが一番早起きだ。

My (　　)(　　)(　　)(　　)((31))((32))(　　) family.

① gets　② my　③ up　④ in　⑤ earliest　⑥ the　⑦ of

⑧ grandfather

5　２つの文がほぼ同じ意味になるように，(　)に入る最も適切な１語を入れなさい。

(33) I have never seen such a beautiful garden like this.
=This is the most beautiful garden I've (　　) seen.

(34) How many people do you have in your family?
=How many people are (　　) in your family?

(35) The oldest castle in the city is 120 years old.
=The oldest castle in the city was (　　) 120 years ago.

(36) I don't see any difference between this and that coffee.
=I think this and that coffee are the (　　).

(37) How is the weather in California?
=What is the weather (　　) in California?

6　各対話が完成するように，(　)に入る最も適切なものを，それぞれ①～④の中から選び，その番号を解答欄にマークしなさい。

(38) A： Do you have any brothers?
B： No, but I have a sister.
A： What does she do?
B： (　　　　)

① She isn't making dinner with my mother.
② She is reading a book in her room.
③ She is very good at playing the guitar.
④ She is a high school student.

(39) A： Have you met your new teacher?
B： Yes, he is very tall and has brown eyes.
A： Oh, look! Is that him?
B： (　　　　)

① Yes. But he looks sad. What's the matter?
② No. That man isn't my new classmate.
③ I don't think so. What can we do for him?
④ That's a good way for studying English at home.

(40) A： Great! This menu is written in English.
B： A lot of people from other countries are coming to this town, and most of them speak English.
A： This kind of menu will help those people.
B： (　　　　)

① People working here can speak English. You can ask questions about the menu.
② People are shopping around to find nice food. This menu is really good for our parents.
③ I'm very happy to hear the good news. I can't speak English and Chinese.
④ I like vegetable sandwiches and eggs for breakfast. I don't like coffee.

(41) A： What type of a person are you ?

B： Well, I don't think I'm an active person. I like watching movies at home.

A： Aren't you interested in any sports ?

B：(　　　　　)

① No, I wanted to be an active person, and my teacher was very active.

② No, I was a member of the science club for three years when I was a high school student.

③ Yes, I'm very interested in a famous teacher and I want to join his team.

④ Yes, my mother and father weren't basketball players.

(42) A： What is otoshidama ?

B： It is New Year's gift money children receive during New Year's holiday.

A： Are you going to use that money and go on *a shopping spree ?

B：(　　　　　)

＊a shopping spree　爆買い

① No. Because the money is in pochibukuro, a small paper bag.

② No, I'm going to put it in the bank.

③ Yes, my parents would like to buy games with the money for me.

④ Yes, parents, uncles, and aunts give a lot of money to children.

7 次の英文を読み，設問に答えなさい。

Amy was going to a big birthday party on Saturday night. She knew she would have a great time, but she didn't know what she was going to ((43)).

"Mom," said Amy. "Please give me some money. I want to buy something new."

"No," said her mother. "You already have a lot of nice things. What about your blue T-shirt with a butterfly on it ?"

"Everyone else has something new," said Amy. [　A　]

"It isn't old, and it's lovely ! I don't have the money to buy you something new. You should ask your *gran," her mother said.

So, Amy called her gran, and on Saturday they went to the shopping mall together.

"Now," said her gran, "we are here. So, what do you want ?"

"Something really nice," said Amy.

Her gran laughed and said, "(　(44)　) What are we looking for ?"

"I don't know," said Amy. [　B　]

Amy and her gran went into the first store, but Amy found nothing. Then they went into every store on the floor, but she still found nothing. She wanted something special for the party. Some dresses were very good, but they weren't quite special enough. After they ate lunch, they went to other floors, ((45)あ) they found nothing. She began to cry.

"Oh, Amy. What's the matter ?"

"I want something special, but nothing is right and I'm so tired. I want to go home."

"Don't cry, Amy. We have tried, haven't we ? That's the important thing. And we've had a nice day. That is important too. And I know the perfect thing for you to wear. It will make you feel wonderful and will make everyone want to be your friend."

"What is it ?" said Amy. [　C　]

"You already have it," her gran said and whispered ((45)い) in Amy's ear.

Amy's eyes went big. "Yes," she said. "Yes! Oh, gran—(46)you are so clever! Let's go home."

That night, when Amy came down from her bedroom, she was wearing her old jeans and ((47)).

"You are going in that?" said her mother. "But you spent the whole day shopping! You said ((48))

"I found it," said Amy. "I am wearing it, Mom. A smile!" She smiled her best, biggest smile.

Her mother smiled too. "You are right, Amy. You don't need fancy clothes or money. A smile is all you need."

"Yes," said Amy. [D]

＊gran　おばあさん

(43) ((43))に入る最も適切な１語を，①～④の中から１つ選び，その番号を解答欄にマークしなさい。

① take　② bring　③ wear　④ buy

(44) ((44))に入る最も適切な文を，①～④の中から１つ選び，その番号を解答欄にマークしなさい。

① We should eat something good to find it.

② We need to know more than that.

③ You should go to a famous store.

④ You don't need to have a special day.

(45) ((45)あ)と((45)い)に入る最も適切な組み合わせを①～④の中から１つ選び，その番号を解答欄にマークしなさい。

① （あ） but （い） anything　② （あ） so （い） something

③ （あ） but （い） something　④ （あ） so （い） anything

(46) 下記の英文は下線部(46)の内容を説明したものである。(　)に入る最も適切な１語を，①～④の中から１つ選び，その番号を解答欄にマークしなさい。

Amy had a wonderful feeling ( ) she understood she already had a special thing.

① if　② though　③ before　④ because

(47) ((47))に入る最も適切なものを，①～④の中から１つ選び，その番号を解答欄にマークしなさい。

① the special dress　② the perfect jacket

③ the fancy clothes　④ the blue butterfly T-shirt

(48) 直前の下線部から考え，((48))に入る最も適切なものを，①～④の中から１つ選び，その番号を解答欄にマークしなさい。

① you and your gran didn't find the perfect thing for your friend!

② you found the perfect thing to wear!

③ your gran bought you the perfect thing for the party!

④ you went into every shop in the shopping mall and ate good lunch!

(49) 買い物中，おばあさんが語った「大切なこと」とは何か，①～④の中から１つ選び，その番号を解答欄にマークしなさい。

① 具体的に話すことと，楽しく過ごすこと。

② 試してみたことと，素敵な日を過ごしたこと。

③ 一日かけて挑戦したことと，泣くまで頑張ったこと。

④ 特別なものを持っていることと，友達ができること。

(50) [A]~[D]に入る英文として最も適切なものを，①～④の中から1つ選び，その番号を解答欄にマークしなさい。

① "I will know when I see it."
② "It's The Perfect Thing."
③ "Do we still have time to get it ?"
④ "I don't want to be the only one in old clothes."

8 次の英文を読み，設問に答えなさい。

Do you know the words "tween," or "brunch" ? These words are portmanteaus — words that are made from parts of two different words.

Portmanteaus are different from *compound words. Compound words are made from two words. For example, notebook, football and haircut. Portmanteaus join parts of the spelling of each word and their meanings.

Let's learn more about how portmanteaus are made. We will also learn about their interesting history and find out some common portmanteaus in English. The word "tween" comes from "teen" and "between." This portmanteau means the age around 10 to 12 years old. ((51)) And "brunch" is a common weekend meal that joins "breakfast" and "lunch." "Brunch" is often eaten in the late ((52)あ) and early ((52)い) and *includes food and drink choices from both meals.

Where does the idea of portmanteaus come from ? "Porter" means "to carry" in French, and "manteau" in French is a coat. When both words are joined, a "portmanteau" means a large suitcase that *folds in half and can carry a lot of things.

So how did a French suitcase become part of English language ? A British writer Lewis Carroll started to use the word "portmanteau" in English. Carroll wrote *Alice's Adventures in Wonderland*. In his next book, *Through the Looking Glass*, Carroll wrote about the idea of portmanteaus. In the story, Alice reads a book with a poem called "Jabberwocky." In the poem, Carroll makes up several joined words. Alice doesn't understand those words, so she asks another character, Humpty Dumpty, about the words. He answers, "It's like a portmanteau — two meanings are put into one word."

Let's look at some common portmanteaus. Some portmanteaus are made by joining the beginning part, *syllable or letters of the first word with the final part, syllable or letters of the second word. For example, ((53))

A "globish" is a blend of "global" and "English." It means a simple English for non-English-speakers. "Hangry" means to be angry because you are hungry. "Motel" is a combination of "motor" and "hotel." It is like a hotel, but for people driving on long road trips. "Smog" is a combination of "smoke" and "fog" to mean a kind of *air pollution. "Frenemy" is a blend of "friend" and "enemy." It is a person who *pretends to be your friend but is in fact an enemy. "Liger" is also a portmanteau. It's an animal. Its father is a lion, and the mother is a tiger. "Bollywood" is a combination of "Bombay" and "Hollywood." Bombay is an old name of Mumbai and the city is famous for making movies.

You learned portmanteaus have an interesting ((54)) and many examples in the English language. Now it's your turn. Try to make your original portmanteau.

＊compound words 複合語　＊includes 含む　＊folds 折りたたむ
＊syllable 音節：母音と子音の組み合わせからなり，ひとまとまりと感じられる音連続のこと
＊air pollution 大気汚染　＊pretends ふりをする

(51) ((51))に入るものとして**適切ではないもの**を①～④の中から1つ選び，その番号を解答欄にマークしなさい。

① If you're eleven years old and your brother is ten years old, both of you are tweenagers.

② If you're ten years old and your friend is as old as you, both of you are tweenagers.

③ If you're twenty years old and your sister is eight years younger than you, she is a tweenager.

④ If you're twelve years old and your brother is five years older than you, both of you are tweenagers.

(52) ((52)あ)と((52)い)に入る最も適切な組み合わせを，①～④の中から1つ選び，その番号を解答欄にマークしなさい。

① (あ) morning (い) evening　② (あ) evening (い) afternoon

③ (あ) afternoon (い) morning　④ (あ) morning (い) afternoon

(53) ((53))に入るものとして最も適切なものを①～④の中から1つ選び，その番号を解答欄にマークしなさい。

① eggplant is a combination of "egg" and "plant."

② we usually use textbooks at school.

③ "cosplay" is made by "cos" of costume and "play" of roleplay.

④ you can always use some portmanteaus because they aren't difficult.

(54) ((54))に入る適切な1語を本文中から抜き出しなさい。

(55)～(59) 本文の内容に合う英文になるように((55))～((59))に入る最も適切なものを①～⑧の中から1つ選び，その番号を解答欄にマークしなさい。ただし3か所の((56))には同じものが入る。

You may know words like cupcake, armchair or sometimes. Those words are made from two words and called ((55)). You have also read or heard of the words, brunch, globish and spife? They are called ((56)). ((56)) are made from ((57)) of two different words. For example "spife" is a combination of "sp" of spoon and "ife" of ((58)). Spife is usually used ((59)) cutting and eating some kind of fruit. If you want to know more about ((56)), you should make and use ones in your daily life.

〈語群〉

① parts	② knife	③ fork	④ compound words
⑤ for	⑥ certainly	⑦ by	⑧ portmanteaus

(60)～(63) 各英文が本文の内容に一致している場合は①，そうでない場合は②を解答欄にマークしなさい。

(60) The word portmanteau now means a combination of two words, but it originally meant a kind of suitcase.

(61) You can't use both compound words and portmanteaus when you speak English.

(62) Lewis Carroll started to use the word "portmanteau" in *Alice's Adventures in Wonderland.*

(63) If you don't like one of your classmates, the person is your frenemy.

(64) 本文の内容を参考にして，異なる英単語2つを用いて本文には無い**オリジナル**のportmanteauを作り，その意味を書きなさい。ただし，用いた2つの英単語も解答用紙に書くこと。

※1 元となる単語として文中のものを利用するのは可。

※2 日本語の名称(Tokyo, Tanakaなど)のアルファベット表記は不可とする。

＜リスニング問題放送原稿＞

A

(1) This is an animal. It runs on four legs. People use this animal to pull things and people ride it for sport. It can run fast and jump over great heights. What animal is this ?

(2) This has two wheels. People ride it to get to places faster. You must use your legs to make it move. What is this ?

(3) This is an outdoor space where plants, flowers, and sometimes trees are grown. Many people, especially children, come here to play, relax and exercise. What is this ?

(4) This is your brain's skill to remember things. It's something that you remember from the past about a person, place, or experience. What is this ?

B

(5) How long does it take you to go to school ?

① About half an hour on foot. ② Sure, I can pick you up.

③ I slept for 7 hours. ④ Yes, we have six classes today.

(6) What time does the library open ?

① I don't know. You can check the website.

② It's a big library, isn't it ?

③ I like reading comic books.

④ I borrowed some books three days ago.

(7) Why don't we go skiing ?

① That's too bad. ② That sounds good.

③ Here you are. ④ You're welcome.

(8) I want to make a video about my school for my friends in Canada so they can know about my school life. Can you help me ?

① Sure. Your friends in Canada will help you.

② Sure. My friends said the video was interesting.

③ OK. I told you why I wanted to make it.

④ OK. I think I have some good ideas.

C Yuri was a third grade of a junior high school student, and he was not really interested in English at that time.

One day, his English teacher Katie said to his class, "Summer vacation is coming soon. Your homework is to write a love letter." Everyone in the class was surprised. "You have three rules when you write a love letter. Rule 1 : The letter should be written in English. Rule 2 : You can write to anyone that you like. Rule 3 : The letter must have 3 sentences." she continued.

"I don't have any special girls who I want to write a letter to." A boy in the class said.

"You don't have to write to a girl who you like. You can write a love letter to anything around you. If you like playing the guitar, soccer or reading books, you can write a love letter to them."

Now everyone in the class understood how they should write a love letter and "who" they should write it to.

Yuri loves badminton, so he decided to write a letter to it, but his friend said that was impossible. Then, he saw the racket he used in his bag and decided to write a letter to it. Since then, he came to like English.

【数　学】（50分）〈満点：100点〉

1　(1)　$(-5)^2\div\dfrac{10}{3}\times3.2+5^3\times0.2^2\times20^2$ を計算しなさい。

(2)　$a=2\sqrt{3}-3$ のとき，a^2+6a+8 の値を求めなさい。

(3)　$(x-1)^2+5(x-1)-6$ を因数分解しなさい。

(4)　a 円のジュースの１割引きの値段は b 円である。a を b で表しなさい。

(5)　ある中学校の生徒数は男子が女子の人数より20人多く，男子の６割，女子の８割が電車通学をしていて，その合計人数は348人である。この中学校の全校生徒数を求めなさい。

(6)　右の図において，次の値を求めなさい。

①　x

②　y

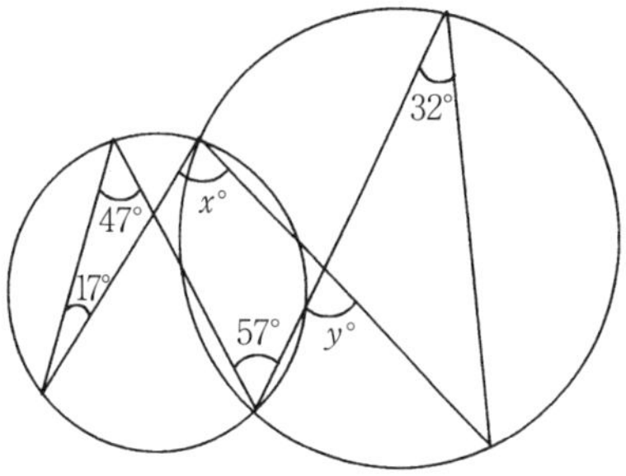

(7)　下の図のように，直径12の球を半分に切った立体の上に，底面の円の直径が球と等しく，母線の長さが10の円錐をはりつけた立体がある。円周率を π として，次の問に答えなさい。

①　この立体の体積を求めなさい。

②　この立体の表面積を求めなさい。

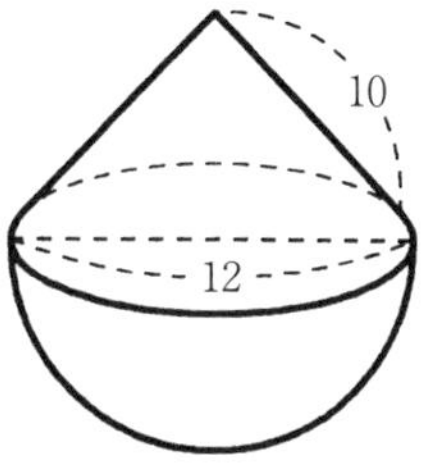

(8)　以下のア～オの文章のうち，正しいものをすべて選びなさい。

ア　サイコロにおいて１の目が出る確率は $\dfrac{1}{6}$ なので，サイコロを６回投げれば必ず１回は１の目が出る。

イ　サイコロにおいて１の目が出る確率は $\dfrac{1}{6}$ なので，サイコロを６個同時に投げれば必ず１個は１の目が出る。

ウ　２枚のコインを同時に投げるとき，その面の出方の組み合わせは(表，表)，(裏，裏)，(表，裏)の３通りなので，２枚とも表になる確率は $\dfrac{1}{3}$ である。

エ　２個のサイコロを同時に投げて，出た目の数の和を考えたとき，和が奇数になる確率と和が偶数になる確率は同じである。

オ　２個のサイコロを同時に投げて，出た目の数の積を考えたとき，積が奇数になる確率と積が偶数になる確率は同じである。

2　放物線 $y=ax^2\,(a>0)$ と直線 $y=\dfrac{1}{2}x+1$ が異なる２点 $\mathrm{A}(2,\ 2)$ と $\mathrm{B}(b,\ ab^2)$ で交わっている。このとき，次の問に答えなさい。ただし，Oは原点とする。

(1)　a と b の値を求めなさい。

(2)　△OABの面積を求めなさい。

(3)　原点Oを通り，△OABの面積を２等分する直線の式を求めなさい。

(4)　直線ABと y 軸との交点をCとする。Cを通り，△OABの面積を２等分する直線の式を求めなさい。

3 　右の図のように１辺の長さが４の立方体ABCD−EFGHがある。辺AB，BF，BC上にそれぞれ点Ｌ，Ｍ，ＮをBL＝BM＝BN＝xとなるようにとると，五角形AEFMLの面積が12になった。このとき，次の問に答えなさい。

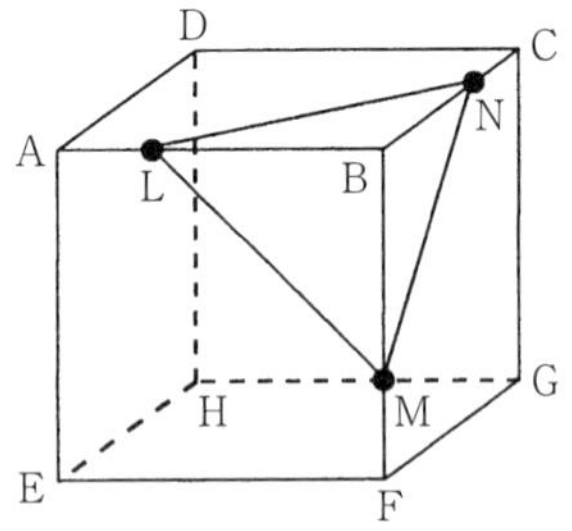

(1)　xの値を求めなさい。
(2)　立方体の対角線AGの長さを求めなさい。
(3)　正三角錐BLMNの体積を求めなさい。
(4)　頂点Ｈから△LMNまでの距離を求めなさい。

4 　下の図のように，Ａをスタートとし，Ｆをゴールとするすごろくゲームがある。このすごろくゲームでは，サイコロを投げて出た目の数だけ右に進む。ゴールするまで繰り返しサイコロを投げるが，その際，以下の≪ルール≫にしたがわなければならない。

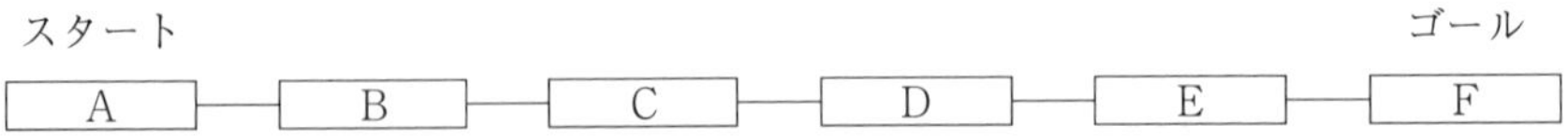

≪ルール≫
・Ｃの位置に止まった場合は，さらに右へ２つ進みＥの位置に止まる。
・Ｄの位置に止まった場合は，Ａの位置に戻る。
・Ｆの位置にちょうど止まればゴールできる。
・Ｆの位置にちょうど止まれず，まだ動かなければならない場合のみ，その分だけ左へ進む。
≪例≫
・Ａの位置にいてサイコロを投げ，２の目が出た場合，Ａ→Ｂ→Ｃと移動するが，Ｃの位置に止まったので，≪ルール≫にしたがいさらに右へ２つ進み，Ｅの位置に止まる。
・Ａの位置にいてサイコロを投げ，３の目が出た場合，Ａ→Ｂ→Ｃ→Ｄと移動するが，Ｄの位置に止まったので，≪ルール≫にしたがいＡの位置に戻る。
・Ｅの位置にいてサイコロを投げ，３の目が出た場合，Ｅ→Ｆ→Ｅ→Ｄと移動するが，Ｄの位置に止まったので，≪ルール≫にしたがいＡの位置に戻る。

このとき，次の問に答えなさい。

(1)　ちょうど１回だけサイコロを投げてゴールする目の出方は何通りか求めなさい。
(2)　ちょうど２回だけサイコロを投げてゴールする目の出方は何通りか求めなさい。
(3)　ちょうど３回だけサイコロを投げてＦを１回も折り返すことなくゴールする目の出方は何通りか求めなさい。
(4)　ちょうど３回だけサイコロを投げてＦを２回折り返してゴールする目の出方は何通りか求めなさい。

5　以下は太郎さんと花子さんの会話である。文章中の $\boxed{\text{ア}}$～$\boxed{\text{オ}}$ にあてはまる数を答えなさい。

太郎：３枚のピザを４人で分ける方法はあるかな？

花子：$3\div4=0.75$ だからぴったり割り切れないわね。

太郎：いったん３人に１枚ずつ配って，それぞれのピザから $\frac{1}{4}$ 枚ずつ切り取って最後の一人に渡せばいいのか。

花子：でも，できれば同じ形で分けたいわね。３枚のピザを４人に同じ形で，そしてなるべく少ないピースで分けるにはどうしたらいいかしら？

太郎：いい案を思いついた！　$3\div4$ を分数で表すと $\frac{3}{4}$ だよね？

花子：ええ。

太郎：これをピザ１枚の $\frac{3}{4}$ と考えるのではなくて，ピザ $\frac{1}{2}$ 枚と $\frac{1}{\boxed{\text{ア}}}$ 枚と考えればいいんだ。

花子：どういうこと？

太郎：つまり３枚のピザのうち２枚をそれぞれ半分にして，残り１枚を $\boxed{\text{ア}}$ 等分する。そして，それぞれがピザ $\frac{1}{2}$ 枚と $\frac{1}{\boxed{\text{ア}}}$ 枚をもらえば，全員にピザ $\frac{3}{4}$ 枚分いきわたったことになるよ。

花子：なるほど！　そうすれば同じ形に分けられて，しかもそれぞれのピースの数は２つですむわね。

太郎：ピザの枚数と人数を変えて考えてみよう。

花子：私のクラスが24人だから，23枚のピザを24人で分けることを考えましょう。

太郎：そうだね。$23\div24=\frac{23}{24}$ で，$\frac{23}{24}=\frac{1}{2}+\frac{1}{\boxed{\text{イ}}}+\frac{1}{\boxed{\text{ウ}}}$ だから…(ただし，$\boxed{\text{イ}}<\boxed{\text{ウ}}$ とする)

花子：$\boxed{\text{エ}}$ 枚のピザを半分にして，$\boxed{\text{オ}}$ 枚のピザを $\boxed{\text{イ}}$ 等分して，残りのピザを $\boxed{\text{ウ}}$ 等分すればいいのか。

太郎：そうだね！

問七 [A] に当てはまる語句として最も適当なものを、選択肢から一つ選び記号で答えなさい。

ア 邪心　イ 不審　ウ 道徳心　エ 本意《ほい》

問八 傍線部⑥「正直無欲の老婆かな」と感じた理由を三十字程度で具体的に答えなさい。

問九 本文の内容として最も適当なものを、選択肢から一つ選び記号で答えなさい。

ア 男は、婆々が財布を拾って盗んだと怪しみ、あとを追いかけた。

イ 男は、自分の財布が拾ってもらえなかったので、生活に困ってしまった。

ウ 男は、財布の金を盗み取った自分の行為を思い出し、恥ずかしく思った。

エ 男は、婆々に感謝し、隣に住んで生活を助けるようになった。

オ 男は、婆々の話を聞いて、正しい気持ちを持つようになった。

三 次の語句や文学史に関する問いに答えなさい。

問一 次の空欄に入る漢数字を答えなさい。

① （　）里霧中

② （　）面楚歌

③ 森羅（　）象

問二 次の文章の傍線部の品詞として最も適当なものをそれぞれ選択肢から選び記号で答えなさい。

この山①のふもとには冷たく②きれいな③水が④流れている。

ア 名詞　イ 動詞　ウ 形容詞　エ 形容動詞

オ 副詞　カ 助詞　キ 助動詞

問三 次の言葉の意味として最も適当なものをそれぞれ選択肢から選び記号で答えなさい。

① 不易《ふえき》　② 俯瞰《ふかん》　③ 標榜《ひょうぼう》　④ 忖度《そんたく》

ア 面倒で気が進まないこと。

イ 高いところから見下ろすこと。

ウ 主義や主張をはっきりかかげること。

エ 他人の気持ちを推し量ること。

オ いつまでもかわらないこと。

問四 次の言葉の意味として最も適当なものをそれぞれ選択肢から選び記号で答えなさい。

① マイノリティ　② ニュアンス

③ ステレオタイプ　④ コンプライアンス

ア 微妙な意味合いや色合いなどの違い

イ 自分らしさの証明となるもの

ウ 少数派

エ 多くの人に浸透している固定観念

オ 法令順守

カ 意味のないこと

問五 次の文は日本文学作品の説明である。それぞれの作品名を後の選択肢から選び記号で答えなさい。

① 八世紀後半に成立し、約百三十年間の歌を集めた現存する最古の歌集。

② 「ゆく河の流れは絶えずして」で始まる、鴨長明によって書かれた随筆。

③ 奥州《おうしゅう》や北陸の各名所を巡り大垣に到着するまでの紀行を書き留めた、江戸時代の俳諧紀行文。

④ 療養先で小動物の死を見つめる心象を描いた、志賀直哉の作品。

⑤ 没落貴族の娘かず子が第二次大戦後を生き抜く姿を描いた、太宰治の作品。

ア 古今和歌集　イ 万葉集　ウ 日本書紀

エ 枕草子　オ 徒然草　カ 方丈記

キ 野ざらし紀行　ク 奥の細道　ケ 斜陽

コ 城の崎にて　サ 人間失格　シ 細雪

ひ、取りあげ見て、そのままそこに捨て置き行きけるを、少しあとより行く男、これは相応の人柄にて※1小者一人召し連れ来たりしが、やがてこの所へ来て、見れば財布なり。②いぶかりながら取り上げ見れば、金の入りたる様子(1)ゆゑ、開きあらたむれば、※2金《きん》子《す》五両あり。「先の婆々は、拾ひながらなにゆゑそのまま捨て置きしや。」合点《がてん》ゆかねば、小者に言ひつけ「かの婆々に追ひつき③問ふべし」とぞ急がせける。

その身も続いてA行き、その所以《ゆゑん》を問へば、婆々の曰《いは》く、「我が身は、(2)きはめて貧しく、日々人に雇はれて※3露《つゆ》の命をつなぎはべる者なり。しかるに、いま途中にて小財布を見付け取り上げ見れば、必ず金の入りたる(3)やうにBおぼえはべりしゆゑ、我が身せめて一両日の食物あらば落とせし人を尋ねて戻し参らすべきに、今日の日を④空《むな》しくすれば⑤たちまち食物に離るるが哀しさに、［A］にはあらねどそのまま差し置きぬ」と語りければ、この男、愕然《がくぜん》として「さてさて⑥正直無欲の老婆かな。もしそなたに逢《あ》はずしてかの財布を見当たらば、⑦自然拾ひ取る心になりもやすべき。あら恥づかしや」と、赤面してぞC語られける。

これらが全く※4徳、孤ならず、必ず隣ありて、この男も無欲陰徳の志になりしは、ありがたきことならずや。

（『今昔道の栞』）

※1　小者…お供の者。
※2　金子…金の貨幣。または、通貨のこと。
※3　露…はかないもの。わずかなこと。
※4　徳、孤ならず、必ず隣あり…徳のある人は孤立せず、隣人のように親しい仲間がきっと現れるという意味。

問一　波線部(1)「ゆゑ」・(2)「きはめて」・(3)「やう」の読み方を、現代仮名遣いのひらがなで答えなさい。

問二　傍線部①「いやしき」・②「いぶかり」の本文中での意味として最も適当なものを、それぞれ選択肢から一つ選び記号で答えなさい。

①「いやしき」
ア　身分が低い　　イ　意地が悪い
ウ　欲が深い　　エ　考えが浅い

②「いぶかり」
ア　不機嫌になり　　イ　おびえ
ウ　不審に思い　　エ　気の毒に思い

問三　傍線部③「問ふべし」とあるが、その内容を本文中から二十字以内で書き抜いて答えなさい。

問四　二重傍線部A「行き」・B「おぼえはべりし」・C「語られける」の動作主を、それぞれ選択肢から一つ選び記号で答えなさい。

ア　婆々　　イ　男　　ウ　小者　　エ　作者

問五　傍線部④「空しくすれば」の単語の組み合わせとして最も適当なものを、選択肢から一つ選び記号で答えなさい。

ア　形容詞・動詞・助詞
イ　動詞・動詞・助詞
ウ　形容動詞・助動詞・助詞
エ　副詞・助詞・助動詞

問六　傍線部⑤「たちまち食物に離るるが哀しさ」・⑦「自然拾ひ取る心になりもやすべき」の解釈として最も適当なものを、それぞれ選択肢から一つ選び記号で答えなさい。

⑤「たちまち食物に離るるが哀しさ」
ア　だんだん食料が減っていくつらさ
イ　徐々に食べることを忘れてしまうつらさ
ウ　突然食料を奪われるつらさ
エ　すぐに食料を失うつらさ

⑦「自然拾ひ取る心になりもやすべき」
ア　きっと拾い取る気持ちになっていただろう
イ　決して拾い取る気持ちにはならなかっただろう
ウ　拾い取る気持ちになっていたらどうしようか
エ　拾い取ってしまったことを悔やんでいただろう

HIVウイルスが混入し、製剤を使用した患者の中にHIV感染者が出た問題。リスクを認識しながら製剤を許可していた国家、厚生省(当時)、製薬会社の責任はすでに訴訟で問われている。

問一 二重傍線部a～eについて、カタカナは漢字に直し、漢字は読み方をひらがなで答えなさい。

問二 Ⅰ～Ⅳに当てはまる語として最も適当なものを、それぞれ選択肢から選び記号で答えなさい。(選択肢は一度ずつ使用すること。)

ア しかし　イ つまり　ウ そして
エ では　オ むしろ

問三 傍線部①「『患者さま』という言葉がいま、病院などで頻繁に使われている」とあるが、筆者の推測する理由を本文中から解答欄に合う形で、十字で書き抜いて答えなさい。

問四 X に入る語として最も適当なものを選択肢から選び記号で答えなさい。

ア 高慢　イ 特殊　ウ 有利
エ 非対称　オ 不条理

問五 傍線部②「こびへつらい」の類義語として最も適当なものを選択肢から選び記号で答えなさい。

ア 水を向ける　イ 尻尾をふる
ウ 袖にする　エ うつつを抜かす
オ たかをくくる

問六 傍線部③「医療、診療という営みがもつ本質的なこと」に当たる部分を本文中から二十六字で探し、解答欄に合う形で最初と最後の五字を書き抜いて答えなさい。

問七 傍線部④「普段、私たちは『医者』への『信頼』をどのように語り、確認しているのだろうか」とあるが、それに対して筆者はどのように考えているか。六十字以内で答えなさい。

問八 傍線部⑤「『医者をすること』」とあるが、それに当てはまるものを、選択肢から一つ選び記号で答えなさい。

ア 患者との関係性を反省的に捉え返すこと。
イ 専門的な営みとしての医療行為。
ウ 一人の人間として患者と関わること。
エ 医療行為中に現れる無意識的な行動。

問九 本文からは、次の一文が抜き出してある。この一文が入る箇所として最もふさわしい箇所を、本文中の【1】～【5】から選び、数字を答えなさい。

検査や薬を通して、自分の身体にさまざまな影響を与える営みをする主体に対して、「信頼」がなければ、営み自体成立しないだろう。

問十 筆者の主張と合っているものにはア、合っていないものにはイをそれぞれ解答欄に記入しなさい。(ただし、全て同じ記号で答えた場合は全て不正解とする。)

① 「患者さま」という言葉には、患者への過剰な配慮やサービスが感じられ、患者と医者の平等な関係に反する要素がある。
② 薬害HIV感染被害者を治療した医者の多くは、筆者に対し、当時どのように患者と向き合ったかを具体的に語ってくれた。
③ 医者は、専門的な知識を持ち患者を治療するが、医者としてだけではなく一人の人間として患者と向き合うことも重要である。
④ 医者は患者と診察室で向かい合ったとたん患者をカテゴリー化してみてしまうが、それは両者の平等な関係を損なってしまう。
⑤ 病気になると、私たちは自分の身体を「医者」という他者に預けてしまうが、それは驚くべき行為である。

二

次の文章を読んで、後の問いに答えなさい。(字数を数える問いの場合は句読点や記号を含むこと。)

今はむかし、ある①いやしき婆々《ばば》、途中にて何か入りし財布を拾

践しているのである。【4】

何をいっているのかわかりづらいと思うので、例をあげよう。名前を呼ばれ、診察室に入る。そこには医者が座っており、近くで看護師さんが何か準備をしている。「どうしましたか」と医者が私に語りかける瞬間、医者は私のことを「患者」としてカテゴリー化し、そのカテゴリーに適したかたちで、私という他者に語りかけるのだ。

（中略）

医者は患者を前にして、専門的な知や技量に基づく専門家として登場すると同時に、私と同じ時間や空間を生きている「もう一人の他者」としても―私と多くのことを共有しているはずの「あたりまえ」の人間の一人としても、患者の前に立ち現れるのである。【5】

私という一人の患者を目の前にして、もう一人の人間であり、他者である存在が、「医者であること」を私に対してどのように示し、語るのか。そして、「患者」として自分の存在をカテゴリー化している私と、どのような相互行為を実践するなかで、専門的な営みとしての医療を進めるのか。

［Ⅳ］、医者という存在を改めて考えるうえで、私は医者が、どのように「医者であること」を語り示しながら、「医者をすること」＝医療行為を実践しているのかが気になるのだ。

さらにいえば、医療行為だけでなく、彼らがほぼ無意識にさまざまに実践している「医者であること」―言いかえれば「医者性」「医者らしさ」を批判的に把握することが、医者と患者という関係を考えるうえで、重要ではないかと考えているのである。

二〇〇二年から八年ほどかけて、私は研究仲間や被害当事者とともに、※薬害ＨＩＶ感染被害問題の医者、被害当事者、遺族の聞き取り調査を行ってきた。（中略）

私たち社会学研究者は、薬害ＨＩＶ問題訴訟の原告だった被害当事者から、ある調査のｅヨウセイを受けた。それは医者への聞き取りだ。

この問題をめぐり、もう一人の当事者的な存在として、医者がどのような経験をし、思いや考えを抱いたのかを、被害当事者は知りたいと思ったのだ。（中略）

聞き取りに応じてくれた多くの医者は、当時どのような認識で治療を行っていたのかなど、専門的な治療に関わる考えや意見など「医者をすること」は語ってくれた。しかし、自分がどのような感じで患者に対応し、具体的にどのように患者と語り合ったのか、もっといえば、この問題について患者と語り合ったのか、語り合ったとしたら、そのとき自分は医者としてだけでなく、その前に一人の人間として、どう考え、感じていたのか――こういうことを語ってくれる医者は極めて少なかった。

医療という営みは、「医者をすること」が中心で、それさえ確実に実践していれば、自分という存在を「患者」との関係性や医療をめぐる現実との関わりのなかで、反省的に捉え返さなくてもいいものなのだろうか。

私には、そうは思えないのだ。（中略）

「医者性」「医者らしさ」とは何だろうか。

それは「患者」に対する尊厳―その日常的表現が「患者さま」なのだろうか―といった、道徳的で倫理的な次元だけで語られるものではないだろう。もっと日常的で世俗的な次元で、私たちが、医者をどのように了解しているのかという営みのなかでつくりあげられる何かである。

医者からすれば、ただ医療行為をするだけでなく、「医者であること」を普段の患者とのやりとりや相互行為で実践し続け、そのなかで確認される肯定的な意味づけが、人間としての医者の「信頼」感を創造していくのではないだろうか。

（好井裕明『違和感から始まる社会学
日常性のフィールドワークへの招待』）

※　薬害ＨＩＶ感染被害問題…血友病の治療薬として登場した血液製剤に

二〇二四年度　駒澤大学高等学校

【国　語】（五〇分）〈満点：一〇〇点〉

一　次の文章を読んで、後の問いに答えなさい。（字数を数える問いの場合は句読点や記号を含むこと。）

①「患者さま」という言葉がいま、病院などで頻繁に使われている。ちょっと考えれば、「患者」と言い捨てるのではなく、丁寧に「さま」をつけているのだと解釈できる。しかし、この言葉は、やはり不思議なものだ。「お医者さま」という言葉は、よく使われるが、「患者さま」という言葉は、私たちが慣れ親しんでいるa語彙のなかにはなかったはずだ。

「患者さま」という言葉がもつ意味はなんだろうか。

医療や診療という営みを考えるとき、医者—患者という関係が基本になる。[Ⅰ]、この関係は対等で平等なものではなく、医者の側にさまざまな力が凝縮したbアットウ的に[X]な関係である。（中略）

「患者さま」という言葉が象徴しているものは何だろうか。

cヒニクっぽくいえば、もうけを出してくれる対象に②こびへつらい、丁寧に表現したものだろう。「お客様は神様です」と同様に、「患者さまは（病気になるごとに、病院に貴重なお金を落としてくれる）神様です」というわけだ。テレビドラマなんかに出てくるような、戯画化された悪徳医師や悪徳病院であれば、この解釈が当てはまるかもしれないが……。

そうではなく、この言葉は、③医療、診療という営みがもつ本質的なことをおさえたうえで、医療をする側が、患者に対する基本的な姿勢とは何かを考え、なんとかして生み出した表現であるように、私には思えるのだ。【1】

医療、診療という営みがもつ本質とは何だろうか。

[Ⅱ]、それは、病気やけがなどで自らの体のどこかに問題が生じたとき、その部分の回復や治癒のために必要な作業の判定や、治癒のための行為を、医者という、自分の身体とは一切関係のない他者に「任せてしまう」ということである。

（中略）

しかし、自分の身体を見ず知らずの他者に簡単に「預けてしまう」という行為は、改めて考えれば、とても驚くべきことではないだろうか。でも私たちは普段、驚くべきことをさも「あたりまえ」のように実行している。

なぜかといえば、そこに医者という存在に対する「信頼」が息づいているからだろう。【2】

では、私たちはその「信頼」をどこから得て、どのように了解していくのだろうか。④普段、私たちは「医者」への「信頼」をどのように語り、確認しているのだろうか。

（中略）

医者への「信頼」の根拠は何だろうか、と考えるとき、私たちは、専門的な知識の深さ、診断の的確さ、治療行為の正確さやd迅速さなどが、重要な判断基準になると思うだろう。【3】

この基準は「信頼」をつくりあげるうえで重要であることは間違いない。[Ⅲ]、私たちは、こうした基準だけを頼りにして、日常、医者と向き合い、医療・診療という営みのなかで、自らの身体を医者に「預けている」のだろうか。

そのことを考えるうえで、医師の営みを⑤「医者をすること」と「医者であること」という二つの側面で見ていこう。

「医者をすること」とは、先にあげた基準に見合う営みであり、病気の診断や手術などの医療行為を、専門的な知や経験的技量を背景にして実践することである。

他方、医者は単に医療的な行為を行っているだけではない。私たちと向き合うとき、ほぼ同時に「医者であること」をさまざまに実

2024年度／駒澤大学高等学校

英語解答

1 A (1) horse (2) bicycle〔bike〕
(3) park〔garden〕
(4) memory
B (5)…① (6)…① (7)…② (8)…④
C 問1 (9) homework
〔assignment(s)〕
(10) rules (11) racket
問2 ②

2 (13) ② (14) ④ (15) ② (16) ③
(17) ③

3 (18) age (19) well〔better〕
(20) did (21) make (22) each

4 (23) ② (24) ④ (25) ① (26) ⑦
(27) ③ (28) ⑥ (29) ② (30) ⑥
(31) ⑤ (32) ④

5 (33) ever (34) there
(35) built (36) same (37) like

6 (38) ④ (39) ① (40) ① (41) ②
(42) ②

7 (43) ③ (44) ② (45) ③ (46) ④
(47) ④ (48) ② (49) ②
(50) A…④ B…① C…③ D…②

8 (51) ④ (52) ④ (53) ③
(54) history〔story〕
(55) ④ (56) ⑧ (57) ① (58) ②
(59) ⑤ (60) ① (61) ② (62) ②
(63) ②
(64) (例)英単語１…light
英単語２…umbrella
portmanteau…librella
意味…懐中電灯つきの雨傘

1〔放送問題〕解説省略

2〔適語(句)選択〕

(13)do the dishes で「皿洗いをする」。なお，dish は‘数えられる名詞’なので，「たくさん」という場合に much は使えない。　「あなたは皿洗いとその皿を拭くのと，どちらをしたいですか」

(14)しゃべってはいけないという‘禁止’は must not ～「～してはいけない」で表せる。　「しゃべるのをやめてください。図書館で話してはいけません」

(15)his book を1語で表せる his「彼のもの」が適する。　「これはあなたの教科書ですか」―「いいえ，それは彼のものです」

(16)keep in touch with ～「～と連絡を取り続ける」　「あなたがアメリカにいる間，お互いに連絡を取り続けましょうね！」

(17)not ～ yet「まだ～ない」　「もう出発していい？」―「いや。ハワードがまだ来てないんだ」

3〔適語補充〕

(18)at the age of ～「～歳で」　「サチコは11歳でギターのレッスンを始めた」

(19)get well で「元気になる，(体調が)回復する」。よりよくなる，という意味で get better としてもよい。　「君がこの薬を嫌いなのは知っているが，これを飲まないと元気にならないよ」

(20)「そうなのですか」のように相手にあいづちを打つ表現は疑問文の省略形で表せる。ここでは met という一般動詞の過去形を疑問文にするときに使う did を用いる。　「昨日2番街であなたのお姉さん〔妹さん〕に会いましたよ」―「ああ，そうなのですか」

(21)make a speech で「スピーチをする」。なお，make の代わりに give，deliver，do なども使える。　「彼女は生徒全員の前でスピーチをしなくてはならないだろう」

(22)each other「お互い」　「モニカを知っていますか？」―「ええ，私と彼女は知り合って10年になります」

4〔整序結合〕

(23)・(24)「どのくらい距離がありますか」を問う疑問詞の How far で始める。ここでの it は距離を表す文の主語となる用法。「ここから東京までは」は‘from *A* to *B*’「*A*から*B*まで」で表す。不要語は wide。　How far is it from here to Tokyo ?

(25)・(26)「私たちに会うために」は‘目的’を表す to不定詞の副詞的用法で表す。「5年ぶりに」は「過去5年間で初めて」と読み換え，for the first time in five years「5年間で初めて」とする。不要語は at。　William came to Japan to see us for the first time in five years.

(27)・(28)「私が今読んでいる本」は The book を I am reading now が後ろから修飾する形で表せる(目的格の関係代名詞が省略されている)。「～が送ってくれた」は受け身形(‘be動詞＋過去分詞’)で was sent by ～「～によって送られた」とする。不要語は it。　The book I am reading now was sent by a friend of mine in London.

(29)・(30)‘want＋人＋to ～’「〈人〉に～してほしい」の形を用いる。不要語は think。　I want Renard to cook dinner this evening.

(31)・(32)与えられた語句から，「一番早起きだ」を「最も早く起きる」と読み換える。「うちの家族では」は in my family とする。不要語は of。　My grandfather gets up the earliest in my family.

5〔書き換え―適語補充〕

(33)「私はこんな美しい庭を見たことがない」→「これは私が今まで見た中で最も美しい庭だ」　‘the＋最上級＋名詞＋I have ever＋過去分詞’「私が今まで～した中で最も…な―」の形を使って書き換える。

(34)「あなたの家族は何人ですか？」　「いる」を‘there＋be動詞＋主語…’の形で表す。

(35)「市内で最も古い城は築城120年だ」→「市内で最も古い城は120年前に建てられた」　「建てられた」を受け身形で was built と表す。なお，be made「つくられた」や be constructed「建設された」などとしてもよい。

(36)「私にはこのコーヒーとあのコーヒーの間の違いがわからない」→「このコーヒーとあのコーヒーは同じだ」　same「同じ」

(37)「カリフォルニアの天気はどうですか？」　What is ～ like ? で「～はどのようなものですか」という‘様子’や‘印象’などを問える。

6〔対話文完成―適文選択〕

(38) A：あなたに兄弟はいますか？／B：いいえ，でも姉〔妹〕がいます。／A：彼女は何の仕事をしていますか？／B：彼女は高校生です。//‘What do/does＋人＋do ?’は職業を尋ねる定型表現。

(39) A：新しい先生に会った？／B：うん，彼はとても背が高くて，目は茶色だよ。／A：ああ，見て！　あれが彼なの？／B：うん。でも悲しそうだね。何があったんだろう？//直前の質問に答えたうえで，先生の様子を話題にしている①が適切。　What's the matter ?「どうしたのですか」

(40) A：よかった！　このメニューは英語で書いてある。／B：この町には外国からたくさんの人が来ていて，そのほとんどが英語を話すんだ。／A：こういうメニューはそういう人たちに役立つね。／B：ここで働いている人たちは英語が話せるんだ。メニューについて質問できるよ。//飲食店での会話。英語のメニューがあることに加え，店員も英語が話せるという①が適切。

(41) A：君はどんなタイプの人間なの？／B：ええとね，あまり行動的な人間じゃないな。家で映画を見るのが好きだよ。／A：スポーツには興味はないの？／B：ないね。僕は高校生のときは3年間科学部の部員だったんだ。//行動的ではないのだから，直前の質問には No で答える。その後にそれを示す例を述べた②が適切。

(42) A：お年玉とは何ですか？／B：お正月に子どもたちがもらう新年の贈り物のお金です。／A：あなたはそのお金を使って爆買いをするのですか？／B：いいえ，私はそれを銀行に預けるつもりです。//自分のことを尋ねられているのだから，それについて答える②が適切。

7〔長文読解総合―物語〕

≪全訳≫❶エイミーは，土曜日の夜に盛大な誕生日パーティーに行くことになっていた。楽しい時間になることはエイミーにはわかっていたが，自分が何を着ればいいのかわからなかった。❷「ママ」とエイミーは言った。「私にお金をちょうだい。何か新しいものを買いたいの」❸「だめよ」とお母さんは言った。「あなたはいいものをもうたくさん持っているわ。チョウのついた青いTシャツはどう？」❹「ほかの人はみんな新しいものを持ってるわ」とエイミーは言った。A「古い服を着てるのが私だけなんて嫌よ」❺「あれは古くないし，すてきよ！　あなたに新しいものを買ってあげるお金はないの。おばあちゃんに頼むといいわ」とお母さんは言った。❻そこでエイミーはおばあちゃんに電話し，2人は土曜日に一緒にショッピングモールに行った。❼「さあ」とおばあちゃんは言った。「着いたわよ。それで，何が欲しいの？」❽「何かすごくすてきなもの」とエイミーは言った。❾おばあちゃんは笑って言った。「44もっとよくわかっておく必要があるわね。私たちは何を探しているのかしら？」❿「わからないの」とエイミーは言った。「B見たらわかるわ」⓫エイミーとおばあちゃんは最初の店に入ったが，エイミーは何も見つけられなかった。それから2人はその階にある全ての店に入ったが，それでもエイミーは何も見つけられなかった。エイミーはパーティー用の特別なものが欲しかった。いくつかのドレスはとてもすてきだったが，それほど特別ではなかった。ランチを食べた後，彼女たちは別の階に行ったが，何も見つからなかった。彼女は泣き出した。⓬「ああ，エイミー。どうしたの？」⓭「特別なものが欲しいのに，どれもそうじゃなくて，すごく疲れちゃった。家に帰りたい」⓮「泣かないで，エイミー。私たち，がんばったじゃない。それが大切なことよ。それに，私たちはすてきな1日を過ごしたわ。それも大切なこと。それに，私はあなたが身につけるべき最高のものを知っているのよ。それのおかげであなたはとてもすばらしい気持ちになれるし，みんながあなたの友達になりたくなるわ」⓯「それは何？」とエイミーは言った。C「それを買う時間はまだある？」⓰「あなたはもう持っているわよ」とおばあちゃんは言い，エイミーの耳元で何かをささやいた。⓱エイミーは目を大きく見開いた。「そう」と彼女は言った。「そうね！　ああ，おばあちゃん――すごく頭がいいのね！　家に帰りましょう」⓲その夜，エイミーが寝室から降りてきたとき，彼女は古いジーンズに青いチョウのTシャツを着ていた。⓳「それを着て行くの？」とお母さんは言った。「でも，あなたは買い物に丸1日使ったのよ！　48着るのに最高のものを見つけたって言ってたじゃない！」⓴「見つけたわよ」とエイミーは言った。「私はそれを身につけてるわ，ママ。笑顔よ！」　彼女は最高の，満面の笑顔を見せた。㉑お母さんもほほ笑んだ。「そのとおりね，エイミー。あなたには派手な服もお金もいらないわ。あなたには笑顔さえあればいいのよ」㉒「そう」とエイミーは言った。D「それがその最高のものよ」

(43)＜適語選択＞第3段落最終文の「青いTシャツ」という言葉から，何を着たらいいかが話題になっていたとわかる。

(44)＜適文選択＞祖母が何が欲しいか尋ねたところ，エイミーは「何かすごくすてきなもの」と抽象的なものを答えた。それでは買い物ができないので，祖母はそれについてもっとよくわかっておく必要があると言ったのである。

(45)＜適語選択＞あ．探し続けたが見つからなかった，という流れになっているので，‘逆接’の but が適切。　い．肯定文中で「何か」を表す something が適切。

(46)＜内容一致＞「エイミーは自分がすでに特別なものを持っているとわかった(　　)すばらしい気分

になった」―④「ので」　第20，21段落のやりとりから，祖母の言葉はエイミーがすでに持っている笑顔こそが特別なものだと気づかせてくれたと考えられる。この言葉を聞いてうれしくなったので，エイミーは祖母を賞賛する言葉を口にしたのである。

(47)＜**適語句選択**＞前にある old という表現から，彼女がすでに持っている服を着ていたと推測できる。第3段落最終文から，青いTシャツはすでに持っているとわかる。

(48)＜**適文選択**＞下線部の母の言葉は，エイミーが古い服を着ていることへの驚きを表している。母は，丸1日を買い物に費やしたエイミーが身につけるのに最高のものを見つけたと言ったのを聞いて，新しい服を買ったのだと思った。そのため，古い服を着ていたことに驚いたのである。

(49)＜**要旨把握**＞第14段落第2～5文参照。「大切なこと」が2つ述べられている。

(50)＜**適文選択**＞A．皆が新しい服を着る中，エイミーは自分だけ古い服を着るのが嫌だったのである。B．「(欲しい服が今は)わからない」が，見ればわかる，という流れになっている。　C．次の文の「もう持っている」は，買いに行く時間がなくても大丈夫だという意味だと解釈できる。D．主語の It は第20，21段落で述べられている A smile を指す。「笑顔が最高のものだ」という意味になる。

8〔**長文読解総合―説明文**〕

≪**全訳**≫❶あなたは “tween” や “brunch” という言葉を知っているだろうか。これらの単語はかばん語――つまり2つの異なる単語の一部からつくられた単語だ。❷かばん語は複合語とは異なる。複合語は2つの単語でできている。例えば，notebook，football，haircut などだ。かばん語は，それぞれの単語のつづりの一部やその意味どうしをくっつけているのだ。❸かばん語がどのようにつくられるのかをもっと学ぼう。また，その興味深い歴史についても学び，英語でよく使われるいくつかのかばん語について知ろう。“tween” という語は “teen” と “between” に由来する。このかばん語は10歳から12歳くらいの年齢を意味する。51(例)①あなたが11歳で弟が10歳なら，2人ともtweenagerだ。そして，“brunch” は “breakfast” と “lunch” をつなげた，週末の一般的な食事だ。“brunch” は多くの場合，午前中遅くや午後早くに食べられ，両方の食事から選んだ食べ物や飲み物を含む。❹かばん語の発想はどこからきたのだろうか。“Porter” はフランス語で「運ぶ」という意味で，フランス語の “manteau” はコートだ。この2つの単語がつながったとき，“portmanteau” は半分に折りたたまれて多くの物を運べる大きなスーツケースを意味する。❺では，なぜフランス語のスーツケースが英語の一部になったのだろうか。イギリスの作家ルイス・キャロルが，英語で「かばん語」という言葉を使い始めた。キャロルは『不思議の国のアリス』を書いた。次作の『鏡の国のアリス』の中で，キャロルはかばん語という発想について書いた。その物語の中で，アリスは “Jabberwocky” という詩が書かれた本を読む。その詩の中で，キャロルはいくつかの結合語をつくる。アリスにはそれらの単語がわからないので，別の登場人物であるハンプティ・ダンプティにそれらの単語について尋ねる。ハンプティ・ダンプティは答える。「それは1つのかばんのようなものさ――2つの意味が1つの単語の中に入れられているんだ」❻よく見かけるかばん語を見てみよう。一部のかばん語は，初めの部分である1つ目の単語の音節や文字と，終わりの部分である2つ目の単語の音節や文字を結合することでつくられる。例えば，53“cosplay” はcostume の “cos” とroleplayの “play” からできている。❼“globish” とは，“global” と “English” の混合だ。それは非英語圏の人々のための簡単な英語という意味だ。“hangry” はおなかがすいているために怒ることだ。“Motel” は “motor” と “hotel” を組み合わせたものだ。それはホテルのようなものだが，車で長い道のりを旅する人のためのものだ。“Smog” は “smoke” と “fog” の組み合わせで，大気汚染の一種を意味する。“Frenemy” は “friend” と “enemy” を混ぜ合わせたものだ。それは友人のふりをしているが，実は敵である人のことだ。“Ligar” もかばん語だ。それは動物である。

その父親はライオンで母親はトラだ。“Bollywood” は “Bombay” と “Hollywood” を組み合わせたものだ。ボンベイはムンバイの古い名前で，その都市は映画の製作で有名だ。**8**あなたは，かばん語には興味深い歴史があって，英語の中にたくさんの例があることを学んだ。次はあなたの番だ。あなたの独創的なかばん語をつくってみてほしい。

(51)**＜文脈把握＞**前の文から，tween とは10～12歳の人のことだとわかる。　①「あなたが11歳で弟が10歳なら，２人とも tweenager だ」…○　②「あなたが10歳で友人があなたと同い年なら，２人とも tweenager だ」…○　③「あなたが20歳で妹があなたより８歳年下なら，妹は tweenager だ」…○　妹は12歳。　④「あなたが12歳で兄があなたより５歳年上なら，２人とも tweenager だ」…×　兄は17歳。

(52)**＜適語選択＞**breakfast は朝，lunch は昼に食べるので，これらを合わせた語である brunch は，その中間の時間帯にとる食事だと考えられる。

(53)**＜適文選択＞**前の文で，かばん語の構造が説明されている。cosplay は，costume の第１音節の cos と，roleplay の第２音節の play からできている。

(54)**＜適語補充＞**第３段落第２文参照。第４，５段落ではかばん語の起源が述べられている。

(55)～(59)**＜要約文完成＞≪全訳≫**あなたは cupcake，armchair，sometimes といった単語を知っているかもしれない。これらの単語は２つの単語からなり，複合語と呼ばれる。あなたは brunch，globish，spife という単語も読んだり聞いたりしたことがあるのではないか。これらはかばん語と呼ばれる。かばん語は２つの異なる単語の一部からつくられている。例えば，“spife” は spoon の “sp” と knife の “ife” を組み合わせたものだ。spife は普通何かの果物を切って食べるのに使われる。かばん語についてもっと知りたければ，日常生活でかばん語をつくって使ってみるとよい。

＜解説＞(55)第２段落第２，３文参照。　(56)brunch（第３段落後半）や globish（第７段落第１，２文）は，かばん語の例として挙げられている。　(57)第６段落第２文参照。　(58)“ife” は “knife” の第２音節と考えられる。次の文の cutting「切ること」からも推測できる。　(59)be used for ～「～のために使われる」

(60)～(63)**＜内容真偽＞**(60)「かばん語という単語は，今では２つの単語の組み合わせを意味するが，もともとはスーツケースの一種を意味していた」…○　第１，４段落参照。　(61)「英語を話すとき，複合語とかばん語の両方を使うことはできない」…×　このような記述はない。　(62)「ルイス・キャロルは『不思議の国のアリス』の中で，『かばん語』という言葉を使い始めた」…×　第５段落第４文参照。その次の作品である。　(63)「あなたが同級生の１人が好きではないなら，その人はあなたの frenemy である」…×　第７段落第７，８文参照。

(64)**＜要旨把握＞**第６段落第２文のかばん語のルールや，第７段落のかばん語の実例を参考にする。

数学解答

1 (1) 2024　(2) 11

(3) $(x+5)(x-2)$　(4) $a=\dfrac{10}{9}b$

(5) 500人　(6) ① 79　② 72

(7) ① 240π　② 132π　(8) エ

2 (1) $a=\dfrac{1}{2}$，$b=-1$　(2) $\dfrac{3}{2}$

(3) $y=\dfrac{5}{2}x$　(4) $y=-x+1$

3 (1) $2\sqrt{2}$　(2) $4\sqrt{3}$　(3) $\dfrac{8\sqrt{2}}{3}$

(4) $4\sqrt{3}-\dfrac{2\sqrt{6}}{3}$

4 (1) 1通り　(2) 5通り

(3) 7通り　(4) 5通り

5 ア…4　イ…3　ウ…8　エ…12

オ…8

1〔独立小問集合題〕

(1)＜**数の計算**＞与式$=25\div\dfrac{10}{3}\times\dfrac{32}{10}+125\times\left(\dfrac{1}{5}\right)^2\times400=25\times\dfrac{3}{10}\times\dfrac{16}{5}+125\times\dfrac{1}{25}\times400=24+2000=$ 2024

(2)＜**数の計算**＞与式$=(a^2+6a+9)-1=(a+3)^2-1$として，$a=2\sqrt{3}-3$を代入すると，与式$=\{(2\sqrt{3}-3)+3\}^2-1=(2\sqrt{3})^2-1=12-1=11$となる。

(3)＜**式の計算―因数分解**＞$x-1=A$とおくと，与式$=A^2+5A-6=(A+6)(A-1)$となる。Aをもとに戻して，与式$=(x-1+6)(x-1-1)=(x+5)(x-2)$である。

(4)＜**文字式の利用**＞a円の1割引きの値段は，$a\times\left(1-\dfrac{1}{10}\right)=\dfrac{9}{10}a$(円)だから，この値段が$b$円より，$\dfrac{9}{10}a=b$が成り立つ。これより，$a=\dfrac{10}{9}b$となる。

(5)＜**連立方程式の応用**＞中学校の男子の人数をx人，女子の人数をy人とする。男子が女子より20人多いから，$x=y+20$……①が成り立つ。また，男子の6割と女子の8割が電車通学をしていて，その合計人数は348人であるから，$x\times\dfrac{6}{10}+y\times\dfrac{8}{10}=348$が成り立ち，$3x+4y=1740$……②となる。①を②に代入して，$3(y+20)+4y=1740$，$3y+60+4y=1740$，$7y=1680$，$y=240$となり，これを①に代入して，$x=240+20$，$x=260$となる。よって，男子は260人，女子は240人なので，全校生徒数は$260+240=500$(人)となる。

(6)＜**平面図形―角度**＞①右図1のように，6点A～Fを定め，2点C，Dを結ぶ。$\overset{\frown}{BC}$に対する円周角より，$\angle BDC=\angle BAC=47^\circ$となり，$\overset{\frown}{CE}$に対する円周角より，$\angle CDE=\angle CFE=32^\circ$となる。よって，$x^\circ=\angle BDC+\angle CDE=47^\circ+32^\circ=79^\circ$となるので，$x=79$である。

図1

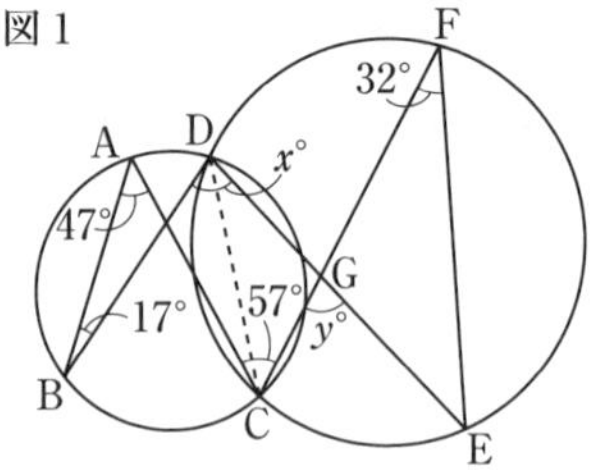

②図1で，CF，DEの交点をGとする。$\overset{\frown}{AD}$に対する円周角より，$\angle ACD=\angle ABD=17^\circ$となるので，$\angle DCF=\angle ACF-\angle ACD=57^\circ-17^\circ=40^\circ$となり，$\overset{\frown}{DF}$に対する円周角より，$\angle GEF=\angle DCF=40^\circ$である。△EFGで内角と外角の関係から，$y^\circ=\angle EFG+\angle GEF=32^\circ+40^\circ=72^\circ$となるので，$y=72$である。

(7)＜**空間図形―体積，表面積**＞①次ページの図2で，円錐の部分の頂点をA，底面の円の中心をO，底面の円周上の点をBとする。円Oの直径が12より，$OB=\dfrac{1}{2}\times12=6$となる。△AOBは$\angle AOB=90^\circ$の直角三角形となるので，三平方の定理を用いると，$AO=\sqrt{AB^2-OB^2}=\sqrt{10^2-6^2}=\sqrt{64}=8$となる。よって，円錐の部分の体積は，$\frac{1}{3}\times\pi\times\mathrm{OB}^2\times\mathrm{AO}=\frac{1}{3}\times\pi\times6^2\times8=96\pi$ となる。また，半球の部分の体積は，半径が OB＝6 だから，$\frac{1}{2}\times\frac{4}{3}\pi\times6^3=144\pi$ となる。したがって，求める立体の体積は，$96\pi+144\pi=240\pi$ である。　②図2で，立体の表面積は，円錐の部分の側面積と，半球の部分の曲面の面積を合わせたものである。円Oの周の長さは 12π だから，円錐の部分の側面を右図3のように展開すると，おうぎ形 ABB′ の $\overset{\frown}{\mathrm{BB'}}$ の長さは，$\overset{\frown}{\mathrm{BB'}}=12\pi$ となる。また，半径を10とする円の周の長さは $2\pi\times10=20\pi$ となるので，おうぎ形 ABB′ は半径を10とする円の $\frac{12\pi}{20\pi}=\frac{3}{5}$ となる。よって，円錐の部分の側面積は，〔おうぎ形 ABB′〕$=\pi\times10^2\times\frac{3}{5}=60\pi$ となる。また，半球の部分の曲面の面積は，$\frac{1}{2}\times4\pi\times6^2=72\pi$ となる。したがって，求める立体の表面積は，$60\pi+72\pi=132\pi$ である。

図 2

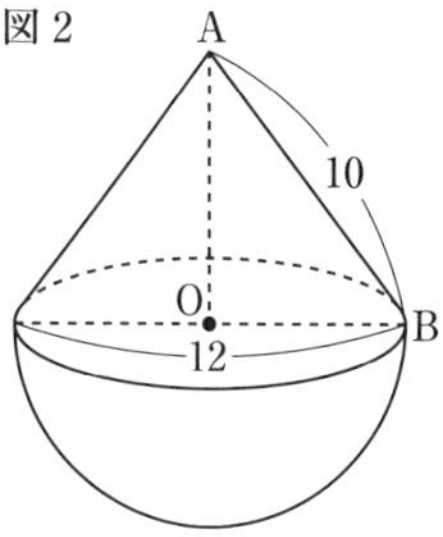

図 3

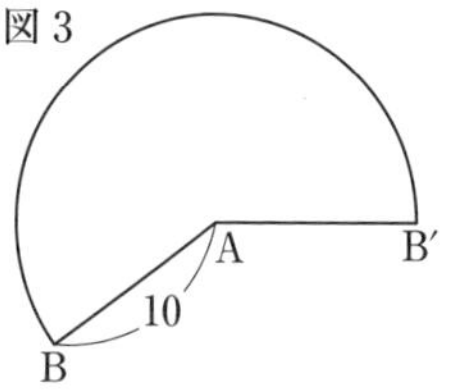

(8)**＜確率―正誤問題＞**ア…誤。サイコロを6回投げても，1の目が1回も出ないことはある。　イ…誤。サイコロを6個投げても，1の目が1個も出ないことはある。　ウ…誤。2枚のコインをA，Bとすると，表と裏の出方は，(A，B)＝(表，表)，(表，裏)，(裏，表)，(裏，裏)の4通りある。このうち，2枚とも表となるのは1通りだから，確率は $\frac{1}{4}$ である。　エ…正。2個のサイコロをA，Bとする。2個のサイコロの目の出方は全部で $6\times6=36$(通り)ある。このうち，和が奇数になる場合は，Aが奇数，Bが偶数のときか，Aが偶数，Bが奇数のときである。奇数の目は1，3，5の3通り，偶数の目は2，4，6の3通りより，和が奇数になる場合は，$3\times3+3\times3=18$(通り)ある。これより，和が偶数になる場合は $36-18=18$(通り)ある。よって，確率はともに $\frac{18}{36}=\frac{1}{2}$ で同じになる。　オ…誤。積が奇数になる場合は，2個とも奇数のときであり，$3\times3=9$(通り)ある。これより，積が偶数になる場合は，$36-9=27$(通り)ある。よって，それぞれの場合の確率は，$\frac{9}{36}=\frac{1}{4}$，$\frac{27}{36}=\frac{3}{4}$ となり，同じにならない。　以上より，正しいものはエである。

2 〔関数―関数 $y=ax^2$ と一次関数のグラフ〕

≪基本方針の決定≫(2)　y 軸で2つの三角形に分ける。　(3)　辺 AB の中点を通る。

(1)**＜比例定数，x 座標＞**右図で，放物線 $y=ax^2$ は A(2，2)を通るから，$x=2$，$y=2$ を代入して，$2=a\times2^2$ より，$a=\frac{1}{2}$ となる。これより，点Bの y 座標は $ab^2=\frac{1}{2}b^2$ となるので，$\mathrm{B}\left(b,\ \frac{1}{2}b^2\right)$ となる。点Bは直線 $y=\frac{1}{2}x+1$ 上の点なので，$\frac{1}{2}b^2=\frac{1}{2}b+1$ より，$\frac{1}{2}b^2-\frac{1}{2}b-1=0$，$b^2-b-2=0$，$(b-2)(b+1)=0$ となり，$b=2$，-1 となる。点Bの x 座標は負なので，$b=-1$ である。

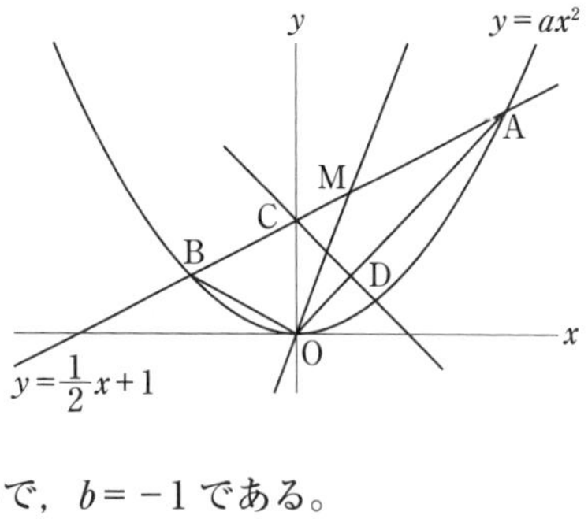

(2)**＜面積＞**右上図で，直線 AB と y 軸との交点をCとすると，直線 AB の切片が1であることから，C(0，1)となり，OC＝1 となる。△OAC と△OBC の底辺を OC と見ると，2点A，Bの x 座標が，それぞれ，2，$b=-1$ より，△OAC の高さは2，△OBC の高さは1となる。よって，△OAB＝

$\triangle OAC+\triangle OBC=\frac{1}{2}\times1\times2+\frac{1}{2}\times1\times1=1+\frac{1}{2}=\frac{3}{2}$となる。

(3)<**直線の式**>前ページの図で，辺ABの中点をMとすると，原点Oを通り△OABの面積を2等分する直線は点Mを通る。A(2, 2)であり，(1)より，$\frac{1}{2}b^2=\frac{1}{2}\times(-1)^2=\frac{1}{2}$だから，$B\left(-1,\ \frac{1}{2}\right)$である。2点A，Bの座標より，点Mの$x$座標は$\frac{2+(-1)}{2}=\frac{1}{2}$，$y$座標は$\left(2+\frac{1}{2}\right)\div2=\frac{5}{2}\div2=\frac{5}{4}$だから，$M\left(\frac{1}{2},\ \frac{5}{4}\right)$となる。直線OMの式を$y=kx$とおくと，点Mを通ることから，$\frac{5}{4}=k\times\frac{1}{2}$より，$k=\frac{5}{2}$となり，求める直線の式は，$y=\frac{5}{2}x$である。

覚えておこう！

〈線分の中点の座標〉
$A(x_1,\ y_1)$，$B(x_2,\ y_2)$を結ぶ線分ABの中点Mの座標は，
$M\left(\frac{x_1+x_2}{2},\ \frac{y_1+y_2}{2}\right)$

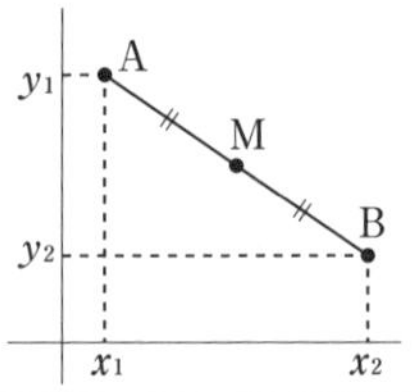

(4)<**直線の式**>前ページの図で，△OAC>△OBCより，点Cを通り△OABの面積を2等分する直線は辺OAと交わる。その交点をDとすると，〔四角形ODCB〕$=\frac{1}{2}\triangle OAB=\frac{1}{2}\times\frac{3}{2}=\frac{3}{4}$より，△ODC=〔四角形ODCB〕$-\triangle OBC=\frac{3}{4}-\frac{1}{2}=\frac{1}{4}$となる。よって，△ODCの底辺をOC=1と見たときの高さをhとすると，面積について，$\frac{1}{2}\times1\times h=\frac{1}{4}$が成り立ち，$h=\frac{1}{2}$となる。これより，点Dの$x$座標は$\frac{1}{2}$である。A(2, 2)より，直線OAの傾きは$\frac{2}{2}=1$だから，直線OAの式は$y=x$である。点Dは直線$y=x$上にあるので，$y=\frac{1}{2}$となり，$D\left(\frac{1}{2},\ \frac{1}{2}\right)$である。C(0, 1)より，直線CDの切片は1なので，その式は$y=mx+1$とおける。点Dを通るから，$\frac{1}{2}=m\times\frac{1}{2}+1$より，$m=-1$となり，求める直線の式は，$y=-x+1$である。

3 〔空間図形—立方体〕

≪基本方針の決定≫(1)　五角形AEFMLの面積を利用する。　(4)　BH⊥〔平面LMN〕であることに気づきたい。

(1)<**長さ**>右図1で，〔五角形AEFML〕=〔正方形AEFB〕−△BLM$=4\times4-\frac{1}{2}\times x\times x=16-\frac{1}{2}x^2$と表せる。五角形AEFMLの面積が12だから，$16-\frac{1}{2}x^2=12$が成り立ち，$-\frac{1}{2}x^2=-4$，$x^2=8$，$x=\pm2\sqrt{2}$となり，$0<x<4$より，$x=2\sqrt{2}$となる。

図1

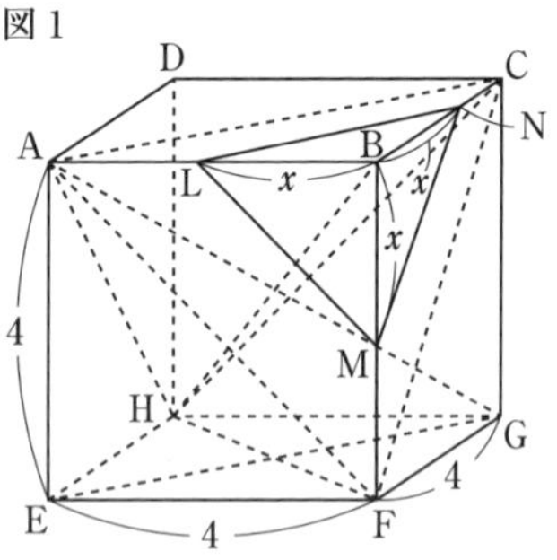

(2)<**長さ**>右図1のように，2点E，Gを結ぶ。△EFGはEF=FG=4の直角二等辺三角形だから，EF：FG：EG$=1:1:\sqrt{2}$より，$EG=\sqrt{2}EF=\sqrt{2}\times4=4\sqrt{2}$となる。また，△AEGは∠AEG=90°の直角三角形だから，三平方の定理より，$AG=\sqrt{AE^2+EG^2}=\sqrt{4^2+(4\sqrt{2})^2}=\sqrt{48}=4\sqrt{3}$となる。

(3)<**体積**>右上図1で，BC⊥〔面AEFB〕より，正三角錐BLMNは，△BLMを底面とすると，高さはBNとなる。(1)より，$BL=BM=BN=x=2\sqrt{2}$なので，〔正三角錐BLMN〕$=\frac{1}{3}\times\triangle BLM\times BN=\frac{1}{3}\times\left(\frac{1}{2}\times2\sqrt{2}\times2\sqrt{2}\right)\times2\sqrt{2}=\frac{8\sqrt{2}}{3}$となる。

(4)＜長さ＞前ページの図1で，4点A，F，C，Hを結ぶ。AF＝CF＝ACより，△AFCは正三角形である。BA＝BF＝BCだから，立体BAFCは正三角錐となり，HA＝HF＝HCだから，立体HAFCも正三角錐である。よって，2点B，Hを結ぶと，図形の対称性から，BH⊥〔平面AFC〕となる。また，BL：BA＝BM：BF＝BN：BCだから，〔平面LMN〕//〔平面AFC〕となり，BH⊥〔平面LMN〕である。したがって，正三角錐BLMNの底面を△LMNとしたときの高さをhとすると，頂点Hから△LMNまでの距離は，BH－hと表せる。(2)より，BH＝AG＝$4\sqrt{3}$である。次に，△BLMは，(1)より，BL＝BM＝$2\sqrt{2}$の直角二等辺三角形なので，LM＝$\sqrt{2}$BL＝$\sqrt{2}\times2\sqrt{2}=4$となる。これより，△LMNは，1辺の長さが4の正三角形となる。右上図2で，点Lから辺MNに垂線LPを引くと，△LMPは3辺の比が$1:2:\sqrt{3}$の直角三角形となるので，LP＝$\dfrac{\sqrt{3}}{2}$LM＝$\dfrac{\sqrt{3}}{2}\times4=2\sqrt{3}$となり，△LMN＝$\dfrac{1}{2}\times$MN$\times$LP＝$\dfrac{1}{2}\times4\times2\sqrt{3}=4\sqrt{3}$となる。図1で，(3)より，正三角錐BLMNの体積が$\dfrac{8\sqrt{2}}{3}$だから，$\dfrac{1}{3}\times$△LMN$\times h=\dfrac{8\sqrt{2}}{3}$であり，$\dfrac{1}{3}\times4\sqrt{3}\times h=\dfrac{8\sqrt{2}}{3}$が成り立つ。これを解くと，$h=\dfrac{2\sqrt{6}}{3}$となる。以上より，求める距離は，$4\sqrt{3}-\dfrac{2\sqrt{6}}{3}$である。

図2

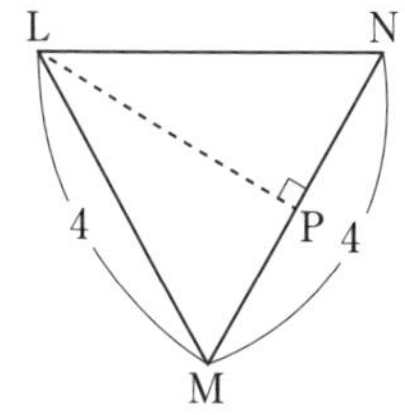

4 〔データの活用―場合の数―サイコロ〕

(1)＜場合の数＞Aの位置から1回でゴールする目の出方は，5の目が出る1通りある。

(2)＜場合の数＞ちょうど2回でゴールするとき，1回目に出る目は5以外である。1回目に1の目が出るとき，Bの位置に止まるので，2回目は4の目が出る1通りある。1回目に2が出るとき，Cの位置に止まるので，さらに右に2つ進んでEの位置に止まり，2回目は1の目が出る1通りある。1回目に3の目が出るとき，Dの位置に止まるので，Aの位置に戻り，2回目は5の目が出る1通りある。1回目に4の目が出るとき，Eの位置に止まるので，2回目は1の目が出る1通りある。1回目に6の目が出るとき，Fで折り返してEの位置に止まるので，2回目は1の目が出る1通りある。よって，ちょうど2回でゴールする目の出方は，$1\times5=5$(通り)ある。

(3)＜場合の数＞1回も折り返すことなく3回でゴールするとき，1回目に出る目として考えられるのは，1か3である。1回目に1の目が出るとき，Bの位置に止まるので，(2回目，3回目)＝(1，1)，(2，5)，(3，1)の3通りある。1回目に3の目が出るとき，Dの位置からAの位置に戻るので，(2回目，3回目)＝(1，4)，(2，1)，(3，5)，(4，1)の4通りある。よって，1回も折り返すことなくちょうど3回でゴールするサイコロの目の出方は，$3+4=7$(通り)となる。

(4)＜場合の数＞サイコロをちょうど3回投げて，Fで2回折り返してゴールするとき，1回目，2回目で折り返すので，1回目に出る目は6である。このとき，Eの位置に止まるので，2回目に出る目は2以上である。2回目に2の目が出るとき，Eの位置に止まるので，3回目は1の目が出る1通りある。2回目に，3，4，5，6の目が出るときも，A，B，Eの位置のいずれかに止まるので，3回目の目の出方は1通りずつある。よって，サイコロをちょうど3回投げて，Fで2回折り返してゴールするサイコロの目の出方は，$1\times5=5$(通り)となる。

5 〔特殊・新傾向問題―数の性質〕

3枚のピザを4人で分けるとき，1人分は$\dfrac{3}{4}$枚になる。$\dfrac{3}{4}-\dfrac{1}{2}=\dfrac{1}{4}$より，$\dfrac{3}{4}=\dfrac{1}{2}+\dfrac{1}{4}$だから，$\dfrac{3}{4}$枚は，$\dfrac{1}{2}$枚と$\dfrac{1}{4}$枚を合わせたものと考えることができる。このとき，3枚のうち2枚を半分にす

ると，$\frac{1}{2}$枚は$2\times2=4$(ピース)となり，残りの1枚を4等分すると，$\frac{1}{4}$枚は4ピースとなるので，4人に同じ形でいきわたる。次に，23枚のピザを24人で分けるとき，1人分は$\frac{23}{24}$枚となる。$\frac{23}{24}-\frac{1}{2}=\frac{11}{24}$，$\frac{11}{24}-\frac{1}{3}=\frac{1}{8}$より，$\frac{23}{24}=\frac{1}{2}+\frac{1}{3}+\frac{1}{8}$だから，$\frac{23}{24}$枚は，$\frac{1}{2}$枚と$\frac{1}{3}$枚と$\frac{1}{8}$枚を合わせたものと考えることができる。$\frac{1}{2}$枚を24ピースつくるには$24\times\frac{1}{2}=12$(枚)必要で，$\frac{1}{3}$枚を24ピースつくるには$24\times\frac{1}{3}=8$(枚)必要で，$\frac{1}{8}$枚を24ピースつくるには$24\times\frac{1}{8}=3$(枚)必要だから，12枚のピザを半分にして，8枚のピザを3等分して，残りの3枚のピザを8等分すればよい。

＝読者へのメッセージ＝

5の分子が1の分数を「単位分数」といいます。全ての有理数は単位分数の和で表すことができます。

国語解答

一 問一　a　ごい　b　圧倒　c　皮肉
　d　じんそく　e　要請
問二　Ⅰ…ウ　Ⅱ…エ　Ⅲ…ア　Ⅳ…イ
問三　[「患者さま」という言葉で]「患者」に対する尊厳[を表現していると推測している。]
問四　エ　　問五　イ
問六　自分の身体～てしまう」[こと。]
問七　専門的な知識，診断や治療行為の的確さに加え，普段の患者とのやりとりや相互行為が肯定的に意味づけられるか否かで確認する。(59字)
問八　イ　　問九　2
問十　①…イ　②…イ　③…ア　④…イ
　⑤…ア

二 問一　(1)　ゆえ　(2)　きわめて
　(3)　よう
問二　①…ア　②…ウ
問三　拾ひながらなにゆゑそのまま捨て置きしや
問四　A…イ　B…ア　C…イ
問五　ア　　問六　⑤…エ　⑦…ア
問七　エ
問八　財布を拾っても自分のものにせず落とし主に返すべきだと考えたから。(32字)
問九　オ

三 問一　①　五　②　四　③　万
問二　①…カ　②…エ　③…ア　④…イ
問三　①…オ　②…イ　③…ウ　④…エ
問四　①…ウ　②…ア　③…エ　④…オ
問五　①…イ　②…カ　③…ク　④…コ
　⑤…ケ

一〔**論説文の読解―社会学的分野―現代社会**〕出典：好井裕明『違和感から始まる社会学　日常性のフィールドワークへの招待』。

≪本文の概要≫病院などで頻繁に使われている「患者さま」という言葉は，医療や診療という営みが持つ本質的なことを押さえたうえで，医療をする側が，患者に対する基本的な姿勢とは何かを考えて生み出した表現であるように思われる。医療や診察という営みが持つ本質とは，自分の身体を，見ず知らずの他者である医者に任せてしまうことであり，そこには医者に対する「信頼」が息づいている。医者が，私たちの「信頼」をどこから得ているのかを考えるには，専門的な知識の深さや治療行為の正確さといった「医者をすること」と，患者との相互行為の中で医者が「信頼」を得ていくために語り示す「医者であること」の二つの側面から考える必要がある。つまり，医療という営みは，「医者をすること」だけではなく「医者であること」を普段の患者とのやり取りで実践し続け，患者の「信頼」感を創造していかなくてはならないものなのである。「医者性」「医者らしさ」は，患者に対する尊厳といった倫理的な次元だけで語られるものではなく，もっと日常的で世俗的な次元の営みの中でつくりあげられると考えられる。

問一＜漢字＞a．「語彙」は，ある国やある人が持っている単語の総体。　b．「圧倒的」は，比較にならないほど他より勝っているさま。　c．「皮肉」は，遠まわしな意地の悪い言動によって非難すること。　d．「迅速」は，物事の進行が非常に速いさま。　e．「要請」は，必要なことの実現を強く願い求めること。

問二＜接続語＞Ⅰ．医療や診療を考えるときに基本となる「医者—患者という関係」について，つけ加えると，医者と患者の関係は「対等で平等なもの」ではなく，「医者の側にさまざまな力が凝縮」している。　　Ⅱ．「患者さま」という言葉は，「医療をする側が，患者に対する基本的な姿勢とは何かを考え」て「生み出した表現」だと思われるが，それではその前提となる「医療，診療という営みがもつ本質」とは何かということを，改めて考えなければならない。　　Ⅲ．「専門的な知識の深さ」や「迅速さ」などの「判断基準」は，医者への「信頼」を「つくりあげるうえで重要であることは間違いない」が，「私たち」はそのような「基準だけを頼り」にして，医者と向き合い，自らの身体を医者に「預けている」のだろうかということも，考えなければならない。　　Ⅳ．「一人の患者を目の前にして，もう一人の人間であり，他者である存在」である医者が，自分が「医者」であることを患者に対して「どのように示し，語るのか」といったことや，自分の存在を「患者」として「カテゴリー化」している人に対し，どのような「専門的な営みとしての医療を進めるのか」といったことを，簡潔に言い換えれば，医者がどのように「医者であること」を語り示しながら「医療行為を実践しているのか」ということになる。

問三＜文章内容＞「患者さま」という言葉は，「医療をする側が，患者に対する基本的な姿勢とは何かを考え，なんとかして生み出した表現」であり，他者である医者を「信頼」してくれる患者に対する「尊厳」によって生み出されたものなので，「病院などで頻繁に使われている」と推測される。

問四＜文章内容＞「医者—患者」の関係は，「対等で平等なもの」ではなく，「医者の側にさまざまな力が凝縮」しているので，全くつり合っていない関係である。

問五＜語句＞「こびへつらう」と「尻尾をふる」は，よく思われようとして相手の機嫌を取る，という意味。「水を向ける」は，相手の関心が自分の思う方向に向くようにもちかける，という意味。「袖にする」は，冷たくあしらう，という意味。「うつつを抜かす」は，ある事に夢中になって心を奪われる，という意味。「たかをくくる」は，大したことはないと軽く見る，という意味。

問六＜文章内容＞「医療，診療という営みがもつ本質」とは，病気やけがをしている「部分の回復や治癒」のために，「自分の身体を見ず知らずの他者」に「預けてしまう」ことである。

問七＜文章内容＞「私たち」は，「専門的な知識の深さ，診断の的確さ，治療行為の正確さや迅速さ」などの基準によって，医者を「信頼」するかどうかを判断するが，それに合わせて，普段の医者と「患者とのやりとりや相互行為」に「肯定的な意味づけ」を見出せるかどうかということも，医者を「信頼」できるかどうかの判断に関係している。

問八＜文章内容＞「医者をすること」とは，「病気の診断や手術などの医療行為」を「専門的な知や経験的技量を背景にして実践する」ことである。

問九＜文脈＞「自分の身体を見ず知らずの他者」である医者に簡単に「預けてしまう」という「驚くべきこと」を「あたりまえ」のように実行しているのは，「医者という存在」に対する「信頼」が息づいているからであり，「検査や薬を通して，自分の身体にさまざまな影響を与える営みをする主体」である医者に対して「信頼」がなければ，その「営み自体成立しない」ともいえる。

問十＜要旨＞病院などで頻繁に使われている「患者さま」という言葉は，「医療，診療という営みがもつ本質的なこと」を押さえたうえで，「医療をする側が，患者に対する基本的な姿勢とは何かを考え」て「生み出した表現」であると考えられる(①…×)。「私たち」は，病気になると自分の身体を医者である他者に簡単に「預けてしまう」という「驚くべき」行為を「あたりまえ」のように実行しているが(⑤…○)，それは医者という存在を「信頼」しているからである。その「信頼」を得るために，医者は「診察室」での相互行為の実践によって自分が「医者であること」を語り示し，自分が「あたりまえ」の人間の一人として，患者の前に立ち現れるように努力する(④…×)。薬害HIV問題訴訟の取材をした際，多くの医者は「専門的な治療に関わる考えや意見」は語ってくれたが，「具体的にどのように患者と語り合ったのか」を語ってくれる医者は少なかった(②…×)。医者には，「専門的な知識の深さ」や「治療行為の正確さ」などの医療行為だけではなく，一人の人間として，患者とやり取りをし，患者の信頼をつくりあげていくことが，必要である(③…○)。

二〔古文の読解―説話〕出典：浪華樹下翁『今昔道の栞』。

≪現代語訳≫今ではもう昔の話だが，ある身分が低い老婆が，道の途中で何かが入った財布を拾い，取り上げて見て，そのままそこに捨て置いて行ったのを，少し後ろから行く男が，この人は(その身なりに)ふさわしい人柄で，お供の者を一人召し連れていたが，すぐその場所へ来て，(自分で)見たところ財布である。不審に思いながら取り上げて見てみると，金が入っている様子なので，開けて調べてみると，金の貨幣五両が入っている。「さっきの老婆は，拾ったのにどうしてそのまま捨て置いたのか。」と合点がいかないので，お供の者に言いつけ「あの老婆に追いついて尋ねよ」と急がせた。／(男は)自分も続いて行き，その理由を尋ねたところ，老婆が言うには，「私の身はとても貧しく，日々人に雇われて，はかない命をつないでいる者です。ところが，今さっき道の途中で小さな財布を見つけて取り上げて見てみたところ，必ず金が入っているように(私には)思われましたので，我が身にせめて一両日の食べ物があるならば落とした人を探してお返し申し上げるべきですが，今日という一日をはかなく生きていますので，すぐに食料を失うつらさのために，〈本来の意志〉ではありませんが，そのまま置きました」と語ったところ，この男は，非常に驚いて，「なんという正直で無欲な老婆であることよ。もしあなたに会わないであの財布を見つけたならば，きっと拾い取る気持ちになっていただろう。ああ恥ずかしいことよ」と，赤面して語られた。／このような行動が，徳のある人は孤立せず，隣人のように親しい仲間がきっと現れる(ということにつながるといわれているので)，この男が無欲隠徳の志を持つようになったのは，尊いことではないだろうか。

問一＜歴史的仮名遣い＞⑴歴史的仮名遣いの「ゑ」は，現代仮名遣いでは「え」になる。　⑵歴史的仮名遣いの語頭以外のハ行は，原則として現代仮名遣いでは「わいうえお」になる。　⑶歴史的仮名遣いの「au」は，現代仮名遣いでは「ou」になる。

問二＜古語＞①「いやし」は，身分が低い，粗末だ，という意味。　②「いぶかる」は，不審に思う，気がかりに思う，という意味。

問三＜古文の内容理解＞男は，「婆々」が財布を拾いながら，なぜそのままそこに置いて行ったのかを問うよう，「小者」に言いつけた。

問四＜古文の内容理解＞A.「男」は，先に行かせた「小者」に続いて，自分も「婆々」のいるところに行った。　B.「婆々」は，財布を取り上げて，必ず金が入っていると思った。　C.「男」は，「婆々」の話を聞いて，赤面して「あら恥づかしや」などと語った。

問五＜古典文法＞品詞に分解すると，「空しく(形容詞)／すれ(動詞)／ば(助詞)」となる。

問六＜現代語訳＞⑤「たちまち」は，またたく間に，という意味。老婆は，すぐに食べる物がなくなるつらさを男に伝えた。　⑦「自然」は，本来そうであること，という意味。男は，老婆に会って話を聞かなければ，本来なら財布を自分のものとする気持ちになっていただろう，と言った。

問七＜現代語訳＞「本意」は，本来の意志，という意味。老婆は，持ち主を探して財布を返すのが本来の自分の気持ちであるけれども，非常に貧しいので，仕方なくそこに置いたのである。

問八＜古文の内容理解＞男は，老婆が拾った財布を自分のものとせず，持ち主に返したいとまで思っていたことを知り，感心した。

問九＜古文の内容理解＞「陰徳」は，人に知られない善行のこと。老婆の話を聞き，その正直さに感心した「男」は，自分も「無欲陰徳の志」を持つようになった。

三〔国語の知識〕

問一＜四字熟語＞①「五里霧中」は，物事の様子や状況がつかめないため見通しが立たずに困ること。　②「四面楚歌」は，周囲が敵ばかりで孤立した状態にあること。　③「森羅万象」は，宇宙に存在する全てのもののこと。

問二＜品詞＞①「山のふもと」の「の」は，活用のない付属語の助詞。　②「きれいな」は，活用のある自立語で，事物の様子や状態を表し，終止形が「だ」で終わる形容動詞。　③「水」は，活用のない自立語で，事物の名を表す。　④「流れ」は，活用のある自立語で，動作や存在を表す動詞。

問三＜語句＞①「不易」は，いつまでも変化しないこと。　②「俯瞰」は，高い位置から見下ろすこと。　③「標榜」は，主張や主義を掲げて公然と示すこと。　④「忖度」は，他人の気持ちを推し量ること。

問四＜語句＞①「マイノリティ」は，全体に対する割合の小さい集団。　②「ニュアンス」は，表現や言葉に含まれる微妙な意味や感じの違い。　③「ステレオタイプ」は，多くの人に浸透している思い込み。　④「コンプライアンス」は，企業などが法令をしっかりと守ること。

問五＜文学史＞①『万葉集』は，我が国に現存する最古の和歌集で，奈良時代に成立した。　②『方丈記』は，鎌倉時代に成立した随筆で，作者は鴨長明。　③『おくのほそ道』は，江戸時代に成立した俳諧紀行文で，作者は松尾芭蕉。　④『城の崎にて』は，大正6(1917)年に発表された，志賀直哉の小説。　⑤『斜陽』は，昭和22(1947)年に発表された，太宰治の小説。

Memo

Memo

2023年度 駒澤大学高等学校

【英　語】（50分）〈満点：100点〉

※問題[1]はリスニング問題です。A～Cの３種類の問題があります。試験開始から約５分後に実施します。なお，あらかじめ問題を読んでおくことは構いません。

[1]　リスニング問題

A　この問題では，英語の文章と質問文が放送されます。各質問文に対する最も適切な答えをそれぞれ解答欄に英語で記入しなさい。ただし，(1)と(2)は英単語１語で答えなさい。英文は２回放送されます。

(1)

(2)

(3)

B　この問題では，短い英文が放送されます。各文に対する返答として最も適切なものをそれぞれ①～④の中から１つ選び，その番号を解答欄にマークしなさい。英文は２回放送されます。

(4)　①　Yes.　I really like going with them.
　　②　Yes.　I want to drink something cold.
　　③　No.　It isn't a convenient way of going there.
　　④　No.　I think that she will go by car.

(5)　①　I'm sure you and I will be good friends.
　　②　I'm sure Mr. Tanaka and she went there three months ago.
　　③　I think Mr. Tanaka came to Japan two months ago.
　　④　I think she is from the U.S.A.

(6)　①　I'm interested in your school event.
　　②　I have a hearing problem.　I go to see the doctor every week.
　　③　I can go to the room without a map.
　　④　I'm busy on the days.　May I come on Thursday?

C　この問題では，インターネットに関する話が英語で放送されます。英文を聞き，以下の問いに答えなさい。なお，英文は２回放送されます。

問１　次の文が，放送された英文の要約になるように，空所に入る適切な１語を答えなさい。ただし，数字はアルファベットで解答しなさい。

(7)　We can get (　　) and buy many things through the Internet.

(8)　You must change passwords (　　) times a year.

(9)　Don't use the (　　) password for many websites.

問２　次の設問の答えとして，最も適切なものを１つ選び，その番号を解答欄にマークしなさい。

(10)　According to the passage, which is true?
　①　It's good to use a name of your family member for passwords.
　②　You should remember all the passwords soon.
　③　It's not necessary to set a long password.
　④　Passwords must be hard to guess.

※**＜リスニング問題放送原稿＞**は英語の問題の終わりに付けてあります。

2　下線部の発音が他と異なるものを１つ選び，その番号を解答欄にマークしなさい。

(11)　① comic　② college　③ concert　④ country

(12)　① smoke　② monkey　③ month　④ among

3　次の単語において，最も強く発音される箇所を１つ選び，その番号を解答欄にマークしなさい。

(13)　ca・reer
　　　①　②

(14)　en・er・gy
　　　①　②　③

(15)　su・per・mar・ket
　　　①　②　③　④

4　英文の空所に入れるのに最も適切なものを１つ選び，その番号を解答欄にマークしなさい。

(16)　I am glad (　　) the news.

① hear　② to hear　③ hearing　④ to hearing

(17)　Using a tablet is (　　　) than using a pen when you take notes.

① very fast　② more faster　③ much faster　④ the fastest

(18)　The letter which (　　) by your parent was for school.

① wrote　② was written　③ was writing　④ were written

(19)　Please ask (　　　) me the plastic bottles.

① her bring　② her to bring　③ to her bring　④ to her bringing

(20)　Happy birthday!　I wish you all the best (　　) your special day!

① at　② in　③ to　④ on

5　英文の(　)に入る適切な１語を答えなさい。

(21)　I don't like watching science fiction movies. — Me (　　).

(22)　How (　　) does your dad cook? — He almost always does.

(23)　(　　) don't you come to the festival with us? — That's a good idea!

(24)　(　　) we have lunch together? — Yes, let's!

(25)　I will take (　　) in the project for SDGs. — Sounds great.　I'd like to join, too.

6　日本語の意味に合うように，下の①～⑧の語(句)を並べ替えて英文を完成させるとき，指定された空欄に入る語(句)の番号を解答欄にマークしなさい。**ただし，設問にはそれぞれ１つずつ不要な語(句)が含まれています。**また，文頭にくる語も小文字になっているので注意しなさい。

(26)・(27)　この曲は私に中学校時代を思い出させる。

(　　)(　　)(　　)((26))((27))(　　).

① reminds　② junior high school　③ this song　④ my　⑤ of　⑥ me
⑦ for　⑧ days

(28)・(29)　ジムは弟ほど喜んでいるように見えない。

Jim (　　)((28))(　　)(　　)((29))(　　)(　　).

① brother　② as happy　③ doesn't　④ his　⑤ younger　⑥ as
⑦ look　⑧ doesn't see

(30)・(31)　サラは従姉妹たちとの夕食を楽しみにしていた。

Sara (　　)(　　)(　　)((30))((31))(　　)(　　).

① forward　② of　③ her cousins　④ was　⑤ with　⑥ the dinner
⑦ looking　⑧ to

(32)・(33) その男性は十代に知られているサッカー選手だ。

The man (　　) (　　) (　　) ((32)) (　　) ((33)) (　　).

① known　② who is　③ teenagers　④ to　⑤ a　⑥ soccer player
⑦ who are　⑧ is

(34)・(35) 私たちは屋根が開くテントに滞在する予定だ。

We (　　) ((34)) (　　) (　　) ((35)) (　　) (　　).

① an open roof　② has　③ that　④ will　⑤ going to　⑥ in a camping tent
⑦ stay　⑧ are

7　2つの文がほぼ同じ意味になるように，(　)に適語を入れなさい。

(36) Olivia went to New York last year. She is still there.
= Olivia (　　) (　　) in New York since last year.

(37) You mustn't be noisy in this building.
= (　　) (　　) noisy in this building.

(38) No one in my class plays tennis better than Silas.
= Silas is (　　) (　　) tennis player in my class.

(39) Do you know the name of the animal which is sleeping under the tree?
= Do you know the name of the animal (　　) under the tree?

(40) We visited many places during our stay in Vancouver.
= We visited many places while (　　) (　　) staying in Vancouver.

8　各対話の空所に入る適切なものを次のページの①～⑧より選び，その番号を解答欄にマークしなさい。ただし，<u>**同じ番号を複数回用いることはできない。**</u>

(41) A： Dad, don't close your eyes! The story isn't finished.
B： Well, I'm sleepy. Let's turn off the light.
A： No! I'm not sleepy. Finish reading the book!
B： [　　　　] I'm too sleepy, honey.

(42) A： Hello, nice to meet you. I'm Christina.
B： Hello. Have I seen you before, Christina?
A： I have no idea, but my sister, named Sofia, goes to Sakura High School.
B： [　　　　] She was one of my classmates.

(43) A： I'm very sorry to call you out at night. I feel so sick.
B： Are you okay? I'm here to help you.
A： It's very late. There're no trains and buses. [　　　　]
B： I caught a taxi. Stop talking and sleep. You'll get well soon.

(44) A： Lucy, do you know the answer?
B： I'm not sure, but I say it is six.
A： [　　　　] Take a little more time, and you will get the correct answer!

(45) A： [　　　　]
B： It wasn't so bad this time. The seat next to me was empty.
A： Lucky you! Didn't you feel sick?
B： No, not at all! I enjoyed watching the views.

① It's not time to sleep.　② So close!
③ Let's get out of here.　④ How did you get here?
⑤ Sorry, but it's too late.　⑥ What happened next?
⑦ How was your flight?　⑧ That explains it.

9 次の英文を読み，設問に答えなさい。

Do you know any amazing fruits? How about coconuts? Have you ever seen small, round, and brown coconuts in the fruit section of the supermarket? Have you ever made coconut cookies, and needed to buy a bag of dried, cut, white coconut meat? We call this coconut meat copra. It is a delicious and healthy snack. Here, in Hawaii, coconut is a very ((46)) fruit. You can buy it anywhere at a low price.

Coconuts grow on palm trees. The small, round coconuts you see in the supermarket grow inside larger *pods. The pod is a tough *fiber called coir. We use this coir to make ropes, nets, and ground mats. Coir is even used to make aquarium *filters and flowers' pots!

Coconut oil comes from copra. This oil is used in making some snacks and it's quite a healthy oil to eat. Coconut oil is also used in *suntan lotions and hair oil that we put on our bodies. Every part of the coconut is ((47)).

Coconut is very popular. We taste it in many ways. Have you ever tried coconut milk? Many people love coconut milk. You can buy it in cans or make it yourself. Boil a cup of water. Put the cup of hot water into a bag of dried coconut meat. Put it into the *blender. After a few minutes, you must remove the *bits.

There is coconut water inside the coconut meat. It has more *vitamins and fewer *calories than milk or orange juice. That means it is ((48)) than other various drinks. Anyway, coconut water is delicious.

*pod さや　*fiber 繊維　*filter フィルター　*suntan lotion 日焼けローション
*blender ミキサー　*bits かす　*vitamins ビタミン　*calories カロリー

(46) 空欄(46)に入る適切な語を選び，その番号を解答欄にマークしなさい。
① unique　② strange　③ common　④ expensive

(47) 空欄(47)に入る適切な語を選び，その番号を解答欄にマークしなさい。
① usual　② useful　③ natural　④ traditional

(48) 空欄(48)に入る語を，本文中の1語を使い，文に合う形にして書きなさい。

(49) ココナッツのcoirとcopraで作られるものの組み合わせとして正しいものを選び，その番号を解答欄にマークしなさい。
① coir [ropes, plates] / copra [suntan lotions, coconut water]
② coir [nets, hair oil] / copra [snack, coconut oil]
③ coir [aquarium filters, flowers' pots] / copra [coconut cookies, body soap]
④ coir [ropes, nets] / copra [coconut milk, snack]

(50) ココナッツミルクのレシピを完成させるとき，(A)・(B)・(C)の各空欄に入る語の組み合わせとして適切なものを選び，その番号を解答欄にマークしなさい。

You need a bag of dried coconut and a cup of boiling water. (A) boiling water to dried coconut meat. (B) it in the blender. (C) the bits.

① (A) Melt　(B) Shake　(C) Clean

② （A） Add （B） Boil （C） Clean
③ （A） Serve （B） Mix （C） Give up
④ （A） Add （B） Mix （C） Take out

(51) 本文の内容に合っているものを１つ選び，その番号を解答欄にマークしなさい。

① It is difficult to buy coconuts in the supermarket anywhere in the world.
② Coconut meat is a delicious snack, and we can make coconut milk with it.
③ Coconut water is used when they make some snack foods in Hawaii.
④ They make coconut milk themselves because they can't buy it in Hawaii.

10 次の英文を読み，設問に答えなさい。

We like watching stars in the night sky. We have always been interested in stars without any reasons. Though we see stars every night, they are not (52) I clear objects. Later, we may learn about stars in science class. Stars are made from *hydrogen, but (53) who cares about that ? We have looked them as a symbol of the unknown world. Stars are stars, not anything else. A star shape is a *pentagon, but that is not the real shape of a star. We use pentagons because this shape reflects light, don't we ? A lot of people love stars. They are mysterious themselves, and ((54)). Now we know why we say the words, "he or she is a superstar !"

Have you ever seen a shooting star ? Shooting stars are not stars — and they don't shoot ! Our images of them are the shiny pentagons falling down from the sky. The fact is, they are rocks, called *meteors, that come to the Earth from far away in space. These meteors can be any size, large or small.

A meteor flies through space at a very high speed, about 200,000 kilometers an hour ! Even objects shot out by a gun don't fly as fast as a meteor. When things go this fast through the air around the Earth, everything becomes very hot. The air around the meteor gets so hot that it looks blue-white. This blue-white line in the sky is the thing which we see, and it looks like a star. This is (55) why we call it a "shooting star."

When a meteor flies through the sky, it breaks into pieces. Usually this "shooting star" will disappear in less than a second. But some meteors are larger and do not break up. Some small pieces of rock will crash into the Earth. When this happens, we call them *meteorites. Most meteorites fall into the ocean.

Seeing a shooting star is an amazing thing. We think it is lucky to see one. The truth is, shooting stars happen often, but shooting stars are ((56)) if we are not looking carefully.

Some shooting stars are on a schedule. The most famous of these shooting stars is *the Halley's comet. It travels around space and visits the Earth once every 76 years. The next time you can see the Halley's comet will be in the year 2061.

I'll ask you again. ((57)) The next time it is (52) II clear outside, please take time to sit and watch the sky when the stars are shining bright. If you watch carefully, you will see it. Don't forget to make a wish !

*hydrogen 水素　*pentagon 五角形　*metcor 大気圏で燃えている隕石
*meteorite 燃え尽きず地表にたどり着いた隕石　*the Halley's comet ハレー彗星

(52) 下線部(52) I・(52) II それぞれのclearの使い方と同じものの組み合わせとして適切なものを選び，その番号を解答欄にマークしなさい。

① Ⅰ easily understood : That is a clear reason.
  Ⅱ no clouds : It is a beautiful clear, sunny day.
② Ⅰ no clouds : It is a beautiful clear, sunny day.
  Ⅱ no plans : Sunday afternoon is clear.
③ Ⅰ no plans : Sunday afternoon is clear.
  Ⅱ no clouds : It is a beautiful clear, sunny day.
④ Ⅰ easily understood : That is a clear reason.
  Ⅱ no plans : Sunday afternoon is clear.

(53) 下線部(53)の意味するものとして適切なものを選び，その番号を解答欄にマークしなさい。
① 星の成分を気にしている人を探してみよう
② 星の実際の成分を知りたいわけではない
③ 星の成分の詳細を誰かに説明できるだろうか
④ 星の実際の成分について授業で習っても誰も理解できない

(54) 空欄(54)に入れるのに**適切ではないもの**を１つ選び，その番号を解答欄にマークしなさい。
① stars are out of reach ② it is impossible to touch stars
③ we are far from stars ④ stars are close to us

(55) 下線部(55)の示す内容を踏まえて，shooting starが隕石であるのに星のように青白く光る理由を解答欄に合うように日本語で説明しなさい。
「隕石が落ちる速さにより隕石の(　　　　)が(　　　　)ため」

(56) 空欄(56)に入れるのに**適切ではないもの**を１つ選び，その番号を解答欄にマークしなさい。
① so fast that we often miss them ② too fast for us to see
③ so fast that we can't see them ④ fast enough to see

(57) 空欄(57)に入る適切な一文を，本文より抜き出して書きなさい。

(58)～(60) 次の各文が本文の内容に**合っていればＴ**，**合っていなければＦ**を解答欄にマークしなさい。
(58) A meteor flies faster than objects shot out by a gun.
(59) Most meteorites won't disappear and will crash into the Earth.
(60) The Halley's comet came to the Earth around 1985 last time.

(61)～(64) 以下の文章は本文の要約です。各空欄に入る適切な語を下の〈語群〉より選び，その番号を解答欄にマークしなさい。

Stars have many ((61)). They are mysterious, especially shooting stars. When meteors ((62)) into the Earth, they're called meteorites. There're meteors which shine like stars. Some of them ((63)) come to the Earth once in some years. You have a chance. You should look ((64)) shooting stars.

〈語群〉

① songs	② fans	③ fall	④ disappear
⑤ maybe	⑥ certainly	⑦ to	⑧ for

＜リスニング問題放送原稿＞

A

(1) This is a month. It is the shortest one in the year, and it has only twenty-eight or twenty-nine days. What is this month ?

(2) I like watching movies. I have more than 500 DVDs and sometimes watch videos on YouTube. My brother and I go this place every month to enjoy movies. What place do we go to every month ?

(3) Your friend said something to you, but her voice was very small, and you couldn't hear. What will you say to her ?

B

(4) I'm a little hungry. I will go to a convenience store to get something. Would you like to go with me ?

(5) I heard from Mr. Tanaka that you came from Australia three months ago. Is Jane also from Australia ?

(6) If you are interested in our English club, please come to the English room at 3:30 on Wednesday or Friday. Would you like to come ?

C Computers and smartphones are very important and useful tools for everybody. People can get a lot of information through the Internet and buy some clothes, books, food and other things online. When you use the Internet, you need to set your own password by using some different numbers and letters [alphabets]. Longer passwords are better. You must not use your name. Don't use the names of your family members, your birthday or your telephone number. Passwords are so important that you have to set strong ones and change them every three months. Don't use the same password for many different websites. You must use a different password for each website. It might be difficult to remember all the passwords, but it must be necessary to take care of them in a right way.

【数　学】（50分）〈満点：100点〉

1　(1)　$-2^3\times\{15+(2-\sqrt{2})^2\div(-0.4)\}$を計算しなさい。

(2)　$(x+2y-3)x+(y-2)(y-1)$を因数分解しなさい。

(3)　原価の20％増しで定価がついている商品を，10％値引きして売ったところ，利益は96円であった。原価は何円か求めなさい。

(4)　3直線$4x+3y-5=0$，$3x+y-5=0$，$mx-2y+3=0$が一点で交わるとき，定数mの値を求めなさい。

(5)　2次方程式$kx^2+x-5k^2=0$が$x=2$を解にもつとき，定数kの値を求めなさい。

(6)　次の6個のデータの平均値は6，中央値は7である。最頻値を求めなさい。

　　6，a，2，9，b，3

(7)　3辺の長さが5，7，8の三角形の面積を求めなさい。

(8)　右図のように，正方形OABCの内部におうぎ形と円がある。このとき，∠AKBの大きさを求めなさい。

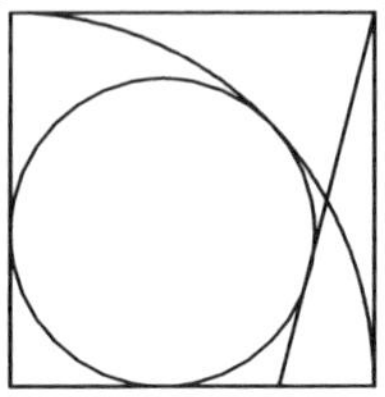

2　放物線$y=ax^2$と直線$y=x-3$が2点A，Bで交わっており，点Bの座標は$\left(-\dfrac{a}{2},\ a\right)$である。また，原点Oから直線ABに引いた垂線と直線ABとの交点をHとする。このとき，次の問いに答えなさい。ただし，円周率をπとする。

(1)　定数aの値を求めなさい。

(2)　OHの長さを求めなさい。

(3)　△OABを，直線ABを軸として1回転させてできる立体の体積を求めなさい。

3　2つのサイコロA，Bを1回ずつ振り，Aの出た目の数をa，Bの出た目の数をbとするとき，次の問いに答えなさい。

(1)　$a<b$となる確率を求めなさい。

(2)　$2a+b$が4の倍数となる確率を求めなさい。

(3)　直線$y=\dfrac{2a}{b}x$と直線$y=-x+4$の交点のx座標とy座標がともに整数となる確率を求めなさい。

4　図のように，底面の円の直径が6，高さが4の円錐がある。球Aは円錐に内接しており，球Bは円錐の側面と球Aに接している。このとき，次の問いに答えなさい。ただし，円周率をπとする。

(1)　円錐の表面積を求めなさい。

(2)　球Aの半径を求めなさい。

(3)　球Bの体積を求めなさい。

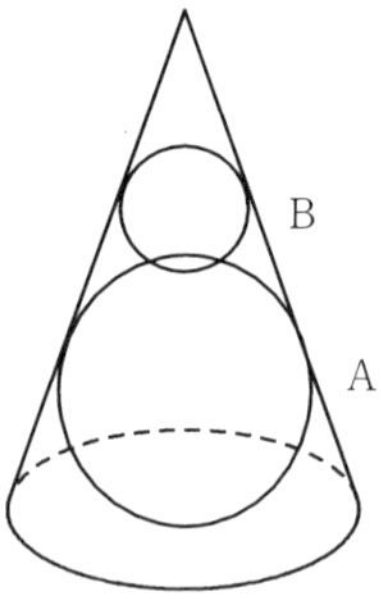

5　x，nを自然数とし，xをnで割った余りを〈x，n〉で表す。たとえば，〈9，2〉＝1である。このとき，次の問いに答えなさい。

(1)　〈2023，7〉－〈2023，17〉を求めなさい。

(2)　〈2023，n〉＝0をみたすnの個数を求めなさい。

(3)　〈x，3〉＋〈x，4〉＝5をみたすxのうち，3番目に小さい素数を求めなさい。

ア 理解する者　イ 同調する者
ウ 仲の良い者　エ 信頼できる者

⑨「面ぶせなり」

ア 物足りない　イ 似合わない
ウ みすぼらしい　エ みっともない

問八 傍線部⑦「いでや」は感動詞である。この発言に込められた心情として最も適当なものを、選択肢から選び記号で答えなさい。

ア 不安　イ 疑い　ウ 期待　エ 喜び

問九 傍線部⑧「言ひ」の主語を、選択肢から選び記号で答えなさい。

ア ある浦の長　イ 異浦の者
ウ かの里人　エ 若き者

問十 傍線部⑩「富み栄えたる里なりしが、衰へゆきて」とあるが、そのようになったきっかけと理由を合わせて五十字以内で答えなさい。

三

次の語句や文学史に関する問いに答えなさい。

問一 次の（　）に漢字一文字を入れて、類義語または対義語の組を完成させなさい。

①　頑固＝（　）情　②　陳腐《ちんぷ》＝（　）鮮
③　我慢＝辛（　）　④　曖昧《あいまい》＝漠（　）
⑤　成就《じょうじゅ》＝（　）成

問二 次の①～③の文の表現として（　）の中に「に」と「と」のどちらが入るのがよいか。最も適当なものを、それぞれ選択肢から選び記号で答えなさい。（同じ選択肢を何度使用してもよい。）

①　以前、これ（　）よく似た話を聞いたことがある。
②　駅の防犯カメラに犯人（　）おぼしき男の姿が捉えられていた。
③　著作権法（　）照らして考えれば、次のような行為は違法と判断されるだろう。

ア「に」が入る　イ「と」が入る　ウ どちらも入る

問三 次の内容を表す言葉として最も適当なカタカナ語を、それぞれ選択肢から選び記号で答えなさい。

①　民主主義
②　大規模な記録資料
③　活力となる思想や感情を人の心に吹き込むこと
④　政策

ア アーカイブ　イ ロジック　ウ ポリシー
エ ルーティン　オ デモクラシー　カ ジンクス
キ ソリューション　ク インスパイア

問四 次の（　）には生き物の名前が入る。適切な語句を漢字で答えなさい。

①　逃した（　）は大きい。
②　（　）の一声で決定した。
③　まるで（　）ににらまれた蛙だ。

問五 次の①～⑤の説明に当てはまる文学作品を、選択肢から選び記号で答えなさい。

①　琵琶法師により語り継がれた軍記物語の最高傑作。
②　人生観や自然観など様々なことに関する内容を心のおもむくままに配列した随筆。
③　醍醐天皇の勅命で紀貫之らが編集した、わが国最古の勅撰和歌集。
④　小動物らのはかない死に方と、自分の交通事故とを合わせて見つめた志賀直哉の心境小説。
⑤　屏風画の完成のために愛する娘の死さえいとわない絵師良秀の姿を描いた芥川龍之介の代表作。

ア 平家物語　イ 源氏物語　ウ 枕草子
エ 方丈記　オ 徒然草　カ 万葉集
キ 古今和歌集　ク 城の崎にて　ケ 暗夜行路
コ 地獄変　サ 羅生門　シ 破戒

異村よりいと富めれば、「ここへ魚など持ちこしたらば、めづらしさのあまり、うちこぞりて買ひなん」と思へども、その④村の掟《おきて》、正しくして破りがたし。ある浦の長、年ごろ⑤心にかけてゐけるが、かの山里のうちにも⑥心あはする者ありければ、それと調じ合はせて、魚など売りくることを許されぬ。「⑦いでや」とて持ちこしたるが、めづらしきうちは、鯛《たい》よ、鱸《すずき》よと買ひにけり。また異浦の者、うち聞きて、「昔よりかの山里へ売らまほしく思へど、掟あれば黙《もだ》しゐしなり。かの浦より魚売ると聞きぬ。浦に隔てのあるべしや」とて、また持ちこしたり。もはやかの里人、B止めむやうもなし。ここかしこの浦より持ちこして、「名も知らぬ魚見るはめづらし」と⑧言ひしが、それも常になりにければ、買ふ者もなく、「山越え来し魚、多く腐れめ」とて、浦々よりは恨みなど言ひぬ。

その里の若き者らは、異浦の人々に交はれば、昔より持て来し※2振りもたがひつつ、魚なくては物食ひしやうに覚えず。「みづから織りてし衣着んは、⑨面《おもて》ぶせなり」とて、※3異もの好みぬる振りとなりてければ、⑩富み栄えたる里なりしが、衰へゆきて、異里の人々あまた入りくれば、争ひごとも絶えざりしとかや。

（『花月草紙』より）

※1　干したるのをかひ来たりて…干し魚を担いで来て。
※2　振り…風俗、習慣、気風。
※3　異もの…他とは違う、変わったもの。

問一　二重傍線部A「住みゐて」・B「止めむやうもなし」の読みを、現代仮名遣いのひらがなで答えなさい。

問二　傍線部①「一年の食とす」を構成している単語の組み合わせとして正しいものを、選択肢から選び記号で答えなさい。

ア　名詞・助動詞・動詞・助詞・動詞
イ　名詞・助詞・名詞・動詞・助動詞
ウ　名詞・助詞・動詞・助詞・助動詞
エ　名詞・助詞・名詞・助詞・動詞

問三　傍線部②「外に求むることなければ」とあるが、その解釈として最も適当なものを、選択肢から選び記号で答えなさい。

ア　裕福な村であったため、すべての物がそろっていて、外部から物を買ってくる必要がないので
イ　村内で生産されるものでほぼ自給自足の生活を送り、外部からは物を入手しようとしないので
ウ　一年のあいだに必要な食物は全て村内で収穫でき、外部から調達してくるのは衣類程度なので
エ　村では自給自足の原則を大切にし、関所を置いたりして外部との交易を制限していたので

問四　傍線部③「うらやむ心」とあるが、具体的にどのような気持ちか。最も適当なものを、選択肢から選び記号で答えなさい。

ア　自分たちの暮らしぶりとは異なった他の村の生活をうらやむ気持ち。
イ　高価なものが手に入るような生活を送る都会の人々をうらやむ気持ち。
ウ　厳しい掟に制限されることのない自由な生活をうらやむ気持ち。
エ　めずらしいものに飛びつく他村の人々の気軽さをうらやむ気持ち。

問五　傍線部④「村の掟」とあるが、その内容を本文中から十五字以内で抜き出して答えなさい。

問六　傍線部⑤「心にかけてゐけるが」とあるが、その解釈として最も適当なものを、選択肢から選び記号で答えなさい。

ア　他村との関わりを避ける村を心配していたが
イ　魚を売り込みたいと気にかけていたのだが
ウ　村の掟がいつ変わるのかと気になっていたが
エ　村からいつ魚を売る許可が下りるか不安だったが

問七　傍線部⑥「心あはする者」・⑨「面ぶせなり」の本文中での意味を、それぞれ後の選択肢の中から選び記号で答えなさい。

⑥「心あはする者」

ア　たまに　　イ　きわめて　　ウ　仮に　　エ　無事に

問三　傍線部①「積極的に自分の言葉として発することはないだろう」とあるが、その理由を本文中から解答欄に合う形で、二十五字で抜き出して答えなさい。

問四　傍線部②「『男にする』」という言葉を失礼な言い方と捉えたとき、筆者が失礼だと考えた理由に当たる部分を本文中から探し、最初と最後の五字を抜き出して答えなさい。

問五　傍線部③「伝統」の対義語として最も適当なものを、選択肢から選び記号で答えなさい。

ア　習慣　　イ　定例　　ウ　革新　　エ　文化

問六　傍線部④「夫婦の呼び名は、おそらくいま、多くの人が生活のなかで実際に困っている問題ではないだろうか」とあるが、筆者は、人々がどのようなことに困っていると考えているのか。最も適当なものを、選択肢から選び記号で答えなさい。

ア　男性優位の観点を映し出す言葉を用いようとしても、適切な言葉がわからないこと。

イ　男性優位の観点を映し出す言葉を用いると、周囲の人から差別的な取り扱いをされること。

ウ　男性優位の観点を映し出す言葉を避けると、その場の雰囲気に合わず会話が円滑にならないこと。

エ　男性優位の観点を映し出す言葉を避けると、相手との関係性を逸脱するものとなってしまうこと。

問七　傍線部⑤「英雄ひとを欺く」とあるが、これは「英雄は才知にたけているので、策略を用いて人を驚かせることが多い。」という意味である。同じ意味を表さないものを、選択肢から選び記号で答えなさい。

ア　奇抜　　イ　突飛　　ウ　正攻　　エ　斬新

問八　傍線部⑥「字面だけ見て性差別語かどうかの線引きを行い、言い換えを行う、というのは粗雑なやり方だ」とあるが、筆者がそう考える理由を、六十字以内で答えなさい。ただし、解答欄に合う形で答えること。

問九　本文からは、次の一文が抜き出してある。この一文が入る箇所として最もふさわしい箇所を、本文中の【1】〜【5】から選び、数字を答えなさい。

　では、私たちは、そうした言葉の使用をすべてやめるべきだろうか。

問十　筆者の主張と合っているものにはア、合っていないものにはイをそれぞれ解答欄に記入しなさい。（ただし、全て同じ記号で答えた場合は全て不正解とする。）

①　時代にそぐわなくなってきた言葉には平等に別の適確な表現を考え、改めていくべきだ。

②　伝統的に使用された言葉を失えば、それらが表現する独特の意味合いを失うこととなる。

③　「女々しくて」「英雄」などの言葉を廃止することによって、男女平等社会を築くひとつの契機となる。

④　「女々しくて」「英雄」などの言葉の使用は日本語の伝統を守ることにもつながり、すぐに廃止するべきではない。

⑤　時代が流れ世界が変化すれば、言葉が持つ意味合いも変化するので安心して使えるようになる。

二

次の文章を読んで、後の問いに答えなさい。（字数を数える問いの場合は、句読点や記号を含むこと。）

　ある山里ありけり。人もいと多くA住みゐて、なに乏《とぼ》しきことなく、家々みな富み足りぬ。糸取り、機《はた》織りて衣《きぬ》とし、みづから作りし稲・麦刈り収めて、①一年の食とす。その里、年を追うて繁盛《はんじやう》す。海も遠からねど、四方に山を隔つれば、②外に求むることなければ、関を置きて、異《こと》里より物あきなふことを禁ず。魚は月にいくたびと定めて、※1干したるのをかひ来たりて、村のうち売りて食ふなり。異村へ出《い》づる者もなければ、③うらやむ心もなし。

実情だ。
　女性に対する蔑視や、男女の不平等性を読み込める言葉は、ほかにも数多く存在する。【4】
　たとえば「女々しい」という言葉についてはどうだろうか。これは、近頃のヒット曲のタイトルにもなっているように(※4ゴールデンボンバー「女々しくて」)、［Ⅲ］一般的な言葉だが、女性を否定的な意味で捉えているから用いるべきではない、という意見もありうる。しかし、［Ⅳ］この言葉を廃止して、「柔弱だ」とか「未練がましい」、「d意気地がない」といった言葉に置き換えるとしても、「女々しい」はこれらの言葉のどれともぴったり合うものではないから、「女々しい」がもっている固有のニュアンスが失われることになる。そのとき、私たちがそれまで「女々しい」という言葉で表現してきたものはどこに行ってしまうのだろう。あるいは、それはどこかに行ってしまっても別によいもの、打ち棄《す》ててよいものなのだろうか。【5】
　ある本のなかで、「英雄」はオス優位主義的であり、一方の性を排除する表現であるから、「偉人」、「傑物」、「逸材」などの言葉に置き換えるべき、という主張がなされていた。しかし、「英雄」と「偉人」「傑物」「逸材」などとの間には、それぞれ意味が重なる部分もあるが、明確に異なる部分も存在する。たとえば、「逸材」が必ずしも「英雄」になるわけではない。また、「偉人」は人格的に優れた人物、高い徳を備えた人物を指すことも多いのに対して、「英雄」の方は、「英雄色を好む」や「⑤英雄ひとを欺く」ということわざもあるように、好色や狡知といった特性を備えた人物に対しても積極的に適用される言葉であって、偉人が「色を好む」とか「ひとを欺く」とはまず言われないのとはeタイショウ的だ。さらに、「英雄気取り」や「英雄的行為」、「英雄児」、「英雄譚」、「英雄時代」など、「英雄」という言葉が他の言葉と結びつく独特な言い回しも数多く存在する。こうした意味合いや言葉同士の結びつきといったものを度外視して、「英雄」をすべて機械的に「偉人」「傑物」「逸材」などに置き換えてしまえば、その分だけ日本語の表現が失われ、それらの表現が表す独特の意味合いも失われる。
　雄と雌の優劣や、雄の優位を含意していると解釈できる言葉は、ほかにも無数にある。「雌雄を決する」、「雌伏」、「雄大」、「雄飛」、「雄弁」等々だ。(中略)これらの言葉をすべて廃止するならば、日本語話者は、自分たちが思考し表現するための多くの言葉を喪失することになる。
　⑥字面《じづら》だけ見て性差別語かどうかの線引きを行い、言い換えを行う、というのは粗雑なやり方だ。しかしだからといって、伝統的な言葉は何であれ今後も使用していくべきだ、というのも乱暴だ。性差別であれ、他の種類の差別であれ、いまでは許容しがたい(あるいは許容しにくい)物事の見方や価値観を反映している伝統的な言葉はさまざまに存在するからだ。(中略)いまある言葉の多くは、長い時間をかけて形成された、世界に対する特定の見方を含むものだ。そして、時間は流れ、世界は変わり、言葉も変わっていく。そうした変化と、個々の言葉が※5湛《たた》える豊かな意味合いとを繊細に捉えながら、用いるべき言葉をよく吟味する——言葉を大切にするというのは、そうした努力を指すのではないだろうか。

(古田徹也『いつもの言葉を哲学する』による)

※1　大仰…実際よりもおおげさに行うこと。
※2　沽券…売買契約を交した際に、売主から買主に与える証文を指すが、
　　ここでは自尊心や自負心をいう。
※3　家父長制…家長が家族に対して絶大な権力を持つ制度。
※4　ゴールデンボンバー…日本のヴィジュアル系エアーバンド。
※5　湛える…液体や感情をいっぱいにすること。

問一　二重傍線部a〜eについて、カタカナは漢字に直し、漢字は読み方をひらがなで答えなさい。
問二　［Ⅰ］〜［Ⅳ］に当てはまる語として最も適当なものを、それぞれ選択肢から選び記号で答えなさい。(選択肢は一度ずつ使用すること。)

二〇二三年度 駒澤大学高等学校

【国　語】〈五〇分〉〈満点：一〇〇点〉

一　次の文章を読んで、後の問いに答えなさい。（字数を数える問いの場合は、句読点や記号を含むこと。）

中学生のとき、生徒会の書記に立候補した友達の牧野君の応援演説を行った。政治家の演説のパロディをコンセプトにして、「彼を男にしてください！」とか、「男・牧野はこれまで……」とか、とにかく「男」という言葉を使い倒した演説を※1大仰に行って、かなり受けた。牧野君も［　Ⅰ　］当選した。

いま思い出すと、それから経過した三〇年という時間以上に、当時の光景と言葉が随分遠く、古いものに感じる。自分はもう、「〇〇を男にする」という言葉を、①積極的に自分の言葉として発することはないだろう。いまやこの言葉には、どこかａ滑稽な印象さえ覚えるほどだ。【1】

②「男にする」というのはある意味面白い言葉で、たとえばスポーツ選手が［　Ⅱ　］「次の試合に勝って監督を男にしたい」と言うことがあるが、これが「監督を一人前にする」とか「監督を立派にする」といった意味であれば、随分と失礼な言い方ということになる。だから、「男にする」は「一人前にする」とか「立派にする」などとぴったり同じ意味ではなく、そこには独特のニュアンスがある。ただ、ともあれこの言葉が、男性に対する伝統的なイメージや、女性には付与されない地位や名誉、それを体現する誇り、※2沽券《こけん》といったものにかかわる言葉であることは確かだ。たとえば、監督が女性のときに、選手たちは「監督を女にする」と言ったりはしない。【2】

古びてきた言葉、時代にそぐわなくなってきた言葉は、ほかにも数多く挙げることができる。たとえば「未亡人」は、夫に先立たれた女性を指す、独特のｂフンイキを帯びた③伝統的な言葉だ。しかし、この言葉には元々、「夫と共に死ぬべきであるのに、未《いま》だ死なない人」（日本国語大辞典第二版）という意味合いがある。そのため現在、この言葉の使用を控える傾向が社会のなかで強まっている。また、「処女作」は一九世紀末頃から流通している言葉（欧米のmaiden work等の翻訳語）だが、私は少なくとも自分で使うことには抵抗感を覚えるようになったし、世間的にも使用頻度が下がってきているように思われる。

④夫婦の呼び名は、おそらくいま、多くの人が生活のなかで実際に困っている問題ではないだろうか。「主人」も「旦那」も「亭主」も、「家内」も「嫁」も「奥さん」も、※3家父長制的な伝統や男性優位の観点を色濃く映し出す言葉であり、これらの言葉の使用を避ける人が年々増えていることは間違いない。そして代わりに、「夫」、「妻」、「連れ合い」、「パートナー」といった言葉が用いられる傾向も見られる。ただ、こうした変化は一般的な傾向とまでは言えない。関西で生まれ育った研究者から直接聞いた話では、彼がｃ帰省して小学校の同窓会に出席したとき、「うちの妻が……」と言った途端、その言葉が場で非常に浮いてしまって、「さすがインテリ！（笑）」などと周囲にからかわれたという。ちなみに、彼以外の男性妻帯者は皆「嫁」という呼称を使っていたらしい。【3】

いま特に難しいのは、相手の夫なり妻なりを呼ぶ場合だ。「ご主人は……」とか「奥様は……」と呼ぶのはどうかと思っても、代替となる言葉がなかなか見当たらない。「お連れ合い様は……」だと、客を案内する店の人のようだし、「パートナーさんは……」と言うのも、どうも不自然な感じになってしまう。下の名前で「茜《あかね》さんは……」などと呼ぶという手もあるが、そもそも名前を知らなければ使えない方法だし、相手との関係性によっては馴《な》れ馴《な》れしい感じや失礼な印象を与えかねない。たとえば私自身はいまのところ、時と場合に応じて多様な呼び方をぎこちなく使い分けているというのが

2023年度／駒澤大学高等学校

英語解答

1 A (1) February
(2) (例) theater
(3) (例) Pardon ?〔Excuse me ?〕
B (4)…② (5)…④ (6)…④
C 問1 (7) information
(8) four (9) same
問2 (10)…④

2 (11) ④ (12) ①

3 (13) ② (14) ① (15) ①

4 (16) ② (17) ③ (18) ② (19) ②
(20) ④

5 (21) neither (22) often
(23) Why (24) Shall
(25) part

6 (26)…⑤ (27)…④ (28)…⑦ (29)…④
(30)…⑧ (31)…⑥ (32)…② (33)…④
(34)…⑤ (35)…③

7 (36) has been (37) Don't be
(38) the best (39) sleeping
(40) we were

8 (41) ⑤ (42) ⑧ (43) ④ (44) ②
(45) ⑦

9 (46) ③ (47) ② (48) healthier
(49) ④ (50) ④ (51) ②

10 (52) ① (53) ② (54) ④
(55) (例)周囲の空気，熱くなる
(56) ④
(57) Have you ever seen a shooting star ?
(58) T (59) F (60) T
(61) ② (62) ③ (63) ⑥ (64) ⑧

1〔放送問題〕解説省略

2〔単語の発音〕

(11) ① comic[ɑ] ② college[ɑ] ③ concert[ɑ] ④ country[ʌ]

(12) ① smoke[ou] ② monkey[ʌ] ③ month[ʌ] ④ among[ʌ]

3〔単語のアクセント〕

(13) ca-réer (14) én-er-gy (15) sú-per-mar-ket

4〔適語(句)選択〕

(16) be glad to ～ で「～してうれしい」という意味。‘感情の原因’を表す副詞的用法の to不定詞。「私はその知らせを聞いてうれしい」

(17) 直後の than から比較級の選択肢を選ぶ。fast の比較級は faster なので more は不要。③にある much は「ずっと」という意味で比較級を強調する用法。 「メモを取るとき，タブレットを使う方が，ペンを使うよりもずっと速い」

(18) 先行詞の The letter は「書かれる」と考え，受け身‘be動詞＋過去分詞’にする。The letter は単数なので，be動詞が were の④は不可。 「あなたの親によって書かれた手紙は学校宛てのものだった」

(19) ‘ask＋人＋to ～’で「〈人〉に～するよう頼む」という意味。 「私にそれらのペットボトルを持ってくるよう彼女に頼んでください」

(20) ‘特定の日’を表すときに使う前置詞は on。‘wish＋人＋all the best’で「〈人〉の幸運を祈る」の意味。 「誕生日おめでとう！ あなたの特別な日に幸運を祈ります！」

5〔適語補充〕

(21) 否定文に対して「私も(～ない)」と言うときは，Me too. ではなく Me neither. とする。 「私はSF映画を見るのが好きではありません」―「私もです」

(22)almost always「ほとんどいつも」と答えているので，‘頻度’を尋ねているとわかる。how often で「どれくらい(頻繁に)」の意味。　「あなたのお父さんはどれくらい頻繁に料理しますか？」―「彼はほとんどいつも料理をします」

(23)Why don't you ～？「～してはどうですか」は相手に‘提案’をするときに使う表現。　「私たちと祭りに行きませんか？」―「それはいい考えですね！」

(24)Shall we ～？で「(みんなで)～しませんか」という意味。答えるときは Yes, let's./No, let's not. などと言う。　「一緒にお昼ごはんを食べませんか？」―「そうしましょう！」

(25)take part in ～ で「～に参加する」という意味。　「SDGs〔持続可能な開発目標〕のプロジェクトに参加するつもりです」―「すばらしいですね。私も参加したいです」

6〔整序結合〕

(26)・(27)「〈人〉に〈物〉を思い出させる」は‘remind＋人＋of＋物’で表せる。「～の中学校時代」は ～'s junior high school days。for が不要。　This song reminds me of my junior high school days.

(28)・(29)「～に見える」は look を使う。「～ほど…ない」は‘not as＋形容詞〔副詞〕＋as ～’，「弟」は younger brother とする。doesn't see が不要。　Jim doesn't look as happy as his younger brother.

(30)・(31)「～を楽しみにする」は look forward to ～ で表せる。「楽しみにしていた」なので過去進行形‘was/were＋～ing’とする。of が不要。　Sara was looking forward to the dinner with her cousins.

(32)・(33)「～に知られているサッカー選手」は主格の関係代名詞を使い，‘先行詞(＝a soccer player)＋who＋動詞...’の語順で表す。主格の関係代名詞の後の動詞は先行詞に合わせるので，who is を使うことに注意。「～に知られている」は be known to ～。who are が不要。　The man is a soccer player who is known to teenagers.

(34)・(35)「～する予定だ」は will ～ または be going to ～ で表せる。語数からここでは後者とする。「～に滞在する」は stay in ～。「屋根が開くテント」は「開閉式の屋根を持つテント」と考え，主格の関係代名詞 that を使って‘先行詞(＝a camping tent)＋that＋動詞(＝has)...’の語順にする。will が不要。　We are going to stay in a camping tent that has an open roof.

7〔書き換え―適語補充〕

(36)「オリビアは昨年ニューヨークに行った。彼女はまだそこにいる」→「オリビアは昨年以来ずっとニューヨークにいる」　「ずっと～にいる」は現在完了形 have/has been ～ で表せる。

(37)「このビルで騒いではいけません」→「このビルで騒ぐな」　must not ～「～してはならない」を，否定の命令文 Don't ～.「～するな」で書き換える。動詞が be動詞の否定の命令文は Don't be ～. の形になる。

(38)「私のクラスの誰もサイラスより上手にテニスができない」→「サイラスは私のクラスで一番上手なテニス選手だ」　上の文は‘No＋単数名詞...＋動詞＋比較級＋than ～’「～より…な―はない」の形で，これは最上級と同様の意味を表す。上の文の better は副詞 well の比較級，下の文の best は形容詞 good の最上級。　well/good－better－best

(39)ともに「木の下で眠っている動物の名前を知っていますか」の意味。「～している〈名詞〉」は‘名詞＋関係代名詞(who/which/that)＋現在進行形(be動詞＋～ing)’，または現在分詞の形容詞的用法‘名詞＋～ing...’を使って表せる。

(40)「私たちはバンクーバーでの滞在中に多くの場所を訪れた」→「私たちはバンクーバーに滞在している間に多くの場所を訪れた」　during「～の間」は前置詞なので後には名詞が続く。これを接続詞 while「～している間に」で書き換える。while の後は，進行形の文が続くことが多い。過去の文なので be動詞を過去形にすることに注意。

8〔対話文完成―適文選択〕

(41) A：お父さん，目を閉じないで！　物語は終わってないわ。／B：ううん，眠いよ。明かりを消そう。／A：いや！　私は眠くないわ。本を読み終えて！／B：ごめん，でももう遅いよ。眠すぎるよ，ハニー。／／本を読み終えるように言ったAに対し，Bは空所の後で「眠すぎる」と述べている。ここから，BはAの要望に応えられないと言っているとわかる。

(42) A：こんにちは，はじめまして。私はクリスティーナよ。／B：こんにちは。私はあなたに前に会ったことがあるかしら，クリスティーナ？／A：わからないけど，ソフィアという名前の姉〔妹〕がさくら高校に通っているわ。／B：それでわかったわ。彼女は私のクラスメートの一人だったから。／／Bはクリスティーナと会ったことがあるかわからなかったが，クリスティーナのソフィアに関する説明で，その理由がわかったという流れ。

(43) A：夜に呼び出して本当にごめん。とても具合が悪いんだ。／B：大丈夫？　あなたを助けに来たよ。／A：とても遅い時間だよね。電車もバスもない。どうやってここに来たの？／B：タクシーをつかまえたんだ。話すのをやめて寝なさい。すぐに元気になるよ。／／直後でBが「タクシーをつかまえた」と言っていることから，Aは交通手段を尋ねたとわかる。

(44) A：ルーシー，答えがわかりますか？／B：自信はないけど，6だと思います。／A：とても惜しいですね！　もう少し時間をかければ，正しい答えが出せるでしょう！／／先生と生徒の会話。この後に続く先生の言葉から，ルーシーの答えが惜しかったことがわかる。close[klous]は形容詞で「近い」→「惜しい」の意味。

(45) A：フライトはどうだった？／B：今回はそれほど悪くなかったよ。私の隣の席が空席だったんだ。／A：よかったね！　具合が悪くならなかった？／B：いや，全く！　景色を見て楽しんだよ。／／直後のBの発言から，Aは何かについての感想を尋ねたと考える。また隣の席が空いていたという発言から乗り物に乗っていたことがわかる。

9〔長文読解総合―説明文〕

≪全訳≫❶皆さんはすばらしい果物を知っているだろうか。ココナッツはどうだろう。スーパーマーケットの果物売り場で，小さく，丸い，茶色のココナッツを見たことがあるだろうか。ココナッツクッキーをつくり，乾燥しカットされた白いココナッツの果肉の袋を買わなければならなかったことはあるだろうか。私たちはこのココナッツの果肉をコプラと呼ぶ。それはとてもおいしく，健康的なスナックだ。ここハワイでは，ココナッツはとても一般的な果物だ。皆さんはそれをどこでも低価格で買える。❷ココナッツはヤシの木になる。スーパーマーケットで見かける小さく丸いココナッツは，大きいさやの中で育つ。さやはコイアと呼ばれる丈夫な繊維だ。私たちはこのコイアを使ってロープ，網，接地マットをつくる。コイアは水槽のフィルターや植木鉢にも使われる！❸ココナッツオイルはコプラからできている。このオイルはスナックをつくるときに使われ，食べるのにとても健康的なオイルだ。ココナッツオイルは，私たちが体につける日焼けローションやヘアオイルにも使われている。ココナッツのあらゆる部分が役に立つ。❹ココナッツはとても人気がある。私たちはそれをさまざまな方法で味わう。ココナッツミルクを飲んでみたことがあるだろうか。ココナッツミルクが大好きな人はたくさんいる。缶入りのものを買うこともできるし，自分でつくることもできる。カップ1杯の水を沸かす。カップ1杯のお湯を乾燥させたココナッツの果肉の袋に入れる。それをミキサーに入れる。数分後にかすを取り除く。❺ココナッツの果肉の中にはココナッツウォーターが入っている。それは牛乳やオレンジジュースよりもビタミンが多く，カロリーが低い。そのことは，他のさまざまな飲み物よりも健康的であることを意味する。とにかく，ココナッツウォーターはとてもおいしい。

(46)<**適語選択**>直後に「どこでも低価格で買える」とある。common は「一般的な」という意味。

(47)<**適語選択**>第１～３段落で，ココナッツの果肉，さやの繊維，オイルのさまざまな用途が説明されている。つまり，ココナッツの全ての部分が useful「役に立つ」のである。

(48)<**適語補充**>前に be動詞 is，後ろに than があるので，空所には形容詞の比較級が入る。直前の文に，ココナッツウォーターは多くのビタミンを含み，カロリーが少ないとあるので，ココナッツウォーターは他の飲み物よりも「健康的だ」と考えられる。第１段落第６文に healthy がある。healthy のように‘子音字＋y’で終わる語の比較級は y を i に変えて er をつける。

(49)<**要旨把握**>coir については第２段落，copra(＝coconut meat)については第１，３～５段落に記述がある。coir の「ロープ」「網」は第２段落第４文に，copra の「ココナッツミルク」は第４段落，「スナック」は第３段落第２文で述べられている。

(50)<**内容一致**>「乾燥したココナッツ１袋とカップ１杯の熱湯が必要だ。熱湯を乾燥したココナッツの果肉に(A)加え，ミキサーで(B)混ぜなさい。かすは(C)取り除きなさい」　第４段落第６～９文参照。remove は「～を取り除く」(≒take out ～)という意味。　melt「～をとかす」　shake「～を振る」　serve「(料理)を出す」という意味。

(51)<**内容真偽**>①「世界のどこのスーパーマーケットでもココナッツを買うのは難しい」…×　第１段落第７，８文参照。ハワイではどこでも買える。　②「ココナッツの果肉はとてもおいしいスナックで，それを使ってココナッツミルクをつくることができる」…○　第１段落第６文，第４段落の内容に一致する。　③「ココナッツウォーターはハワイでスナックをつくるときに使われる」…×　ココナッツオイルはスナックづくりに使われるが，ココナッツウォーターについてそのような記述はない。　④「ハワイではココナッツミルクは買えないのでつくる」…×　第４段落第５文参照。缶入りのココナッツミルクを買うこともできる。

10〔**長文読解総合―スピーチ**〕

≪**全訳**≫❶私たちは夜空の星を見るのが好きです。私たちは理由もなく，ずっと星に興味を持ってきました。私たちは毎晩星を見ますが，それらははっきりした物体ではありません。今後，私たちは理科の授業で星について学ぶかもしれません。星は水素でできていますが，誰がそのことを気にするでしょうか。私たちはそれらを未知の世界の象徴として見てきました。星は星であって，それ以外の何ものでもありません。星形は五角形ですが，それは本当の星の形ではありません。私たちが五角形を使うのは，この形が光を反映しているからですよね。星が大好きな人は大勢います。星は，それ自体神秘的であり，(54)星は手の届かないところにあります／星を触るのは不可能です／私たちは星から遠いところにいます。これで「彼または彼女はスーパースターだ！」という言葉を使う理由がわかりましたね。❷皆さんは流れ星を見たことがありますか。流れ星は星ではなく，また流れもしません！　私たちが持つそれらのイメージは，空から落ちてくる光輝く五角形です。実際は，それらはmeteorと呼ばれる，宇宙のはるか彼方から地球にやってくる石です。これらのmeteorは，大きいものから小さいものまで，どんなサイズのものもあります。❸meteorは時速約20万キロというとても速い速度で宇宙を飛ぶ！　銃で発射した物体でさえ，meteorほど速く飛びません。地球の周りの空気をこれほど速く進むと，全てのものがとても熱くなります。meteorの周りの空気はとても熱くなるので青白く見えます。空にあるこの青白い線が私たちが見ているもので，それは星のように見えます。　こういうわけで私たちはそれを「流れ星」と呼ぶのです。❹meteorが空を飛ぶと，バラバラに壊れます。普通，この「流れ星」は１秒もかからずに消えてしまいます。しかし，meteorの中には大きく，分裂しないものもあります。小さな石のかけらが地球に衝突することもあります。これが起こると，私たちはそれらをmeteoriteと呼びます。

ほとんどのmeteoriteは海に落ちます。❺流れ星を見るのはすばらしいことです。私たちはそれを見るとラッキーだと思います。実のところ，流れ星はよく起こりますが，注意して見ないと流れ星は(56)とても速いので見逃してしまうことがよくあります／速すぎて私たちには見えません／とても速いので見えません。❻予定どおりに現れる流れ星もあります。これらの流れ星の中で最も有名なのはハレー彗星です。それは宇宙を回り，76年ごとに地球を訪れます。次にハレー彗星が見られるのは2061年になります。❼もう一度おききします。(57)皆さんは流れ星を見たことがありますか。次に外が晴れていたら，星が明るく輝いているときに座って空を見てください。注意深く見れば，それが見えるでしょう。願い事をするのを忘れないでください！

(52)＜**単語の意味**＞clear の部分に，選択肢に示されている意味を入れて，自然なものを選ぶとよい。(52Ⅰ)を含む文は「毎晩星を見るが，それらは簡単に理解できる物体ではない」，(52Ⅱ)は「外に雲がなかったら，座って空を見てください」とすると文意が通る。clear には「澄んだ，晴れた，はっきりした」などの意味がある。

(53)＜**英文解釈**＞下線部の that は前文の「星は水素でできている」という内容を指す。care about ～ は「～を気にする，～に関心がある，」という意味。直訳すると「誰がそのこと(星は水素でできていること)を気にするだろうか」となり，その裏に「いや誰も気になんかしない」という意味が込められた反語的な表現である。

(54)＜**適語句選択**＞各選択肢の意味を考える。①～③は星が遠いことを表す内容で，④のみ「星は私たちの近くにある」の意味。 out of reach「手の届かない」 be close to ～「～に近い」

(55)＜**文脈把握**＞直前の 3 文参照。2 文前の ‘so ～ that …’「とても～なので…」に注意。

(56)＜**適語句選択**＞①～③はいずれも「速すぎて見えない」という内容。対して，④は「十分速いので見える」の意味。 miss「見損なう，見落とす」 ‘too ～ for … to —’「～すぎて…には—できない」 ‘～ enough to …’「十分～なので…」

(57)＜**適文補充**＞直前に I'll ask you again.「もう一度おききします」とあるので，前に出ている疑問文が入ると考えられる。空所の後に続く内容から，流れ星に関する内容が入るとわかる。第 2 段落第 1 文で Have you ever seen a shooting star ? ときいている。

(58)～(60)＜**内容真偽**＞(58)「meteor は銃によって発射される物体よりも速く飛ぶ」…○ 第 3 段落第 2 文に一致する。 (59)「meteorite のほとんどは消えずに地球に衝突するだろう」…× 第 4 段落第 4，5 文参照。地球にたどり着いた meteor が meteorite である。 (60)「ハレー彗星は前回1985年頃に地球に来た」…○ 第 6 段落第 3，4 文に一致する。76年ごとに地球を訪れるとあり，次に訪れるのが2061年なので，前回は 1985年である。

(61)～(64)＜**要約文完成**＞≪**全訳**≫「星には多くの(61)ファンがいる。それら，特に流れ星は神秘的だ。meteor が地球に(62)落ちると，それらは meteorite と呼ばれる。星のように光輝く meteor がある。それらの中には数年に一度，(63)確実に地球にやってくるものがある。皆さんにはチャンスがある。皆さんは流れ星を(64)探すべきだ」

＜**解説**＞(61)第 1 段落第 9 文参照。「星が大好きな人は大勢いる」＝「星には多くのファンがいる」

(62)第 4 段落第 4，5 文参照。meteor のうち，地球に衝突した(＝落ちた)ものが meteorite と呼ばれる。 (63)第 6 段落第 1 文参照。on a schedule「予定どおりに」を certainly「確実に」で言い換える。 (64)最終段落参照。流れ星を「探す」ことを促している。 look for ～「～を探す」

2023年度／駒澤大学高等学校

数学解答

1 (1) $-80\sqrt{2}$
(2) $(x+y-1)(x+y-2)$
(3) 1200円　(4) $-\dfrac{5}{2}$
(5) $\dfrac{2\pm\sqrt{14}}{5}$　(6) 8　(7) $10\sqrt{3}$
(8) 75°

2 (1) -2　(2) $\dfrac{3\sqrt{2}}{2}$　(3) $\dfrac{15\sqrt{2}}{4}\pi$

3 (1) $\dfrac{5}{12}$　(2) $\dfrac{1}{4}$　(3) $\dfrac{1}{6}$

4 (1) 24π　(2) $\dfrac{3}{2}$　(3) $\dfrac{9}{128}\pi$

5 (1) 0　(2) 6個　(3) 47

1 〔独立小問集合題〕

(1)＜数の計算＞与式 $=-8\times\left\{15+(4-4\sqrt{2}+2)\div\left(-\dfrac{2}{5}\right)\right\}=-8\times\left\{15+(6-4\sqrt{2})\times\left(-\dfrac{5}{2}\right)\right\}=-8\times(15-15+10\sqrt{2})=-8\times10\sqrt{2}=-80\sqrt{2}$

(2)＜式の計算―因数分解＞与式 $=x^2+2xy-3x+y^2-3y+2=x^2+2xy+y^2-3x-3y+2=(x+y)^2-3(x+y)+2$ として，$x+y=A$ とおくと，与式 $=A^2-3A+2=(A-1)(A-2)=(x+y-1)(x+y-2)$ となる。

(3)＜一次方程式の応用＞原価を x 円とすると，定価は，原価の20％増しだから，$x\times\left(1+\dfrac{20}{100}\right)=\dfrac{6}{5}x$(円)となる。定価から10％値引きして売ったから，売価は，$\dfrac{6}{5}x\times\left(1-\dfrac{1}{10}\right)=\dfrac{27}{25}x$(円)となる。よって，利益が96円より，$\dfrac{27}{25}x-x=96$ が成り立つ。これを解くと，$\dfrac{2}{25}x=96$，$x=1200$ となるから，原価は1200円である。

(4)＜関数―mの値＞$4x+3y-5=0$……①，$3x+y-5=0$……②，$mx-2y+3=0$……③とする。3直線①，②，③が1点で交わるとき，2直線①，②の交点を直線③が通る。①より，$4x+3y=5$……①′とし，②より，$3x+y=5$……②′とする。①′－②′×3より，$4x-9x=5-15$，$-5x=-10$，$x=2$ となり，これを②′に代入して，$6+y=5$，$y=-1$ となるから，2直線①，②の交点の座標は，$(2,\ -1)$である。直線③が点$(2,\ -1)$を通るから，$mx-2y+3=0$ に $x=2$，$y=-1$ を代入して，$m\times2-2\times(-1)+3=0$，$2m=-5$，$m=-\dfrac{5}{2}$ である。

(5)＜二次方程式―解の利用＞二次方程式 $kx^2+x-5k^2=0$ が $x=2$ を解に持つので，方程式に解を代入して，$k\times2^2+2-5k^2=0$ が成り立つ。これを解くと，$-5k^2+4k+2=0$，$5k^2-4k-2=0$ より，$k=\dfrac{-(-4)\pm\sqrt{(-4)^2-4\times5\times(-2)}}{2\times5}=\dfrac{4\pm\sqrt{56}}{10}=\dfrac{4\pm2\sqrt{14}}{10}=\dfrac{2\pm\sqrt{14}}{5}$ である。

(6)＜データの活用―最頻値＞6個のデータの平均値が6だから，合計について，$6+a+2+9+b+3=6\times6$ が成り立ち，$a+b=16$ となる。また，6個のデータの中央値は，小さい順に並べたとき，3番目と4番目のデータの平均値となる。a，b を除く4個のデータは，小さい順に2，3，6，9となり，中央値の7より小さいデータが3個ある。よって，a，b を含めた6個のデータでは，7より小さいデータ，大きいデータは3個ずつとなるから，3番目のデータは6である。3番目と4番目のデータの合計は $7\times2=14$ だから，4番目のデータは $14-6=8$ となる。これより，a，b のどちらかが8であり，もう一方は $16-8=8$ となる。以上より，6個のデータは，2，3，6，8，8，9となり，8が2個で最も多いから，最頻値は8である。

(7)＜平面図形―面積＞次ページの図1のように，3点A，B，Cを定め，点Aから辺BCに垂線AH

を引く。$\mathrm{BH}=x$ とすると，△ABH で三平方の定理より，$\mathrm{AH}^2=\mathrm{AB}^2-\mathrm{BH}^2=5^2-x^2=25-x^2$ と表せる。また，$\mathrm{CH}=\mathrm{BC}-\mathrm{BH}=8-x$ だから，△ACH で三平方の定理より，$\mathrm{AH}^2=\mathrm{AC}^2-\mathrm{CH}^2=7^2-(8-x)^2=49-(64-16x+x^2)=-x^2+16x-15$ と表せる。よって，$25-x^2=-x^2+16x-15$ が成り立ち，これを解くと，$-16x=-40$，$x=\dfrac{5}{2}$ である。これより，$\mathrm{AH}=\sqrt{25-x^2}=\sqrt{25-\left(\dfrac{5}{2}\right)^2}=\sqrt{\dfrac{75}{4}}=\dfrac{5\sqrt{3}}{2}$ となるから，$\triangle\mathrm{ABC}=\dfrac{1}{2}\times\mathrm{BC}\times\mathrm{AH}=\dfrac{1}{2}\times8\times\dfrac{5\sqrt{3}}{2}=10\sqrt{3}$ である。

図1

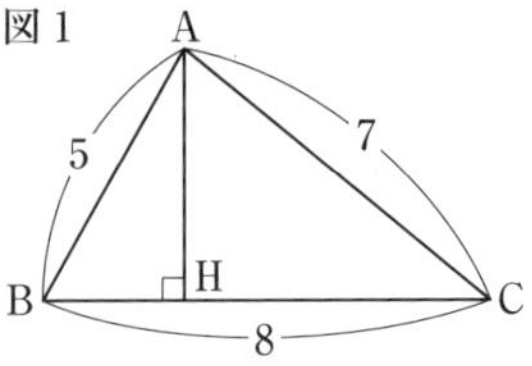

(8)<**平面図形—角度**>右図2で，円の中心を点D，円Dとおうぎ形OACの $\overset{\frown}{\mathrm{AC}}$ の接点を点Eとする。このとき，図形の対称性から，2点O，Bを結ぶと，2点D，Eは線分OB上の点となる。さらに，円DとOA，BKの接点をそれぞれF，Gとし，点Dと2点F，Gを結ぶ。円Dの半径を r とすると，$\mathrm{DE}=\mathrm{DF}=\mathrm{DG}=r$ となる。△OABが直角二等辺三角形より，$\angle\mathrm{DOF}=45^\circ$ であり，$\angle\mathrm{OFD}=90^\circ$ だから，△ODFも直角二等辺三角形となる。これより，$\mathrm{OD}=\sqrt{2}\mathrm{DF}=\sqrt{2}r$ となるから，$\mathrm{OA}=\mathrm{OE}=\mathrm{DE}+\mathrm{OD}=r+\sqrt{2}r=(1+\sqrt{2})r$ となり，$\mathrm{OB}=\sqrt{2}\mathrm{OA}=\sqrt{2}\times(1+\sqrt{2})r=(\sqrt{2}+2)r$ となる。よって，$\mathrm{DB}=\mathrm{OB}-\mathrm{OD}=(\sqrt{2}+2)r-\sqrt{2}r=2r$ である。したがって，$\angle\mathrm{DGB}=90^\circ$，$\mathrm{DG}:\mathrm{DB}=r:2r=1:2$ より，△DBGは3辺の比が $1:2:\sqrt{3}$ の直角三角形だから，$\angle\mathrm{DBG}=30^\circ$ であり，△OBKで内角と外角の関係より，$\angle\mathrm{AKB}=\angle\mathrm{DOF}+\angle\mathrm{DBG}=45^\circ+30^\circ=75^\circ$ となる。

図2

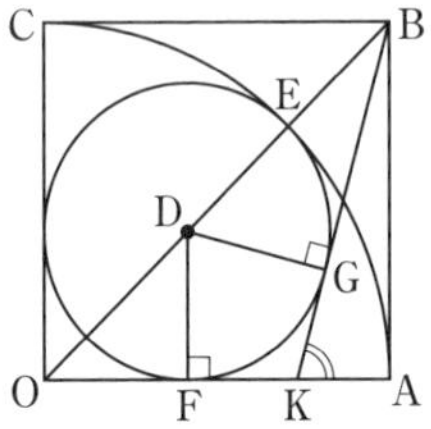

2 〔関数—関数 $y=ax^2$ と一次関数のグラフ〕

(1)<**a の値**>右図で，直線 $y=x-3$ は $\mathrm{B}\left(-\dfrac{a}{2},\ a\right)$ を通るから，$a=-\dfrac{a}{2}-3$ が成り立つ。これを解くと，$2a=-a-6$，$3a=-6$，$a=-2$ である。

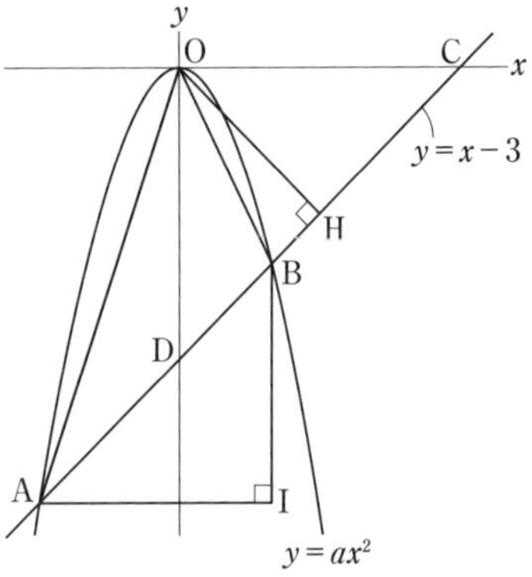

(2)<**長さ**>右図で，直線 $y=x-3$ と x 軸，y 軸との交点をそれぞれC，Dとする。切片が -3 より，D(0，-3)である。また，$y=0$ を代入して，$0=x-3$ より，$x=3$ となるので，C(3，0)である。よって，$\angle\mathrm{COD}=90^\circ$，$\mathrm{OD}=\mathrm{OC}=3$ より，△OCDは直角二等辺三角形だから，$\angle\mathrm{OCD}=45^\circ$ である。$\angle\mathrm{OHC}=90^\circ$ だから，△OCHも直角二等辺三角形となり，$\mathrm{OH}=\dfrac{1}{\sqrt{2}}\mathrm{OC}=\dfrac{1}{\sqrt{2}}\times3=\dfrac{3\sqrt{2}}{2}$ である。

(3)<**体積—回転体**>右上図で，$\angle\mathrm{AHO}=90^\circ$ だから，△OABを，直線ABを軸として1回転してできる立体は，底面の半径がOH，高さがAHの円錐から，底面の半径がOH，高さがBHの円錐を除いた立体となる。(1)より，放物線の式は $y=-2x^2$ であり，$-\dfrac{a}{2}=-\dfrac{-2}{2}=1$ となるから，B(1，-2)である。点Aは放物線 $y=-2x^2$ と直線 $y=x-3$ の交点だから，$-2x^2=x-3$，$2x^2+x-3=0$ より，$x=\dfrac{-1\pm\sqrt{1^2-4\times2\times(-3)}}{2\times2}=\dfrac{-1\pm\sqrt{25}}{4}=\dfrac{-1\pm5}{4}$ となり，$x=\dfrac{-1+5}{4}=1$，$x=\dfrac{-1-5}{4}=-\dfrac{3}{2}$ である。よって，点Aの x 座標は $-\dfrac{3}{2}$ だから，$y=-2\times\left(-\dfrac{3}{2}\right)^2=-\dfrac{9}{2}$ より，$\mathrm{A}\left(-\dfrac{3}{2},\ -\dfrac{9}{2}\right)$ である。次に，点Aを通り x 軸に平行な直線と点Bを通り y 軸に平行な直線の交点をIとする。2

点A，Bの座標より，$AI=1-\left(-\frac{3}{2}\right)=\frac{5}{2}$，$BI=(-2)-\left(-\frac{9}{2}\right)=\frac{5}{2}$となり，AI=BIだから，△ABIは直角二等辺三角形である。これより，$AB=\sqrt{2}AI=\sqrt{2}\times\frac{5}{2}=\frac{5\sqrt{2}}{2}$である。したがって，求める立体の体積は，$\frac{1}{3}\times\pi\times OH^2\times AH-\frac{1}{3}\times\pi\times OH^2\times BH=\frac{1}{3}\pi\times OH^2\times(AH-BH)=\frac{1}{3}\pi\times OH^2\times AB=\frac{1}{3}\pi\times\left(\frac{3\sqrt{2}}{2}\right)^2\times\frac{5\sqrt{2}}{2}=\frac{15\sqrt{2}}{4}\pi$である。

3 〔データの活用―確率―サイコロ〕

(1)<**確率**>２つのサイコロA，Bを１回ずつ振るとき，それぞれ６通りの目の出方があるから，目の出方は全部で，6×6=36(通り)あり，a，bの組も36通りある。このうち，$a<b$となるのは，$(a,\ b)=(1,\ 2)$，(1，3)，(1，4)，(1，5)，(1，6)，(2，3)，(2，4)，(2，5)，(2，6)，(3，4)，(3，5)，(3，6)，(4，5)，(4，6)，(5，6)の15通りあるから，求める確率は$\frac{15}{36}=\frac{5}{12}$である。

(2)<**確率**>36通りのa，bの組のうち，$2a+b$が４の倍数となるのは，$(a,\ b)=(1,\ 2)$，(1，6)，(2，4)，(3，2)，(3，6)，(4，4)，(5，2)，(5，6)，(6，4)の９通りあるから，求める確率は$\frac{9}{36}=\frac{1}{4}$である。

(3)<**確率**>右図で，a，bはともに正の数だから，直線$y=\frac{2a}{b}x$の傾きは正であり，２直線$y=\frac{2a}{b}x$，$y=-x+4$の交点のx座標は正の数となる。直線$y=-x+4$上で，x座標が正の整数でy座標も整数となる点を考えると，$x=1$のとき$y=-1+4=3$，$x=2$のとき$y=-2+4=2$，$x=3$のとき$y=-3+4=1$，$x=4$のとき$y=-4+4=0$より，その点の座標は(1，3)，(2，2)，(3，1)である。よって，x座標，y座標がともに整数となる２直線の交点は，点(1，3)，点(2，2)，点(3，1)である。交点が点(1，3)のとき，直線$y=\frac{2a}{b}x$はこの点を通るので，$3=\frac{2a}{b}\times1$より，$2a=3b$となり，これを満たすa，bの組は，$(a,\ b)=(3,\ 2)$，(6，4)の２通りある。同様にして，交点が点(2，2)のとき，$2=\frac{2a}{b}\times2$より，$2a=b$となるから，$(a,\ b)=(1,\ 2)$，(2，4)，(3，6)の３通りある。交点が点(3，1)のとき，$1=\frac{2a}{b}\times3$より，$6a=b$となるから，$(a,\ b)=(1,\ 6)$の１通りある。以上より，２直線の交点のx座標，y座標がともに整数となるa，bの組は2+3+1=6(通り)あるから，求める確率は$\frac{6}{36}=\frac{1}{6}$である。

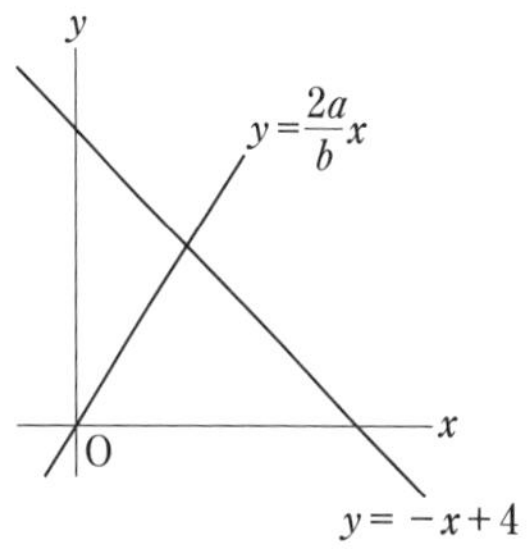

4 〔空間図形―円錐と球〕

(1)<**表面積**>右図１で，円錐の頂点をO，底面の中心をHとし，線分PQが底面の直径となるように２点P，Qを定める。円錐の底面の直径が６，高さが４だから，PQ=6，OH=4であり，$PH=\frac{1}{2}PQ=\frac{1}{2}\times6=3$となる。△OPHで三平方の定理より，$OP=\sqrt{PH^2+OH^2}=\sqrt{3^2+4^2}=\sqrt{25}=5$である。円錐を次ページの図２のように展開する。おうぎ形OPP′の中心角をxとすると，$\overset{\frown}{PP'}$の長さと円Hの周の長さは等しいから，$2\pi\times5\times\frac{x}{360^\circ}=2\pi\times3$が成り立つ。これより，$\frac{x}{360^\circ}=\frac{3}{5}$となるので，円錐

図１

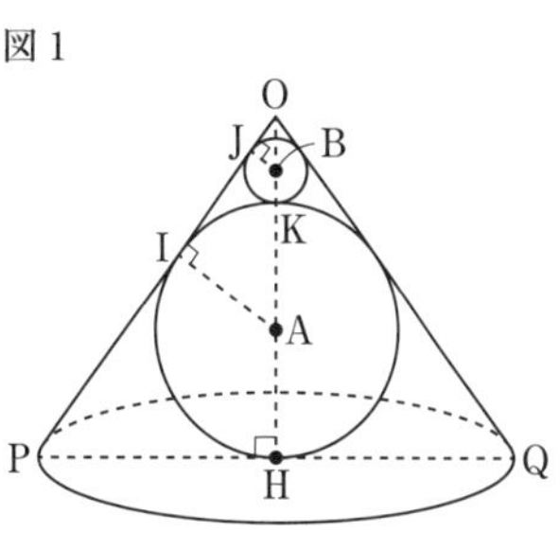

図 2

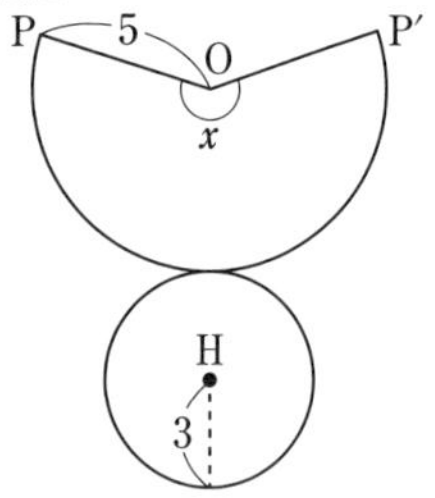

の側面積は，〔おうぎ形 OPP′〕$=\pi\times5^2\times\frac{x}{360^\circ}=\pi\times5^2\times\frac{3}{5}=15\pi$ となる。底面積は，〔円 H〕$=\pi\times3^2=9\pi$ だから，円錐の表面積は，$15\pi+9\pi=24\pi$ である。

(2)<**長さ**>前ページの図１で，球Aは円錐に内接しているので，点Aは線分 OH 上にある。球Aと OP の接点をＩとし，$\mathrm{AH}=\mathrm{AI}=r$ とする。$\angle\mathrm{OHP}=\angle\mathrm{OIA}=90^\circ$，$\angle\mathrm{POH}=\angle\mathrm{AOI}$ だから，$\triangle\mathrm{OPH}\backsim\triangle\mathrm{OAI}$ となり，$\mathrm{OP}:\mathrm{OA}=\mathrm{PH}:\mathrm{AI}$ である。$\mathrm{OA}=\mathrm{OH}-\mathrm{AH}=4-r$ だから，$5:(4-r)=3:r$ が成り立ち，これを解いて，$5r=3(4-r)$，$5r=12-3r$，$8r=12$，$r=\frac{3}{2}$ となる。よって，球Aの半径は $\frac{3}{2}$ である。

(3)<**体積**>前ページの図１で，球Bは円錐の側面と球Aに接しているから，点Bは線分 OH 上にある。球Bと OP の接点をＪ，球Aと球Bの接点をKとし，$\mathrm{BK}=\mathrm{BJ}=s$ とする。$\angle\mathrm{OHP}=\angle\mathrm{OJB}=90^\circ$，$\angle\mathrm{POH}=\angle\mathrm{BOJ}$ だから，$\triangle\mathrm{OPH}\backsim\triangle\mathrm{OBJ}$ となり，$\mathrm{OP}:\mathrm{OB}=\mathrm{PH}:\mathrm{BJ}$ である。$\mathrm{KH}=2\mathrm{AH}=2r=2\times\frac{3}{2}=3$ より，$\mathrm{OB}=\mathrm{OH}-\mathrm{BK}-\mathrm{KH}=4-s-3=1-s$ だから，$5:(1-s)=3:s$ が成り立ち，これを解いて，$5s=3(1-s)$，$5s=3-3s$，$8s=3$，$s=\frac{3}{8}$ となる。よって，球Bの半径は $\frac{3}{8}$ だから，球Bの体積は，$\frac{4}{3}\pi\times\left(\frac{3}{8}\right)^3=\frac{4}{3}\pi\times\frac{27}{512}=\frac{9}{128}\pi$ である。

5 〔数と式―数の性質〕

(1)<**数の計算**>〈2023，7〉は，2023を７でわった余りを表し，〈2023，17〉は，2023を17でわった余りを表す。$2023\div7=289$ より，余りは０だから，〈2023，7〉$=0$ である。$2023\div17=119$ より，余りは０だから，〈2023，17〉$=0$ である。よって，〈2023，7〉$-$〈2023，17〉$=0-0=0$ である。

(2)<**数の性質**>〈2023，n〉$=0$ より，2023を n でわった余りは０だから，2023は n でわり切れ，n は2023の約数である。$2023=7\times17^2$ より，2023の約数は，１，７，17，$7\times17=119$，$17^2=289$，$7\times17^2=2023$ の６個あるから，求める自然数 n は６個ある。

(3)<**数の性質**>３でわった余りは０，１，２のいずれかであり，４でわった余りは０，１，２，３のいずれかだから，〈x，3〉の値は０か１か２，〈x，4〉の値は０か１か２か３である。よって，〈x，3〉$+$〈x，4〉$=5$ のとき，〈x，3〉$=2$，〈x，4〉$=3$ である。〈x，3〉$=2$ より，x は３でわると２余る整数だから，$x+1$ は３の倍数となり，〈x，4〉$=3$ より，x は４でわると３余る整数だから，$x+1$ は４の倍数となる。したがって，$x+1$ は，３と４の公倍数であり，３と４の最小公倍数は12だから，$x+1$ は12の倍数である。これより，$x+1=12$，24，36，48，……だから，$x=11$，23，35，47，……となる。このうち，素数は，11，23，47，……だから，３番目に小さい素数は，$x=47$ である。

国語解答

一 問一 a こっけい b 雰囲気
c きせい d いくじ〔いきじ〕
e 対照

問二 Ⅰ…エ Ⅱ…ア Ⅲ…イ Ⅳ…ウ

問三 女性に対する蔑視や，男女の不平等性を読み込める言葉［だから。］

問四 この言葉が〜とは確かだ

問五 ウ 問六 ウ 問七 ウ

問八 今ある言葉の多くは，長い時間をかけて形成された世界の見方を含み，言い換えを行うとその表現が持つ独特の意味合いも失われる(59字)［から。］

問九 4

問十 ①…イ ②…ア ③…イ ④…ア
⑤…イ

二 問一 A すみいて
B とめんようもなし

問二 エ 問三 イ 問四 ア

問五 異里より物あきなふことを禁ず

問六 イ 問七 ⑥…イ ⑨…エ

問八 ウ 問九 ウ

問十 他の浦の人が村で魚を売るようになったことで，村の人々が自給自足の生活に満足できなくなったから。(47字)

三 問一 ① 強 ② 新 ③ 抱 ④ 然
⑤ 達

問二 ①…ウ ②…イ ③…ア

問三 ①…オ ②…ア ③…ク ④…ウ

問四 ① 魚 ② 鶴 ③ 蛇

問五 ①…ア ②…オ ③…キ ④…ク
⑤…コ

一〔論説文の読解―芸術・文学・言語学的分野―言語〕出典；古田徹也『いつもの言葉を哲学する』。

≪本文の概要≫「男にする」という言葉は，「一人前にする」や「立派にする」などとは違った独特のニュアンスを持っているが，男性に対する伝統的なイメージや，女性には付与されない地位や名誉などに関わる言葉なので，古びてきた言葉といえる。このような時代にそぐわなくなってきた言葉は，他にも「未亡人」や「処女作」などがあり，夫婦の呼び名においても，家父長制的な伝統や男性優位の観点を色濃く出している「主人」「家内」などの語は，使用頻度が下がっていると思われる。女性蔑視や男女不平等を感じさせる言葉は，ほかにも数多くあるが，「女々しい」や「英雄」などの言葉は，他の言葉に置き換えることのできない独特のニュアンスを持っている。それゆえ，言葉の持つニュアンスや，他の言葉と結びつく独特な言い回しを度外視し，性差別語だからという理由で，全て機械的に他の言葉に置き換えてしまうと，その分だけ日本語の表現が失われ，それらの表現が表す独特の意味合いも失われることになる。今ある言葉の多くは，長い時間をかけて形成されたものであり，世界に対する特定の見方を含んでいる。言葉は時間とともに変わっていくことをふまえたうえで，個々の言葉がたたえる豊かな意味合いを繊細にとらえながら，用いるべき言葉をよく吟味していくことが大切である。

問一＜漢字＞a．「滑稽」は，ばかばかしいさま。 b．「雰囲気」は，その場所やそこにいる人たちが自然につくり出している気分のこと。 c．「帰省」は，故郷に帰ること。 d．「意気地」は，自分の面目や意志などを守り通そうとする気持ちのこと。 e．「対照的」は，二つの事物の違いがきわ立って認められるさま。

問二＜表現＞Ⅰ．牧野君の応援演説のとき，「男」という言葉を使い倒した演説を「大仰に」行ってかなり受け，牧野君も問題なく「当選」した。　Ⅱ．スポーツ選手が，ときどき「次の試合に勝って監督を男にしたい」と言うことがある。　Ⅲ．「女々しい」という言葉は「ヒット曲のタイトルにもなっている」ように，非常に「一般的な言葉」であるといえる。　Ⅳ．もしも「女々しい」という「言葉を廃止し」て，「柔弱だ」とか「未練がましい」などの言葉に置き換えるとしても，「女々しい」に「ぴったり」合わないので，「女々しい」が持っている「固有のニュアンスが失われる」ことになる。

問三＜文章内容＞「男にする」という言葉は，「女性には付与されない地位や名誉」などに関わる男性だけに用いられる「時代にそぐわなくなってきた言葉」であり，「女性に対する蔑視や，男女の不平等性を読み込める言葉」である。そのため，「私」は「男にする」という言葉を，積極的に自分の言葉としては用いないのである。

問四＜文章内容＞「私」は，「男にする」という言葉が「男性に対する伝統的なイメージや，女性には付与されない地位や名誉，それを体現する誇り，沽券といったものにかかわる言葉である」と考えるので，性差別を伴った表現だと思うのである。

問五＜語句＞「伝統」は，歴史的に伝承された習慣や思想や行動様式。対義語は，制度や習慣などを改めて新しくする，という意味の「革新」。

問六＜文章内容＞「主人」「旦那」「家内」「嫁」などは「家父長制的な伝統や男性優位の観点を色濃く映し出す言葉」なので，使用を避ける人々は増えている。しかし，それらを「夫」「妻」などに置き換えると，地域によっては不自然な場合もあるし，相手の夫や妻を呼ぶ場合は，「代替となる言葉がなかなか見当たらない」ので，人々はどう表現したらよいか困ってしまうのである。

問七＜語句＞「正攻」は，謀略や奇計などを用いずに正々堂々と攻めること。「奇抜」と「突飛」は，人の意表をつくような風変わりなさま。「斬新」は，発想などがきわ立って新しいさま。

問八＜文章内容＞「女々しい」や「英雄」などの「女性に対する蔑視や，男女の不平等性」を感じさせる言葉の中には，「固有のニュアンス」を持つものもある。今ある伝統的な言葉の多くは「長い時間をかけて形成された，世界に対する特定の見方」を含んでいるのであり，「性差別語」と判断して安易に言葉の置き換えをしてしまうと，「それらの表現が表す独特の意味合い」も失われてしまうのである。

問九＜文脈＞夫婦の呼び名などの他にも，「女性に対する蔑視や，男女の不平等性を読み込める言葉」は数多く存在する。では「私たちは，そうした言葉の使用をすべてやめるべきだろうか」ということで，「女々しい」という言葉について考えてみる。

問十＜要旨＞男女不平等を感じさせるような「時代にそぐわなくなってきた言葉」は数多くあるが，その中には，長い時間をかけて形成された「世界に対する特定の見方を含むもの」もあり，それらは他の言葉では置き換えられない「独特の意味合い」を持っているので，安易に言い換えを行うことはできない(①…イ，②…ア)。したがって，「女々しくて」や「英雄」など，「固有のニュアンス」を持つ言葉をすぐに廃止することはできないと考えられる(③…イ，④…ア)。言葉は時間とともに変わっていくものなので，時代の変化と「個々の言葉が湛える豊かな意味合い」とを繊細にとらえつつ，「用いるべき言葉をよく吟味する」ことが大切である(⑤…イ)。

二〔**古文の読解―随筆**〕出典；松平定信『花月草紙』五の巻，一二七。

≪**現代語訳**≫ある山里があった。人もたいそう多く住んでいて，何も不足することなく，家々はみんな富んで満ち足りていた。生糸を取り，機織りをして衣類とし，自分たちでつくった稲や麦を収穫して，一年の食糧としていた。(自給自足していたので)外部から物を求めることがないので，その里は，年を追うごとに栄えていく。海も遠くないが，四方に山を隔てているので，関所を置いて，他の里から商いに来ることを禁止している。魚は月に数度と決め，干した魚をかついできて，村の中で売って食べるのである。他の村へ出かける者もいないので，(他の村を)うらやむ気持ちもない。

他の村よりたいそう富んでいるので，「ここへ魚などを持ってきたら，目新しさのあまり，みんなそろって買うだろう」と(漁村の人たちは)思うが，その村の決まりが，厳格なので破るのは難しい。ある漁村の長が，長年(魚を売り込みたいと)気にかけていたのだが，その山里の中にも同調する者がいたので，その人と心を合わせて，魚などを売りに来ることを許された。「さあ(買ってください)」と言って(魚を)持ってきたところ，目新しいうちは，鯛だ，鱸だと言って(みんなは)買っていった。(その話を)また他の漁村の人が，耳にして，「昔からあの山里へ(魚を)売りたいと思っていたが，決まりがあるので黙っていたのだ。(ところが)あの漁村から魚を売りに来ていると聞いた。漁村に差別があってよいだろうか(，いいやよくない)」ということで，(その漁村からも)また(魚を)持ってきた。もはやその山里の人は，止めようもない。あちらこちらの漁村から(魚を)持ってきて，「名前も知らない魚を見るのは目新しい」と(山里の人たち)は言ったが，それも普通のことになったので，買う人もいなくなり，「山を越えて持ってきた魚が，たくさん腐った」と，漁村からは恨み言などが出た。

その山里の若者たちは，他の漁村の人々とつき合ったので，昔から伝えてきた風俗も違ってきてしまい，魚がなくては食事をしたように感じられなくなった。「自分で織った衣類を着るようなことは，みっともない」と言って，変わったものを好む風俗となってしまったので，富み栄えていた里であったのが，しだいに衰えていって，他の村の人々がたくさん入ってきたので，争いも絶えなかったということだ。

問一＜歴史的仮名遣い＞A．歴史的仮名遣いの「ゐ」は，現代仮名遣いでは「い」になる。　B．歴史的仮名遣いの「au」は，現代仮名遣いでは「ou」になるので，「やう」は「よう」になる。また，助動詞の「む」は，現代仮名遣いでは原則として「ん」になる。

問二＜古典文法＞品詞に分けると，「一年(名詞)／の(助詞)／食(名詞)／と(助詞)／す(動詞)」となる。

問三＜古文の内容理解＞ある山里では，「糸」「機」「稲・麦」などを「みづから」つくってまかなっており，外部から物を求めることはなかった。

問四＜古文の内容理解＞ある山里では，関所を設けて，他の里から商いに来る人も入れず，他の村へ出る者もいなかったので，他の村の生活をうらやむ気持ちも生じなかった。

問五＜古文の内容理解＞その里の村は，他の里から商いに来ることを禁止していたので，漁村の人たちは，ここへ魚などを持ってきたら買ってくれるだろうと思ってもできなかった。

問六＜古文の内容理解＞ある浦の長は，ある山里に魚を持ち込んだら，目新しさのあまりみんな買うだろうと思い，長年，魚を売りに行きたいと思っていた。

問七＜古語＞⑥「あはす」は，合わせる，という意味。「心あはす」は，心を合わせ一つにする，という意味になる。　⑨「面ぶせ」は，面目を失うこと。

問八＜古文の内容理解＞ある浦の長は，長年，ある山里に魚を売りに行きたいと思っていたので，期待を込めて魚を持ってきた。

問九＜古文の内容理解＞あちらこちらの漁村から持ち込まれた魚を見た「かの里人」は，名前も知らない魚を見るのは目新しいと言った。

問十＜古文の内容理解＞ある山里の人たちは，他の村の人たちが魚を売りに来るようになったことで，ぜいたくをすることに慣れ，自分で織った衣類を着るのはみっともないといって，昔からの風俗を忘れて自給自足の生活をしなくなってしまったので，村全体が衰えていった。

三〔国語の知識〕

問一＜語句＞①「頑固」と「強情」は，かたくなで意地を通すさま。　②「陳腐」は，古くさくてありふれていること。「新鮮」は，新しくて生き生きとしていること。　③「我慢」と「辛抱」は，つらさにじっと耐えること。　④「曖昧」と「漠然」は，内容や範囲などがはっきりしないこと。⑤「成就」と「達成」は，計画や目標を成し遂げること。

問二＜品詞＞①「これによく似た話」の「に」と「これとよく似た話」の「と」は，両方とも比較の基準を表す格助詞。　②「犯人とおぼしき男」の「と」は，文などを受けて動作・作用・状態の内容を表す引用の格助詞。　③「著作権法に照らして」の「に」は，動作・作用の行われる相手・対象を表す格助詞。

問三＜語句＞ア．「アーカイブ」は，保存記録のこと(…②)。　イ．「ロジック」は，論理の筋道のこと。　ウ．「ポリシー」は，政策や方針のこと(…④)。　エ．「ルーティン」は，決まった手順のこと。　オ．「デモクラシー」は，民主主義のこと(…①)。　カ．「ジンクス」は，縁起をかつぐ対象となるもののこと。　キ．「ソリューション」は，解決策のこと。　ク．「インスパイア」は，活動の原動力となるような思想・感情を吹き込むこと(…③)。

問四＜慣用句＞①「逃がした魚は大きい」は，いったん手に入れかけながら失ったものは，実際よりも価値があるように思われるさま。　②「鶴の一声」は，多くの人の意見を押さえつけるような権力者の一言のこと。　③「蛇ににらまれた蛙」は，強者に対する恐ろしさのために，身がすくんで動けなくなること。

問五＜文学史＞ア．『平家物語』は，鎌倉時代成立の軍記物語で，琵琶法師によって語られた(…①)。イ．『源氏物語』は，平安時代成立の物語で，作者は紫式部。　ウ．『枕草子』は，平安時代成立の，宮廷生活での見聞や感想，自然美についてなどが書かれた随筆で，作者は清少納言。　エ．『方丈記』は，鎌倉時代成立の，当時の世相や自己の隠遁生活，人生観についてなどが書かれた随筆で，作者は鴨長明。　オ．『徒然草』は，鎌倉時代成立の，自然に関する随想，人生についての評論，芸能談や逸話など多方面にわたって書かれた随筆で，作者は兼好法師(…②)。　カ．『万葉集』は，奈良時代成立の現存する我が国最古の歌集。　キ．『古今和歌集』は，平安時代成立の我が国最初の勅撰和歌集で，撰者は紀貫之ら(…③)。　ク．『城の崎にて』は，大正時代に発表された志賀直哉の小説で，小動物の死と自分の交通事故を重ね合わせ，生死を見つめた「私」の心境が描かれている(…④)。　ケ．『暗夜行路』は，大正時代から昭和時代にかけて発表された志賀直哉の小説で，主人公が自己の出生の秘密や妻の過失に苦悩し，それを克服していく過程が描かれている。　コ．『地獄変』は，大正時代に発表された芥川龍之介の小説で，地獄変相の屏風画を描くために愛する娘の焼死をもいとわない絵師良秀の姿が描かれている(…⑤)。　サ．『羅生門』は，大正時代に発表された芥川龍之介の小説で，羅生門で死人の髪を引き抜く老婆と出会った下人が，生きるために盗人に早変わりする姿が描かれている。　シ．『破戒』は，明治時代に発表された島崎藤村の小説。

Memo

Memo

2022年度 駒澤大学高等学校

【英　語】（50分）〈満点：100点〉

※問題1はリスニング問題です。A～Cの3種類の問題があります。試験開始から約5分後に実施します。なお，あらかじめ問題を読んでおくことは構いません。

1 リスニング問題

A　この問題では，英語の文章と質問文が放送されます。各質問文に対する最も適切な答えをそれぞれ解答欄に英語で記入しなさい。英文は2回放送されます。

(1)

(2)

(3)

B　この問題では，短い英語が放送されます。各文に対する返答として最も適切な答えをそれぞれ①～④の中から1つ選び，解答欄にマークしなさい。英文は2回放送されます。

(4) ① Can you speak English?　② Why are you so serious?
③ He does his homework after dinner.　④ He will do his homework faster.

(5) ① Let's keep in touch!　② You had to do everything well.
③ I remember the things in your country.　④ It will come true.

(6) ① The small one is better.　② We did four times.
③ I'm going to get more later.　④ No, I don't need them.

C　この問題では，進路に悩む高校3年生に向けたgap yearに関する話が英語で放送されます。英語を聞き，以下の問いに答えなさい。なお，英文は2回放送されます。

問1　次の文が，放送された英文の要約になるように，空所に適語を入れなさい。

(7) When you take a gap year, it means that you do not go to (　　).

(8) You can get a great (　　) during a gap year and find your interests and new skills.

(9) During a gap year, you can get a job and it will help you because a lot of money is (　　) for university life.

問2　次の質問に対する答えとして最も適切なものを1つ選び，解答欄にマークしなさい。

(10) Which is the best thing to do during a gap year?
① doing the homework　② doing housework
③ doing a part-time job　④ doing exercise

※＜**リスニング問題放送原稿**＞は英語の問題の終わりに付けてあります。

2 下線部の発音が他と異なるものを1つ選び，その番号を解答欄にマークしなさい。

(11) ① goal　② coat　③ boat　④ abroad

(12) ① question　② station　③ information　④ communication

3 次の単語において，最も強く発音される箇所を1つ選び，その番号を解答欄にマークしなさい。

(13) mu・si・cian
① ② ③

(14) in・ter・est・ed
① ② ③ ④

(15) de・li・cious
① ② ③

4 英文の空所に入れるのに最も適切なものを１つ選び，その番号を解答欄にマークしなさい。

(16) You (　　　　) attend the next meeting. Please take a rest.

① didn't have to　② had not to
③ don't have to　④ have to not

(17) My older sister (　　　　) the baby three years ago.

① took care　② took care of
③ was taking care　④ was taken care of

(18) John came back home early (　　) his father.

① help　② helps　③ helped　④ to help

(19) (　　　　) this dictionary these days.

① She's using　② She used
③ She is used　④ She will use

(20) I don't like this jacket. I like that green (　　).

① other　② another　③ it　④ one

5 各対話の(　)に入る適切な語を答えなさい。

(21) How long (　　) you been in London? ― Since I was seven years old.

(22) (　　) iPad is this? ― It's Satoshi's, so please return it to him.

(23) I want to get on the train at 7:45. ― It's almost 7:30! Leave now, (　　) you'll not be able to ride it.

(24) You look really worried. What happened? ― I'm looking for someone to help me (　　) my homework.

(25) Would you (　　) something to drink? ― Thank you. A cup of coffee, please.

6 日本語の意味に合うように，下の①～⑦の語(句)を並べ替えて英文を完成させるとき，指定された空欄に入る語(句)の番号を解答欄にマークしなさい。**ただし，設問にはそれぞれ１つずつ不要な語(句)が含まれている。**また，文頭にくる語も小文字になっているので注意すること。

(26)・(27) 駒沢公園を走っているあの少女をあなたは知っていますか。

(　　)(　　)((26))(　　)((27))(　　) in Komazawa Park?

① that　② do　③ girl　④ to run　⑤ know　⑥ you　⑦ running

(28)・(29) これは私が母からもらった大切な腕時計です。

((28))(　　)(　　)((29))(　　)(　　) from my mother.

① got　② is　③ I　④ the precious watch　⑤ whose　⑥ which
⑦ this

(30)・(31) 駒澤大学高校には何人の生徒がいますか。

(　　)((30))(　　)(　　)((31))(　　) Komazawa University High School?

① many　② much　③ are　④ how　⑤ in　⑥ students　⑦ there

(32)・(33) カノは次のバスがいつこのバス停に来るのか知りません。

Kano doesn't (　　)((32))(　　)((33))(　　)(　　).

① when　② this bus stop　③ come　④ will come　⑤ the next bus
⑥ to　⑦ know

(34)・(35)　あなたの部屋は私の部屋ほど大きくはありません。

Your (　　) (　　) (　　) ((34)) (　　) ((35)).

①　room　　②　as large　　③　as　　④　not　　⑤　as much　　⑥　mine　　⑦　is

7

2つの文がほぼ同じ意味になるように，(　)に適語を入れなさい。

(36) This question is so difficult that I cannot answer it.

＝This question is (　　) difficult for me (　　) answer.

(37) Mt. Everest is the highest mountain in the world.

＝Mt. Everest is higher than (　　) (　　) mountain in the world.

(38) Winning the 100-meter race was not easy for Mr. Kiryu.

＝(　　) was not easy for Mr. Kiryu (　　) win the 100-meter race.

(39) Let's enjoy singing that song together.

＝(　　) (　　) enjoy singing that song together?

(40) She can play basketball well.

＝She is good (　　) (　　) basketball.

8

各対話の空所に入る適切なものを選び，その番号を解答欄にマークしなさい。ただし，**同じ番号を複数回用いることはできない。**

(41) A：Oh, it is time to get on an airplane.　I have to say goodbye to you.

B：[　　　　]　Please send me some message by email.

A：Of course.　Take care of yourself.

(42) A：Why don't you come with me?

B：[　　　　]　But I have to work.

A：Really?　I'm sad to hear that.

(43) A：This is Dr. Sasaki's office.　[　　　　]

B：Yes, I have a headache and a high fever.　Can I see the doctor sometime today?

A：OK, now there are not so many patients.　So, please come here at once.

(44) A：Excuse me.　Where's the subway station?

B：I'm sorry, but this is my first visit around here.

A：I see.　[　　　　]

(45) A：Could you take me to the party tonight?

B：Sure.　[　　　　]

A：Thank you so much.　You are so kind.

①　When did you go there?　　②　Thanks anyway.

③　You have the wrong number.　　④　I'll miss you.

⑤　Shall I pick you up at 8 pm?　　⑥　I've never been there.

⑦　How can I help you?　　⑧　I hope to do so.

9

次の英文を読み，設問に答えなさい。

It was a Sunday afternoon — Mother's Day — and my friend Adam and I were walking through small ※puddles on our way home from Los Angeles.　I just picked out the perfect Mother's Day gift, a beautiful red rose.　"Mom will love this," I told Adam.　(46)What mother doesn't love roses?

(⑷⑺) we went around a corner, we saw something strange: a duck. It was a crazy duck which was crying and running around a ※sewer drain. "Look!" Adam said, (⑷⑺) he looked through the drain cover. To my surprise, there were more ducks down there. ⑷⑻Little ones, all on top of each other.

"How do you think they got down there?" Adam said.

"I have no idea, but they look cold and scared," I said. The mother duck kept (⑷⑼). "We have to get them out!" I also said.

[⑸⑽①] I put Mom's rose at the side of the road, and we took off the metal cover. [⑸⑽②] Adam and I ※took turns holding each other's ※ankles while we took out the twelve baby ducks from the ※four-foot hole. [⑸⑽③] It wasn't easy, especially since it started to lightly rain again. [⑸⑽④]

After finishing the (⑸⑴), Adam and I found that we were very ※soaked and covered with ※dirt. Mom's rose got ※dirty a little too. It wasn't destroyed, but it wasn't perfect for my Mother's Day gift anymore.

Later, Mom told me that she didn't mind a little about her soaked rose. She thought that my rescue mission was the best Mother's Day present ever. I guess that mother duck probably did too!

※puddle：水たまり　※sewer drain：排水溝　※take turns ～ing：交互に～する　※ankle：足首
※four-foot：約120センチメートル　※soaked：びしょ濡れの　※dirt：汚れ　※dirty：汚れた

⑷⑹ 下線部⑷⑹の正しい訳を選び，その番号を解答欄にマークしなさい。
① 母親はバラが好きではないかもしれない。
② バラが好きではない母親は数多くいるだろう。
③ バラが好きではない母親なんているだろうか。
④ 母親にとってバラをもらうことは特別ではない。

⑷⑺ 空欄⑷⑺に共通して入る語を選び，その番号を解答欄にマークしなさい。ただし，文頭にくる語も小文字になっているので注意すること。
① that　② as　③ which　④ because

⑷⑻ 下線部⑷⑻を以下のように訳したとき，(A)(B)に入る適切な日本語を**それぞれ10字以内**で答えなさい。
「(　A　)が排水溝の中で(　B　)いる状態であった。」

⑷⑼ 空欄⑷⑼に入る適切な語を選び，その番号を解答欄にマークしなさい。
① crying　② cry　③ laughing　④ laugh

⑸⑽ 次の英文は，本文中の[⑸⑽①]～[⑸⑽④]のどこに入れるのが最も適切か。１つ選び，その番号を解答欄にマークしなさい。

But it was heartwarming to see the small baby ducks, all wet and hungry, and they were hugging close to their mom.

⑸⑴ 空欄⑸⑴に入る適切な語句を本文中より**２語**で抜き出しなさい。

⑸⑵ 本文の内容に合っているものを１つ選び，その番号を解答欄にマークしなさい。
① 主人公の母はバラが汚れていたことを少し悲しく思っていて，本当はきれいなバラがほしかったと主人公に話した。
② 主人公の母は主人公の勇気ある行動を賞賛していて，親ガモをペットとして飼いたいと思って

いた。

③ 主人公の母は母の日のプレゼントにこだわっていたわけではなく，カモたちが平穏に暮らせることを望んでいた。

④ 主人公の母は主人公の救出行動が最高のプレゼントであると思っており，主人公はおそらく親ガモも同じことを思っていると推測していた。

10 次の英文を読み，設問に答えなさい。

Naomi Osaka, the world's highest-paid female athlete, says the voices of famous athletes can be more important than (53)those of politicians. She decides that her voice will be heard on the subject of ※racial injustice.

The two-time Grand Slam champion has faced a ※backlash on social media after (54)throwing her support behind the Black Lives Matter movement after the death of ※George Floyd, a black man who died while a Minneapolis police officer pressed his knee into his neck on May 25, 2020.

The 22-year-old Osaka has a Japanese mother and Haitian father. She says she doesn't want to ※back down and hopes to help to make real change in the world.

"I'm just telling you that I believe in the movement and want to try to use my (55)platform to ※facilitate change," Osaka said by email. "George Floyd's ※murder and the situation in America had a big impact on me. (56)Being silent is never the answer. Everyone should have a voice in the matter and use (57)it. I think everyone should share their opinion," she also said.

The death of Floyd has caused worldwide ※protests against racism and calls for change in the U.S. Osaka said she protested in Minneapolis and attended other Black Lives Matter events in Los Angeles. She also said "America has changed since athlete ※Colin Kaepernick protested against racism during ※the national anthem before a 2016 ※NFL game."

In America, sports teams play the national anthem before games and everyone stands to respect it. But one day, Colin decided to stand on one knee as a protest. His decision to protest means a lot because he was a great football player that played on one of the richest teams in the world. He has protested since 2016, but people in America didn't try to understand him. Naomi believes if the NFL and their fans want to show that they really care, the first thing that they should do is listen to Colin.

※Roger Godell, the leader of the NFL, said the company made mistakes because they didn't listen to players and encouraged them "(58)to share their voice and peacefully protest."

※racial injustice：人種差別　※backlash：非難　※George Floyd：ジョージ・フロイド（人名）
※back down：ひるむ，後退する　※facilitate ～：～を促進する　※murder：殺人
※protest against racism：差別に対する抗議　※Colin Kaepernick：コリン・キャパニック（人名）
※the national anthem：国歌　※NFL：ナショナルフットボールリーグ（米国のアメリカンフットボールのリーグ）
※Roger Godell：ロジャー・グッデル（人名）

(53) 下線部(53)の "those" が指す語句を本文中より**2語で**抜き出しなさい。

(54) 下線部(54)の意味として最も適切なものを選び，その番号を解答欄にマークしなさい。

① 応援をつのる　② 支持を表明する
③ 遺族に寄付をする　④ 治療を継続する

(55) 下線部(55)の “platform” が指す意味に最も近いものを選び，その番号を解答欄にマークしなさい。

① 方法　② 土台　③ 立場　④ 思考

(56) 下線部(56)を日本語に訳しなさい。

(57) 下線部(57)の “it” が指す内容を選び，その番号を解答欄にマークしなさい。

① the situation　② the voice　③ the matter　④ the movement

(58) 下線部(58)を以下のように訳したとき，（A）（B）に入る適切な日本語を**それぞれ漢字２字**で答えなさい。

「彼らの声を（ A ）して，（ B ）的に抗議をすること」

(59)―(62) 次の各文が本文の内容に**合っていればT**，**合っていなければF**を解答欄にマークしなさい。

(59) 世界で最も高収入な女性アスリートは，グランドスラム大会で２回優勝した。

(60) ジョージ・フロイドはミネアポリスの警察官である。

(61) NFL はコリン・キャパニックの声に耳を傾けるべきだ，と大坂なおみは考えている。

(62) ロジャー・グッデルは選手の抗議行動は間違いだったと述べた。

＜リスニング問題放送原稿＞

A

(1) This is a color. This is used for telling people when they are sad. It is the color of a clear sky or the sea on a clear day. What is this color?

(2) You can buy and eat cooked foods at this place. You sit down and servers bring food which you ordered. But it is not the place called café. What is this place?

(3) Your job is to make plans for the looks of clothes, bags, or shoes by making drawings or patterns. Sometimes you use computers to make the layouts. Who are you?

B

(4) I have decided to study more! I will do my English homework first!

(5) I'll never forget your kindness even after going back to my country. Thank you for everything.

(6) How many eggs do we have in our kitchen? We have to bring four eggs to Jimmy's party.

C Today, I'll introduce a gap year. Gap year is taking a one-year break from your study. Here are some good things about a gap year.

First, in a gap year, you can do anything you want to do, for example, going to study abroad, volunteering, or even hitchhiking across the country. You can go outside of your classroom and find many chances to see different worlds.

Also, if you do not know what to do in your future, you will find your interests in a gap year. Or you can spend the year to see new worlds and get new skills. It will lead you to your favorite subject in university.

Finally, if you are interested in some job, you can try the work in a gap year. It will be great because not only will you understand the job more deeply, but you can also get money. The cost of university is very expensive so you will be ready for a new life during the year.

Do you think it is amazing? Ask your parents or teachers for advice if you are interested. Think about it carefully from now, and you will find a wonderful world.

【数　学】（50分）〈満点：100点〉

1　(1)　$0.3\div\left(\dfrac{4}{5}\right)^2-3\times(0.25)^3$ を計算しなさい。

(2)　連立方程式 $\begin{cases}5x-\dfrac{1}{2}y=-6\\ y=4x+6\end{cases}$ を解きなさい。

(3)　$x=\sqrt{6}+\sqrt{2}$，$y=\sqrt{6}-\sqrt{2}$ のとき，x^3y-xy^3 の値を求めなさい。

(4)　長さ16cmの針金を折り曲げて長方形を作る。できた長方形の面積が$10\,\mathrm{cm}^2$のとき，長いほうの辺の長さを求めなさい。

(5)　濃度10％の食塩水180gに食塩を加えて，濃度20％の食塩水を作りたい。何gの食塩を加えたらよいか求めなさい。

(6)　右の図は，ある立体の投影図である。この立体の体積を求めなさい。ただし，円周率は π とする。

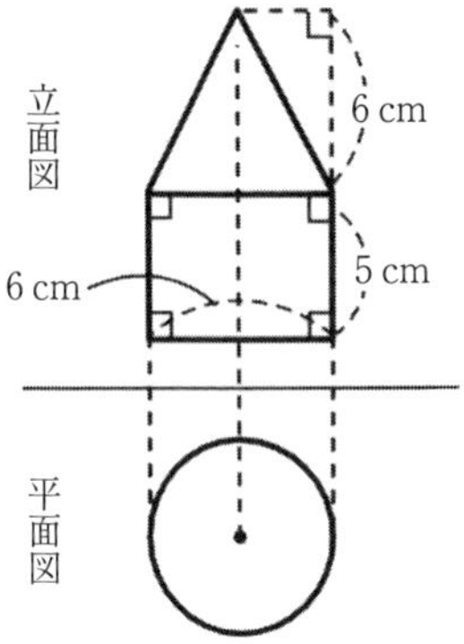

(7)　関数 $y=\dfrac{1}{x}$ について，x の値が -5 から -2 まで増加するときの変化の割合を求めなさい。

(8)　下の図において，おうぎ形OABの周の長さを求めなさい。ただし，円周率は π とする。

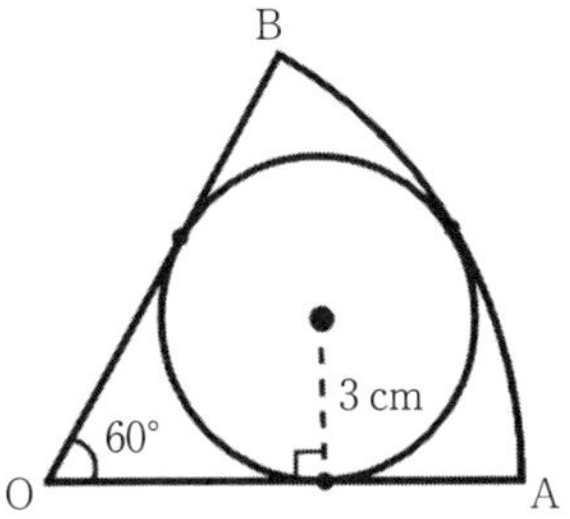

2　a を正の定数とする。座標平面上に放物線 $y=ax^2$，直線 $y=ax$ がある。直線 $y=ax$ 上の x 座標が4の点をA，放物線 $y=ax^2$ と直線 $y=ax$ との交点で原点でない点をBとする。

また，放物線 $y=ax^2$ 上にあり，y 座標が点Aと等しく，x 座標が負である点をP，2点P，Bを通る直線と，y 軸との交点をQとする。

このとき，次の各問いに答えなさい。

(1)　点Pの x 座標を求めなさい。

(2)　点Qの y 座標を a を用いて表しなさい。

(3)　△AQBの面積が12となるような a の値を求めなさい。

3　50円玉，10円玉，5円玉，の3種類の硬貨がそれぞれ10枚ずつ，合計30枚の硬貨が袋に入っている。

このとき，次の各問いに答えなさい。

(1)　袋の中の硬貨を使って，80円を支払う方法は何通りあるか答えなさい。ただし，すべての種類の硬貨を1枚以上使うものとする。

(2)　袋の中の硬貨を使って，540円を支払う方法は何通りあるか答えなさい。ただし，使わない硬貨の種類があってもよいものとする。

(3)　この袋から無作為に1枚の硬貨を取り出す。続いて，取り出した硬貨を袋に戻さずに，袋からもう１枚の硬貨を無作為に取り出す。このとき，取り出した２枚の硬貨の合計金額が３の倍数となる確率を求めなさい。ただし，どの硬貨を取り出すことも同様に確からしいものとする。

4　１辺の長さが２である立方体ABCD-EFGHを３点A，F，Cを通る平面で切断する。頂点Bを含む方の立体を立体①，頂点Dを含む方の立体を立体②とする。

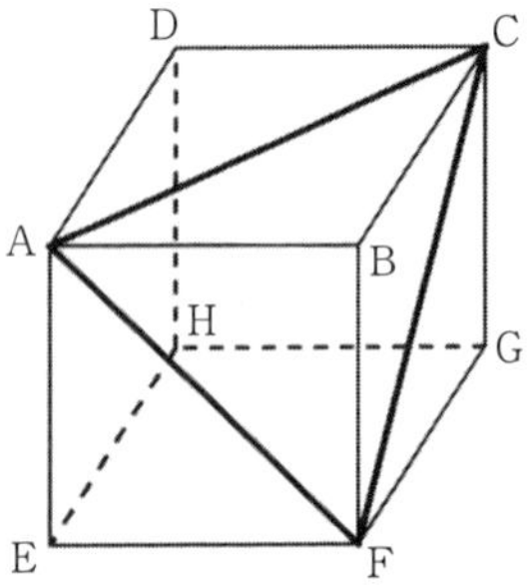

このとき，次の各問いに答えなさい。

(1)　△AFCの面積を求めなさい。

(2)　立体①について，△AFCを底面とする三角錐ととらえたときの高さを求めなさい。

(3)　辺CFの中点をPとする。立体②について，辺AF上に点Qをとったとき，EQ＋QPの最小値を求めなさい。

5　自然数Nの正の約数の個数を記号≪N≫で表す。たとえば，10の正の約数は１，２，５，10の４つであるから，≪10≫＝4である。

このとき，次の各問いに答えなさい。

(1)　≪14≫＋≪48≫を計算しなさい。

以下，A，B，Cはすべて２けたの自然数とする。

(2)　≪A≫＝2が成り立つとき，Aの最大値を求めなさい。

(3)　≪B≫×≪C≫＝6が成り立つとき，$\dfrac{B}{C}$の最大値を求めなさい。

イ　まるで映画のワンシーンのようだ。
ウ　そんなことは私の知らないことだ。

③　その話は信じられない。
ア　天気予報によると雨は降らない。
イ　今は財布にお金がない。
ウ　法案に賛成の人は少ない。

問三　次の（　）に共通する体の部分をそれぞれ漢字一字で答えなさい。

①　（　）が肥えている・（　）を皿にする・（　）を細める
②　（　）で笑う・（　）が高い・（　）を明かす
③　（　）が出る・（　）がつく・（　）を引っ張る

問四　次の文の内容を表す言葉として、最も適当なカタカナ語を、それぞれ後の選択肢から選び記号で答えなさい。

①　他者を親切にもてなそうとする態度。
②　ある地方に特有であること。
③　上下に序列化された位階制の秩序や組織。
④　ある考えや立場に反対する主張。

ア　ヒエラルキー　　イ　ローカル
ウ　アンチテーゼ　　エ　コンセプト
オ　ジェンダー　　カ　ホスピタリティ
キ　アイロニー　　ク　パラダイム

問五　次の作品の作者として最も適当なものを、それぞれ後の選択肢から選び記号で答えなさい。

①　人間失格　　②　徒然草　　③　源氏物語
④　こころ　　⑤　ノルウェイの森

ア　村上春樹　　イ　吉田兼好　　ウ　鴨長明
エ　清少納言　　オ　紫式部　　カ　夏目漱石
キ　森鷗外　　ク　川端康成　　ケ　大江健三郎
コ　太宰治

ウ　何も言わないので
エ　どうにかしたいので

⑭「ゆゆしく」
ア　素早く　イ　ゆっくりと
ウ　ひどく　エ　少しだけ

問二　傍線部②「売るべき由」を単語で切ると三語となる。三語の品詞名を順に選択肢から選び記号で答えなさい。
ア　形容動詞　イ　動詞　ウ　名詞
エ　助詞　オ　副詞　カ　助動詞

問三　傍線部③「本意なり」とあるが、これは誰の本意か。最も適当なものを選択肢から選び記号で答えなさい。
ア　成方　イ　御堂入道殿　ウ　俊綱
エ　大丸　オ　使ひ

問四　傍線部④「あたひ」・⑨「言ふやう」の読み方を全て現代仮名遣いのひらがなで答えなさい。

問五　傍線部⑤「さること」が指す部分を本文中から五字で書き抜いて答えなさい。

問六　傍線部⑥「言ふ」・⑦「乗せむ」・⑧「帰り来て」の主語は誰か。それぞれ選択肢から選び記号で答えなさい。
ア　成方　イ　御堂入道殿　ウ　俊綱
エ　大丸　オ　使ひ

問七　傍線部⑩「かかる目」とあるが、具体的にはどんな目にあったのか。三十字以内で答えなさい。

問八　傍線部⑪「笛を取らむと思ふ心の深さ」とあるが、どういう心か。最も適当なものを選択肢から選び記号で答えなさい。
ア　大丸という笛と、その笛を吹く成方に感動した風流心。
イ　大丸という笛を手に入れて、仏道に専念しようとする信心深さ。
ウ　大丸という笛と、その笛を吹く成方の両方を手に入れようとする執念深さ。
エ　大丸という笛を手に入れるためには、何でもするという欲深い心。

問九　傍線部⑬「戒むるに及ばず」とあるが、なぜ俊綱は戒めなかったのか。その理由を具体的に、二十字以内で答えなさい。

問十　本文の内容と合っているものにはA、合っていないものにはBをそれぞれ解答欄に記入しなさい。（ただし、全て同じ記号で答えた場合は全て不正解とする。）
ア　俊綱の策略を知った使いの者は、その策略に協力するために、嘘をつくことを思いついた。
イ　成方は俊綱に怒られ、木馬に乗せられたのがつらくて、大丸の笛を壊してしまった。
ウ　成方が打ち砕いた笛は実は別の笛で、以前と変わらず笛を吹き、俊綱を出し抜いた。
エ　成方の笛は打ち砕かれたが、別の笛を吹くことで、以前よりも評判がよくなり出世した。

三

問一　次の（　）に漢字一文字を入れて、類義語の組を完成させなさい。
①　形見＝（　）品　②　天国＝（　）楽
③　曖昧＝（　）然　④　傾向＝風（　）
⑤　対（　）＝互角

問二　次の傍線部と文法的に同じ使い方をしているものとして最も適当なものをそれぞれ後の選択肢から選び記号で答えなさい。
①　この山は険しそうだ。
ア　そうだ、明日は公園に行こう。
イ　明日はテストがあるそうだ。
ウ　そのパンは見るからにおいしそうだ。
②　これはおもしろい本だ。
ア　私は最後までその本を読んだ。

答えた場合は全て不正解とする。）

ア　今回の感染拡大においてはグローバル化にブレーキがかかったといえるため、以前よりグローバル化のもつ意義が小さくなった。

イ　今回の感染拡大に対して、多くの国が隔離政策をとったが、それに対する国民の反応は国によって大きく異なっていた。

ウ　今回の感染拡大に対応したロックダウン政策は、中世でも取り入れられていた手法であり、時代錯誤的な対策であるといえる。

エ　感染拡大を食い止めるために「壁」をつくる措置の効果は不明であり、「正しい」とは言い切れない。

オ　今回、感染症対策が進んだにも関わらず他の問題でも人々を従わせることができなければ、政府は能力を厳しく問われることになる。

二

次の文章を読んで、後の問いに答えなさい。（字数を数える問いの場合は、句読点や記号も含むこと。）

成方《なりかた》といふ笛吹《ふえふ》きありけり。①めでたきものなれば、※1御堂《みだう》入道殿より、大丸《だいまる》といふ笛を賜《たまは》りて、吹きけり。※2伏《ふし》見《み》修《しゅ》理《り》大《たい》夫《ふ》俊綱《としつな》朝臣《あそん》欲しがりて、※3千石《せんごく》にて買はむと言ひけるに、売らざりければ、※4たばかりて使ひをやりて、「②売るべき由《よし》言ひけり。」と、虚言《そらごと》を言ひつけて、成方を召して、「笛得させむと言ひける。③本《ほ》意《い》なり。」と喜びて、「④あたひは乞ひによるべし。」とて、「※5ひらに買はむ。」と言ひければ、成方色を失ひて、「⑤さること申さず。」と言ふ。

この使ひを召し迎へて、尋ねらるるに、「まさしく申し候《さうら》ふ。」と⑥言ふほどに、俊綱大いに怒りて、「人を欺《あざむ》きすかすは、その咎《とが》軽からぬことなり。」とて、※6雑色《ざうしき》所へ下して、※7木馬《もくば》に⑦乗せむとする間、成方言はく、「身の暇《いとま》を賜りて、この笛を持て参るべし。」と言ひければ、人を付けて遣はす。⑧帰り来て、腰より笛を抜きいでて⑨言ふやう、「これ故にこそ⑩かかる目は見れ。情けなき笛なり。」とて、軒《のき》のもとに下りて石を取りて、灰《はひ》のごとくに打ち砕きつ。

大夫、⑪笛を取らむと思ふ心の深さにこそ、さまざま※8構へけれ。今は⑫言ふかひなければ、⑬戒《いまし》むるに及ばずして、追ひ放ちにけり。後に聞けば、あらぬ笛を大丸とて打ち砕きて、本の大丸はささいなく、吹き行きければ、大夫の※9をこにてやみにけり。初めは⑭ゆゆしく※10はやりたちたりけれども、つひに出し抜かれにけり。

（『十訓抄』より）

※1　御堂入道殿…藤原道長。
※2　伏見修理大夫俊綱朝臣…関白藤原頼通の子。
※3　千石…千石の米。
※4　たばかりて…だまして。
※5　ひらに…是非とも。
※6　雑色所…役人の詰め所。
※7　木馬…拷問の具。
※8　構へけれ…偽りつくろった。
※9　をこにて…馬鹿げていて。
※10　はやりたち…気が立った。

問一　傍線部①「めでたき」・⑫「言ふかひなければ」・⑭「ゆゆしく」の本文中での意味を、それぞれ後の選択肢の中から選び、記号で答えなさい。

①「めでたき」

ア　めずらしい　　イ　高価な

ウ　幸運な　　エ　すばらしい

⑫「言ふかひなければ」

ア　どうしようもないので

イ　つまらないので

脆弱《ぜいじゃく》な地域への支援など、国際的な協力関係が（自国の利益という観点からでさえも）必要である。その意味で、今回の感染拡大が、グローバルな連帯の意義を私たちが再確認する一つのきっかけとなる可能性もあるように思われる。

（村上陽一郎 編『コロナ後の世界を生きる―私たちの提言』より
杉田 敦「コロナと権力」）

※1 ミシェル・フーコー…フランスの哲学者。
※2 ハンセン病…らい菌によっておこる慢性感染症。
※3 ペスト…ペスト菌の感染によっておこる感染症。死亡率が高い。古くはしばしば流行した。
※4 天然痘…痘瘡《とうそう》ウイルスによる感染症。伝染力がきわめて強く、死亡率も高い。
※5 EU…ヨーロッパ連合。経済・通貨統合の実現、外交・安全保障政策の設定などを中心とする、ヨーロッパの地域統合体。
※6 WHO…世界保健機関。保健衛生問題のための国際協力を目的とする国際連合の専門機関。
※7 プロファイリング…ある人物の個人情報や過去の行動などから、その後の行動などを推測する方法。
※8 憂慮…不安に思うこと。
※9 新自由主義…資本主義下の自由競争を重んじ、政府の積極的な民間介入に反対する立場。
※10 スペイン風邪…一九一八年に世界的に流行した急性インフルエンザ。
※11 ナショナル…国家の。

問一 二重傍線部a～eについて、カタカナは漢字に直し、漢字は読み方をひらがなで答えなさい。

問二 Ⅰ～Ⅳに当てはまる語として最も適当なものを、それぞれ選択肢から選び記号で答えなさい。（選択肢は一度ずつ使用すること。）
ア そして　イ もっとも　ウ ところが
エ つまり　オ しかも

問三 傍線部①「世界中で採用された理由」とあるが、それはどのようなものか。解答欄につながる形で本文中から三十字で探し、最初と最後の五字を書き抜いて答えなさい。

問四 傍線部②「そのことがもつ意味」として最も適当なものを選択肢から選び記号で答えなさい。
ア 感染対策に高い効果を持ったということ。
イ 社会の中に分断を持ち込んだということ。
ウ 感染拡大につながったということ。
エ 私たちを不安にさせたということ。

問五 傍線部③「スウェーデン的な集団免疫路線」とあるが、これはフーコーの分析によれば、どの権力のあり方と対応するか。最も適当なものを選択肢から選び記号で答えなさい。
ア 法　イ 規律　ウ 統治

問六 傍線部④「緊急事態宣言の発令やロックダウン政策で、私たちの権利は制限される」とあるが、このような状況を人々が受け入れたのはなぜか。本文中の言葉を用いて五十字以上六十字以内で答えなさい。ただし、解答欄に合わせて答えること。

問七 傍線部⑤「結論において連携する」とあるが、それはどのような結論か。最も適当なものを選択肢から選び記号で答えなさい。
ア 行動制限を早期に打ち切ること。
イ 市場経済を活発に回すこと。
ウ 生存し健康な生活を行う権利を守ること。
エ 政府の権力に一定の役割を認めること。

問八 本文からは、次の一文が抜き出してあります。この一文が入る箇所を探し、その箇所の直前の五字を書き抜いて答えなさい。
今回も、欧米では東洋人差別が横行し、日本でも、東京のような「汚染地域」から移動してきた人々への差別が深刻な問題となった。

問九 本文の内容と合っているものにはA、合っていないものにはBをそれぞれ解答欄に記入しなさい。（ただし、全て同じ記号で別などで※7プロファイリングし、より危険と思われる部分との接触を、私たちは断とうとするようになる。ペスト流行時には、ユダヤ人迫害が激化した。さらには、販売員や配達員のように人との接触を伴う業種の人々や、治療のため医療サービスを提供する医療従事者らへの差別さえ見られ、きわめて※8憂慮される事態となった。「規律」権力は、政府が上から押し付けるものと言うよりは、人々の間から、すなわちいわば下から湧き上がって来るというのが、フーコーの洞察であったが、今回の事態でも、「自粛警察」と呼ばれるような散発的な自警団的な存在が権力の主たる担《にな》い手となったのである。

もちろん、ワクチンが開発されれば、事態は大きく変わるだろう。ワクチンを接種することで、私たちは自分たちの身体の中に、一種の「壁」をつくることができる。しかし、そうしたいわば携帯可能な「壁」ができるまでは、私たちは社会の中に壁をつくろうとするようだ。

このことをどう評価すべきかはなかなか難しい問題である。④緊急事態宣言の発令やロックダウン政策で、私たちの権利は制限されるので、政府の権力からの個人の自由を重視する立場からすれば容認しにくい。（中略）

しかしながら、もしもロックダウンが人々に心理的な「安心」を与えるのみならず、一定程度は「安全」をもたらす効果があるとすれば、政府主導の感染症対策をいちがいに否定することもできないのではないか。私たちが生存し、健康な生活を行うことも重大な権利であり、そうした権利を守るためには、政府の権力には一定の役割がある、ということになるからである。

[Ⅳ]、一般論として、政府の権力をやみくもに否定することは、市場の暴走を招き寄せかねない。現に、市場経済を重視する※9新自由主義的な論者からは、ロックダウンが経済にもたらす悪影響に鑑《かんが》み、行動制限を早期に打ち切って、経済を「回す」べきだとする声が噴出している。権利擁護の観点からの政府批判者らは、こうした新自由主義者たちとは立場を異にするにもかかわらず、皮肉にも、⑤結論において連携することになりかねない。（中略）

人と人との接触そのものをリスクととらえなければならないような今回の事態の中で、社会的なつながりは大きく損なわれている。そして、ウイルスの発生地が未確定である（※10スペイン風邪と同様にアメリカ合衆国起源との説もある）にもかかわらず、一方的に中国を非難するトランプ大統領を筆頭に、「悪」の原因を自分たちの外部に見出《いだ》そうとする態度が、これからさらに広まる危険性がある。社会のグローバル化にブレーキがかかり、経済についても政治についても、※11ナショナルな単位への回帰が一定程度進むかもしれない。

しかし、それが、強権的な国家主義の評価につながるとは限らない。ロックダウンに際し、人権意識の強い諸国でも政府による行動制限が広く受け容れられたのは、罰則が厳しいからではなかった。自分たちの生命・健康を守るために、自分たちへの「規律」が必要だと多くの人々が認めたからである。こうした権力のあり方には、さまざまな分断という重大な副作用もあるが、それでもなお、そこでの権力が人々の自発性に基づいているという点を見落とすべきではない。実は同じことは、最も強権的な国家の一つである中国の経験についてさえ見て取れそうだ。中国の人々が厳しい制限に耐えたのは、少なくとも部分的には、自分たちの生命・健康に動機づけられていた面があったはずである。

したがって、もしある国の政府が、感染症対策が進んだことを「成功体験」として、他の問題でも人々を従わせることができると考えたら、手痛いしっぺ返しを食らうことになるだろう。むしろ、政府は能力をより厳しく問われ、厳しい監視にさらされることになるかもしれない。

そして、ウイルスが国境を越えて広がる以上、一国内で仮に一時的に収束させることができたとしても、真の終息につながらないことは明らかであり、ワクチンや特効薬の開発をはじめ、医療環境の

二〇二二年度 駒澤大学高等学校

【国 語】(五〇分)〈満点：一〇〇点〉

一 次の文章を読んで、後の問いに答えなさい。(字数を数える問いの場合は、句読点や記号も含むこと。)

※1ミシェル・フーコーは権力について考える際に、しばしば感染症の歴史にaゲンキュウした。彼の整理によれば、古代以来、代表的な疫病とされた※2ハンセン病については、感染力が弱いので、発見された感染者を隔離する対策がとられた。［ Ⅰ ］中世に大流行した※3ペストはより感染力が強く、感染者を見つけた時にはすでに周囲に感染が広がっているので、発見された感染者を隔離するだけでは済まず、空間を区切って感染状況を把握し、感染地域を封鎖する検疫という技術が用いられることになった。その後、※4天然痘などのウイルスは、さらに感染力が強いので、もはや検疫では対応ができなくなり、統計的なアプローチが採用される。すなわち、人口全体を対象として、その感染状況を数値的に把握し、死亡率を下げるような対策などを行う。しかもその際に実施されるワクチン接種とは、感染をb妨げるのではなく、逆に、感染を広げることで免疫を確立するというやり方であり、感染を止めるというそれまでの考え方を根本から覆《くつがえ》すものであった。

フーコーは、感染力の違いに応じたこの三つの感染症対策が、それぞれ異なる権力のあり方に対応すると考えた。すなわち、何かを禁止する「法」の権力、個人の行動を変える「規律」の権力、［ Ⅱ ］人口全体にはたらきかける「統治」の権力である。

今回のコロナウイルスについては、世界各国で、まずは地域外からの人の流れを遮断し、来訪者を検疫するという対応策が行われ、さらにはロックダウン(都市封鎖)政策が採用され、人々はそれぞれの家に隔離されることになった。これは基本的に、中世のペスト対策の手法であり、フーコーの整理に照らせば時代錯誤的な対策である(ただしフーコーは、新しい権力技術が古い技術をcダイタイするという単純な関係にはなく、古い技術も使われ続けると言っているが)。(中略)

他方、スウェーデンは独自路線を採用した。それは集団免疫獲得路線であり、人口の相当部分までの感染拡大をあえて許容することで、免疫獲得者を増やして収束させるという戦略である。(中略)

ここで考えたいのは、「検疫」的な「規律」という「時代錯誤的」とも言える対策が、①世界中で採用された理由と、②そのことがもつ意味である。※5EU加盟国間を含め、各地で国境封鎖が行われた。大統領選挙でメキシコからの移民を止めるための壁の建設を公約したトランプ氏は、国際的な非難を浴びたが、今回、中国からの航空便を停止する彼の措置を批判したのは、中国と※6WHOだけであった。［ Ⅲ ］、アメリカ合衆国側からの感染をおそれてメキシコ人たちが国境を実力で封鎖しようとするという、彼にとっていかにもdヒニクな事態もまた生じたのだが。

「壁」をつくることは正しいのか。接触の制限は、感染リスクを下げる効果をもつ。しかし、ウイルスというものの性格上、壁は必ず乗り越えられてしまう。壁をつくっている人もすでに感染しているかもしれないというところに、今回のウイルスの特徴がある。欧米での都市封鎖にe顕著な効果があったかも不確定である。しかし、それでも私たちは不安に駆られ、何らかの「積極的」な措置をなかなか諦められないようだ。③スウェーデン的な集団免疫路線が(イギリスでは一時検討されたものの)他国にほとんど広がらないのも、そのことによるのであろう。集団免疫路線といえば聞こえはいいが、それはウイルスに対して「手も足も出ない」と認めることを意味しているからだ。

かくして採用される「検疫」政策は、しかし、その重大な副作用として、社会の中に分断を持ち込む。地域や職種、人種、年齢、性

英語解答

1 A (1) blue (2) restaurant
(3) designer
B (4)…② (5)…① (6)…③
C 問1 (7) school〔university / class〕
(8) experience〔chance〕
(9) needed〔necessary / useful〕
問2 ③

2 (11) ④ (12) ①

3 (13) ② (14) ① (15) ②

4 (16) ③ (17) ② (18) ④ (19) ①
(20) ④

5 (21) have (22) Whose (23) or
(24) with (25) like

6 (26)…⑤ (27)…③ (28)…⑦ (29)…⑥
(30)…① (31)…⑦ (32)…① (33)…④
(34)…② (35)…⑥

7 (36) too, to (37) any other
(38) It, to (39) Shall we
(40) at playing

8 (41) ④ (42) ⑧ (43) ⑦ (44) ②
(45) ⑤

9 (46) ③ (47) ②
(48) A 小さなカモたち
B 寄り添い合って
(49) ① (50) ④
(51) rescue mission (52) ④

10 (53) the voices (54) ② (55) ③
(56) 黙っていることは，決して正解ではない。
(57) ② (58) A 共有 B 平和
(59) T (60) F (61) T (62) F

1〔放送問題〕解説省略

2〔単語の発音〕

(11) ア．goal[ou] イ．coat[ou] ウ．boat[ou] エ．abroad[ɔː]
(12) ア．question[tʃən] イ．station[ʃən] ウ．information[ʃən] エ．communication[ʃən]

3〔単語のアクセント〕

(13) mu-sí-cian (14) ín-ter-est-ed (15) de-lí-cious

4〔適語(句)選択〕

(16)後の Please take a rest.「休憩してください」から，「出席しなくてもいい」という内容になると考えられる。don't have to ～ で「～しなくてもいい」を表せる。 「あなたは次の会議には出席しなくてもいいです。休憩してください」

(17)take care of ～ で「～の世話をする」。three years ago「3年前」があるので，過去の文になる。なお，「～に世話をされた」と受け身にする場合，was taken care of by ～ となる。 「私の姉は3年前，その赤ん坊の世話をした」

(18)空所以降が，came back home early の目的を表している。「助けるために」という‘目的’は副詞的用法の to不定詞(‘to＋動詞の原形’)で表せる。 「ジョンは彼の父親を手伝うために早く帰宅した」

(19)文末に these days「最近」とあり，これは現在の文で用いるので，①の She's using が適切。

「彼女は最近，この辞書を使っている」

(20)前に出た‘数えられる名詞’の繰り返しを避けるために使う④の one が適切。なお，it は前に出た名詞と全く同じものを指すときに使う。　「私はこのジャケットが好きではない。あの緑のものが好きだ」

5〔適語補充〕

(21)直後に been があるので，現在完了（‘have/has＋過去分詞’）の形にする。　am/is/are－was/were－been　「あなたはどれくらいロンドンにいるのですか」―「7歳のときからです」

(22)持ち主を答えているので，「誰の」と尋ねたとわかる。　「これは誰のiPadですか」―「サトシのものなので，彼に返してください」

(23)‘命令文, or ～’で「…しなさい，さもないと～」を表す。　「私は7時45分に電車に乗りたいです」―「もうすぐ7時30分です！　今出なさい，さもないとそれに乗れませんよ」

(24)‘help＋人＋with＋物事’で「〈人〉の〈物事〉を手伝う」。　「とても困っているようですね。どうしたのですか」―「私の宿題を手伝ってくれる人を探しています」

(25)Would you like ～？は「～はいかがですか」と何かを勧める表現。　「何か飲みものはいかがですか」―「ありがとう。コーヒーを1杯ください」

6〔整序結合〕

(26)・(27)「～している…」は現在分詞（～ing）の形容詞的用法を用いて表すことができる。現在分詞が他の語句を伴うときは‘名詞＋現在分詞＋語句’の語順にする。to run が不要。　Do you know that girl running in Komazawa Park？

(28)・(29)This is ～.「これは～だ」で始め，‘～’に「私が母からもらった大切な腕時計」を表す語句を入れる。「～が…する―」は which を目的格の関係代名詞として使い，‘名詞＋目的格の関係代名詞＋主語＋動詞…’の語順で表す。なお，目的格の関係代名詞は省略できる。whose が不要。　This is the precious watch which I got from my mother.

(30)・(31)「何人の〔いくつの〕～」は‘how many＋名詞の複数形’で表せる。これを文頭に置き，後に疑問文の語順を続ける。語群に be動詞の are と there があるので，are there ～？とする。much が不要。　How many students are there in Komazawa University High School？

(32)・(33)「知りません」とあるので，doesn't の後に know を置いて否定文をつくる。その後は間接疑問（‘疑問詞＋主語＋動詞…’）の語順にする。この when は「いつ」という意味なので，続く文はそのまま未来を表す形にする。come が不要。　Kano doesn't know when the next bus will come to this bus stop.

(34)・(35)「～ほど…ない」は‘not as＋形容詞〔副詞〕＋as ～’で表せる。部屋の大きさを表すときは large などを使う。「私の部屋」は mine「私のもの」で表す。as much が不要。much は‘数えられない名詞’が「多い」というときに使う。　Your room is not as large as mine.

7〔書き換え―適語補充〕

(36)「この問題はとても難しいので私には答えられない」→「この問題は難しすぎて私には答えられない」　‘so ～ that＋主語＋can't〔cannot〕…’「とても～なので…できない」は‘too ～ for ― to …’「～すぎて―には…できない」で書き換えられる。

(37)「エベレスト山は世界で最も高い山だ」→「エベレスト山は世界の他のどの山よりも高い」 ‘比較級＋than any other＋単数名詞’で「他のどの…よりも～」。

(38)「100メートル走で勝つことはキリュウ選手には簡単ではなかった」 動名詞(～ing)が主語の文は，‘It is ～ for … to ―.’「…にとって―することは～だ」の形で書き換えられる。

(39)「その歌を一緒に歌って楽しみましょう」→「その歌を一緒に歌って楽しみませんか」 Let's ～.「～しましょう」は Shall we ～？「～しませんか」で書き換えられる。

(40)「彼女は上手にバスケットボールをすることができる」→「彼女はバスケットボールをするのが得意だ」 be good at ～ing で「～するのが得意だ」。at のような前置詞の後に続く動詞は動名詞(～ing)にする。

8〔対話文完成―適文選択〕

(41) A：ああ，飛行機に乗る時間です。あなたにさよならを言わなければなりません。／B：あなたがいなくなると寂しいです。Eメールでメッセージを送ってください。／A：もちろんです。体に気をつけてください。//直前でAが「さよならを言わなければならない」と言っているので，④の I'll miss you. が適切。miss は「～がなくて寂しい」という意味。

(42) A：私と一緒に来ませんか？／B：そうしたいと思っています。でも，仕事をしなければなりません。／A：本当に？ それを聞いて悲しいです。//Aの誘いに対する返答。「行きたいけれど仕事がある」と考えられるので，⑧の I hope to do so. が選べる。Why don't you ～？は「～しませんか」と誘う表現。

(43) A：ササキ医院です。どうなさいましたか。／B：はい，頭痛がして高い熱があります。今日お医者さんに診てもらえますか？／A：わかりました，今はそれほど多くの患者さんがいません。ですから，すぐこちらにおいでください。//直後でBが自分の不調を伝えているので，⑦の How can I help you？が適切。

(44) A：すみません。地下鉄の駅はどこですか？／B：すみませんが，この辺りを訪れたのは初めてなんです。／A：わかりました。とにかくありがとうございます。//Bの発言から，BはAに地下鉄の駅の場所を教えられなかったことがわかる。⑦の Thanks anyway. は，依頼がかなわなかった場合や，誘いを断るときに使う感謝の表現。

(45) A：今夜，パーティーに連れていってくれませんか。／B：もちろんです。午後8時に迎えに行きましょうか。／A：本当にありがとうございます。あなたはとても親切ですね。//直後でAがお礼を述べているので，BがAにとって何かいいことを言ったと考えられる。Shall I ～？は「～しましょうか」，pick ～ up は「～を(車で)迎えに行く」という意味。

9〔長文読解総合―物語〕

≪全訳≫❶日曜日の午後――その日は母の日だった――，友人のアダムと私は，ロサンゼルスから家に帰る途中で小さな水たまりの間を歩いていた。私は，完璧な母の日の贈り物，美しい赤いバラを選んだ。「お母さんはこれをとても気に入るよ」と私はアダムに言った。バラが好きではない母親なんているのだろうか。❷角を曲がったとき，奇妙なものが見えた。カモだった。それは鳴きながら排水溝の周りを走っているおかしなカモだった。「見て！」とアダムは，排水溝のふたをのぞいて言った。驚いたことに，その下にはもっと多くのカモがいた。小さなカモで，みんな寄り添い合っていた。❸「あの子たちはどうやってそこに降りたんだと思う？」とアダムは言った。❹「わからないけど，寒くておびえているみたいだ」と私は言った。母ガモは鳴き続けた。それから私は「外に出してやらないと！」とも言った。❺母へのバラを道路脇に置き，金属のふたを取った。アダムと私は，約120センチメートルの穴から12羽のカモの赤ちゃんを取り出す間，お互いの足首を交代で押さえた。特に小雨がまた降り始めたので，それは簡単ではなかった。(50)しかし，みんな濡れておなかをすかせていたものの，小さなカモの赤ちゃんを見るのは心温まるもので，彼らは母親の近くに寄り添っていた。❻救出行動を終えた後，アダムと私は，自分たちがすっかりびしょ濡れで，汚れで覆われていることに気づいた。母へのバラも少し汚れてしまった。だめになったわけではないが，もはや，母の日の贈り物には完璧だといえなかった。❼後で，母は，びしょ濡れのバラについて少しも気にしないと私に言った。彼女は，私の救出行動がこれまでで最高の母の日の贈り物だと思っていた。母ガモも多分そう思っただろう！

(46)＜**英文和訳**＞直訳すると「どんな母親が，バラを好きではないだろうか」となるが，この文は反語的な意味を持ち，実際には「どんな母親もバラが好きだ」という内容を表す。

(47)＜**適語選択**＞「～するとき」という意味の接続詞 as が適切。

(48)＜**英文和訳**＞Little ones の ones は前に出た，‘数えられる名詞’の繰り返しを避けるために使う代名詞 one の複数形。ここでは ducks を指している。on top of ～ は「～の上に，～に接するように」という意味。on top of each other とすると「互いに重なり合って〔寄り添い合って〕」となる。

(49)＜**適語選択**＞keep ～ing で「～し続ける」。自分の子どもたちが排水溝に落ちたときに母ガモがとる行動が当てはまる。cry は「(動物が)鳴く」，laugh は「笑う」という意味。

(50)＜**適所選択**＞補う文の最初にある But「しかし」は‘逆接’の接続詞で，前後の文は相反する内容になる。But の後には肯定的な内容が続いているので，前には否定的な内容がくる。50④の前の文は It wasn't easy, … となっているので，ここに補うと「それ(穴からカモの赤ちゃんを助けること)は簡単ではなかったが，小さなカモの赤ちゃんを見るのは心温まるものだった」という自然な流れになる。

(51)＜**適語句補充**＞アダムと私が終えたのは「カモの赤ちゃんを助けること」で，この内容を表す２語の語句が当てはまる。最終段落第２文に She thought that my rescue mission was … とある。

(52)＜**内容真偽**＞①…×　最終段落第１文参照。母親は主人公に少しも気にしないと言っている。　②…×　カモをペットとして飼いたいと思っていたかどうかは本文で述べられていない。　③…×　第７段落で，主人公がカモを助けたことを喜んではいるが，カモたちが平穏に暮らせることを望んでいたかどうかは本文で述べられていない。　④…○　第７段落第２，３文の内容と一致する。第３文の did は前文の thought that … の繰り返しを避けるために使われている。

10〔**長文読解総合―説明文**〕

≪**全訳**≫❶世界で最も高収入な女性アスリート，大坂なおみは，有名なアスリートの声は政治家の声よりも重要になり得ると述べている。彼女は，人種差別という話題について自分の声を伝えることにした。❷２度のグランドスラム・チャンピオンは，2020年５月25日，ミネアポリスの警察官が膝を首に押しつけている間に亡くなった黒人男性，ジョージ・フロイドの死後，ブラック・ライブズ・マター運動への支持を表明し，ソーシャルメディアでの非難に直面した。❸22歳の大坂には，日本人の母親とハイチ人の父親がいる。彼女は後退したくないと言い，世界に本当の変化をもたらす手助けをすることを願っている。❹「私はこの運動を信じていて，変化を促進するため，自分の立場を使うようにしたいと思っていることを伝えたいだけです」と大坂はEメールで述べた。また，「ジョージ・フロイドの殺人とアメリカでの状況は私に大きな影響を与えました。黙っていることは，決して正解ではありません。誰もがこの問題について発言権を持ち，それを使うべきです。みんなが意見を共有すべきだと思います」と彼女は述べた。❺フロイドの死は，人種差別に対する世界的な抗議を引き起こし，アメリカの変化を求めている。大坂は，彼女がミネアポリスで抗議し，ロサンゼルスでの他のブラック・ライブズ・マターのイベントに出席したと述べた。彼女はまた，「アスリートのコリン・キャパニックが，2016年のNFL(ナショナルフットボールリーグ)の試合前の国歌の間に人種差別に抗議して以来，アメリカは変化しています」と述べた。❻アメリカでは，スポーツチームが試合前に国歌を演奏し，誰もがそれに敬意を表すために起立する。しかしある日，コリンは抗議として片膝をつくことにした。彼の抗議するという決断は大きな意味を持つ，というのも，彼は世界で最も裕福なチームの1つでプレーをしたすばらしいフットボール選手だったからだ。彼は2016年からずっと抗議しているが，アメリカの人々は彼を理解しようとしなかった。ナオミは，もしNFLとそのファンが本当に気にかけていることを示したいと思っているのであれば，最初にするべきことはコリンに耳を傾けることだと信じている。❼NFLのリーダー，ロジャー・グッデルは，会社が選手の話を聞かなかったことで間違いを犯したと述べ，彼らに「自分の声を共有し，平和的に抗議する」ように促した。

(53)＜**指示語**＞those は，前に出た複数名詞の繰り返しを避けるために用いられる。ここでは，同じ文にある the voices を指している。

(54)＜**語句解釈**＞第4段落第1文などから，大坂がブラック・ライブズ・マターの運動に賛同していることがわかる。また，support には「支持」という意味がある。

(55)＜**語句解釈**＞下線部前後は「変化を促進するため，自分の(　　)を使うようにしたい」という意味。彼女は有名なアスリートという「立場」を使い，人種差別に関する変化をもたらそうとしている。

(56)＜**英文和訳**＞Being silent が文の主語。being は動名詞で「～であること」，silent は「無口の」，never は「決して～ない」という意味。

(57)＜**指示語**＞it は前に出ている単数の名詞を指す。ここでは，同じ文の voice を指している。この voice は「発言権」という意味。

(58)＜**英文和訳**＞share は「～を共有する」，peacefully は「平和的に」という意味。

(59)～(62)＜**内容真偽**＞(59)…○　第1，2段落に一致する。　(60)…×　第2段落参照。ジョージ・フロイドは，ミネアポリスの警察官が膝を彼の首に押しつけたことで亡くなった黒人男性である。
(61)…○　第6段落最終文に一致する。　(62)…×　第7段落参照。グッデルはNFLが間違いを犯したと述べた。

2022年度／駒澤大学高等学校

数学解答

1 (1) $\frac{27}{64}$　(2) $x=-1$，$y=2$
(3) $32\sqrt{3}$　(4) $4+\sqrt{6}$cm
(5) $\frac{45}{2}$g　(6) $63\pi\ \mathrm{cm}^3$
(7) $-\frac{1}{10}$　(8) $3\pi+18$cm

2 (1) -2　(2) $2a$　(3) 4

3 (1) 2通り　(2) 13通り　(3) $\frac{40}{87}$

4 (1) $2\sqrt{3}$　(2) $\frac{2\sqrt{3}}{3}$　(3) $1+\sqrt{3}$

5 (1) 14　(2) 97　(3) $\frac{49}{11}$

1〔独立小問集合題〕

(1)＜**数の計算**＞与式$=\frac{3}{10}\div\frac{16}{25}-3\times\left(\frac{1}{4}\right)^3=\frac{3}{10}\times\frac{25}{16}-3\times\frac{1}{64}=\frac{15}{32}-\frac{3}{64}=\frac{30}{64}-\frac{3}{64}=\frac{27}{64}$

(2)＜**連立方程式**＞$5x-\frac{1}{2}y=-6$……①，$y=4x+6$……②とする。②を①に代入して，$5x-\frac{1}{2}(4x+6)=-6$，$5x-2x-3=-6$，$3x=-3$　$\therefore x=-1$　これを②に代入して，$y=4\times(-1)+6$　$\therefore y=2$

(3)＜**数の計算**＞与式$=xy(x^2-y^2)=xy(x+y)(x-y)$となる。$x=\sqrt{6}+\sqrt{2}$，$y=\sqrt{6}-\sqrt{2}$より，$xy=(\sqrt{6}+\sqrt{2})(\sqrt{6}-\sqrt{2})=(\sqrt{6})^2-(\sqrt{2})^2=6-2=4$，$x+y=(\sqrt{6}+\sqrt{2})+(\sqrt{6}-\sqrt{2})=2\sqrt{6}$，$x-y=(\sqrt{6}+\sqrt{2})-(\sqrt{6}-\sqrt{2})=\sqrt{6}+\sqrt{2}-\sqrt{6}+\sqrt{2}=2\sqrt{2}$だから，与式$=4\times2\sqrt{6}\times2\sqrt{2}=16\times2\sqrt{3}=32\sqrt{3}$となる。

(4)＜**二次方程式の応用**＞長さ16cmの針金を折り曲げて長方形をつくるので，縦と横の長さの和は，$16\div2=8$となる。長方形の縦の長さを$x$cmとすると，横の辺の長さは$8-x$cmとなり，長方形の面積が10cm²であることから，$x(8-x)=10$が成り立つ。これを解くと，$x^2-8x+10=0$となり，解の公式を用いて，$x=\frac{-(-8)\pm\sqrt{(-8)^2-4\times1\times10}}{2\times1}=\frac{8\pm\sqrt{24}}{2}=\frac{8\pm2\sqrt{6}}{2}=4\pm\sqrt{6}$となる。$x=4+\sqrt{6}$のとき$8-x=8-(4+\sqrt{6})=4-\sqrt{6}$，$x=4-\sqrt{6}$のとき$8-x=8-(4-\sqrt{6})=4+\sqrt{6}$であり，$4+\sqrt{6}>4-\sqrt{6}$だから，長い方の辺の長さは$4+\sqrt{6}$cmである。

(5)＜**一次方程式の応用**＞加える食塩の量をxgとする。10％の食塩水180gに含まれる食塩の量は，$180\times\frac{10}{100}=18$(g)である。この食塩水に食塩を$x$g加えて20％の食塩水をつくるので，20％の食塩水に含まれる食塩の量は，$18+x$gとなる。また，20％の食塩水は$180+x$gできるので，含まれる食塩の量は，$(180+x)\times\frac{20}{100}=36+\frac{1}{5}x$(g)とも表せる。よって，$18+x=36+\frac{1}{5}x$が成り立つ。これを解くと，$90+5x=180+x$，$4x=90$，$x=\frac{45}{2}$(g)となる。

(6)＜**空間図形―体積**＞投影図で表された立体は，右図1のような，円錐と円柱を合わせたものになる。円錐は，底面の直径が6cmより，半径は$\frac{1}{2}\times6=3$であり，高さが6cmなので，体積は，$\frac{1}{3}\times\pi\times3^2\times6=18\pi$となる。また，円柱は，底面の半径が3cm，高さが5cmなので，体積は，$\pi\times3^2\times5=45\pi$となる。よって，求める体積は，$18\pi+45\pi=63\pi$ (cm³)である。

図1
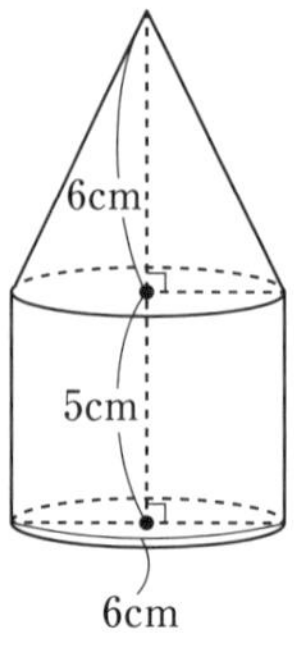

(7)＜**関数―変化の割合**＞関数$y=\frac{1}{x}$において，$x=-5$のとき$y=\frac{1}{-5}=-\frac{1}{5}$，$x=-2$のとき$y=\frac{1}{-2}=-\frac{1}{2}$となる。$x$の値が$-5$から$-2$まで増加するとき，

xの増加量は$-2-(-5)=3$，yの増加量は$-\dfrac{1}{2}-\left(-\dfrac{1}{5}\right)=-\dfrac{3}{10}$だから，変化の割合は，
$\dfrac{〔y\text{の増加量}〕}{〔x\text{の増加量}〕}$=〔$y$の増加量〕÷〔$x$の増加量〕$=-\dfrac{3}{10}\div3=-\dfrac{1}{10}$となる。

(8)**＜平面図形―長さ＞**右図2のように，円の中心をP，円PとOA，OB，$\overset{\frown}{AB}$の接点を，それぞれQ，R，Sとし，点Pと4点O，Q，R，Sを結ぶ。PQ＝PR，PO＝PO，∠PQO＝∠PRO＝90°より，△OPQ≡△OPRとなるから，$\angle POQ=\angle POR=\dfrac{1}{2}\angle AOB=\dfrac{1}{2}\times60^\circ=30^\circ$となる。これより，△OPQは3辺の比が$1:2:\sqrt{3}$の直角三角形となるので，OP＝2PQ＝2×3＝6となる。また，PS＝PQ＝3であり，3点O，P，Sは一直線上にあるので，OS＝OP＋PS＝6＋3＝9となる。よって，おうぎ形OABの半径は9cmだから，$\overset{\frown}{AB}=2\pi\times9\times\dfrac{60^\circ}{360^\circ}=3\pi$となり，OA＝OB＝OS＝9より，おうぎ形OABの周の長さは，$\overset{\frown}{AB}$＋OA＋OB$=3\pi+9+9=3\pi+18$(cm)である。

図2

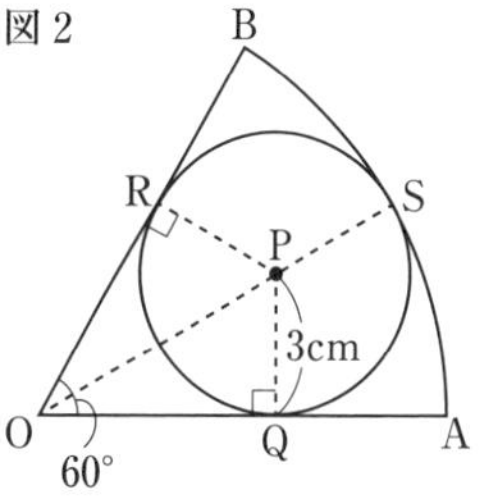

2 **〔関数―関数$y=ax^2$と一次関数のグラフ〕**

(1)**＜座標＞**右図で，点Aは直線$y=ax$上にあり，x座標は4なので，y座標は$y=a\times4=4a$より，A$(4,\ 4a)$と表せる。点Pのy座標は点Aのy座標と等しいので，$4a$である。点Pは放物線$y=ax^2$上にあるので，$4a=ax^2$より，$x^2=4$，$x=\pm2$となる。点Pのx座標は負なので，-2となる。

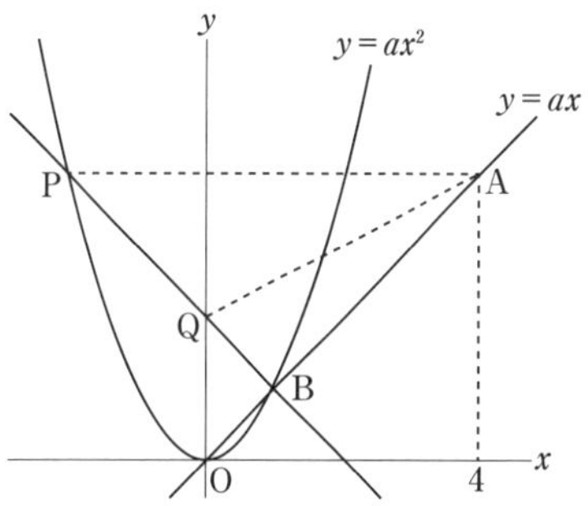

(2)**＜座標＞**右図で，(1)より，P$(-2,\ 4a)$である。また，点Bは放物線$y=ax^2$と直線$y=ax$の交点だから，$ax^2=ax$，$x^2=x$，$x^2-x=0$，$x(x-1)=0$より，$x=0$，1となり，点Bのx座標は1である。y座標は$y=a\times1^2=a$となるので，B$(1,\ a)$である。2点P，Bの座標より，直線PBの傾きは，$\dfrac{a-4a}{1-(-2)}=\dfrac{-3a}{3}=-a$なので，その式は$y=-ax+b$とおける。点Bを通るので，$a=-a\times1+b$，$b=2a$となる。切片が$2a$なので，点Qの$y$座標は$2a$である。

(3)**＜比例定数＞**右上図で，A$(4,\ 4a)$，P$(-2,\ 4a)$だから，APはx軸に平行であり，AP＝$4-(-2)=6$である。(2)より，点Bのy座標はaだから，△APBは，底辺をAPと見ると高さは$4a-a=3a$となり，△APB$=\dfrac{1}{2}\times6\times3a=9a$となる。また，点Qの$y$座標は$2a$だから，△APQは，底辺をAPと見ると高さは$4a-2a=2a$となり，△APQ$=\dfrac{1}{2}\times6\times2a=6a$となる。よって，△AQB＝△APB－△APQ$=9a-6a=3a$と表せる。△AQB＝12より，$3a=12$が成り立ち，$a=4$となる。

3 **〔データの活用―場合の数・確率〕**

(1)**＜場合の数＞**全ての種類の硬貨を1枚以上使って80円を支払うので，使う50円玉は1枚である。このとき，80－50×1＝30より，10円玉と5円玉を使って30円を支払うことになるので，(10円玉，5円玉)＝(1枚，4枚)，(2枚，2枚)となり，支払う方法は2通りとなる。

(2)**＜場合の数＞**使う50円玉の枚数をx枚，10円玉の枚数をy枚，5円玉の枚数をz枚とすると，540円を支払うので，$50x+10y+5z=540$が成り立ち，$10x+2y+z=108$となる。ただし，3種類の硬貨はいずれも10枚ずつあるので，x，y，zは0以上10以下の整数である。$x=10$のとき，$10\times10+2y+z=108$より，$2y+z=8$だから，0以上10以下の整数y，zは$(y,\ z)=(0,\ 8)$，$(1,\ 6)$，$(2,\ 4)$，$(3,\ 2)$，$(4,\ 0)$の5通りある。$x=9$のとき，$10\times9+2y+z=108$より，$2y+z=18$だから，0

以上10以下の整数 y，z は $(y,\ z)=(4,\ 10)$，$(5,\ 8)$，$(6,\ 6)$，$(7,\ 4)$，$(8,\ 2)$，$(9,\ 0)$ の6通りある。同様にして，$x=8$ のとき，$10\times8+2y+z=108$ より，$2y+z=28$ だから，$(y,\ z)=(9,\ 10)$，$(10,\ 8)$ の2通りある。$x=7$ のとき，$10\times7+2y+z=108$ より，$2y+z=38$ となるが，$2y+z$ の値は最大で $2\times10+10=30$ だから，$2y+z=38$ となる y，z はない。$x\leqq6$ のときも，y，z はない。以上より，$10x+2y+z=108$ を満たす0以上10以下の整数 x，y，z の組は $5+6+2=13$(通り)だから，540円を支払う方法は13通りとなる。

(3)＜**確率**＞硬貨は全部で $10\times3=30$(枚)あるので，この中から続けて2枚の硬貨を取り出すとき，1枚目は30通り，2枚目は29通りより，取り出し方は全部で，$30\times29=870$(通り)ある。このうち，取り出した2枚の硬貨の合計金額が3の倍数になるのは，$50+10=60$，$10+5=15$ より，50円玉と10円玉を取り出すときか，10円玉と5円玉を取り出すときである。50円玉と10円玉を取り出すとき，1枚目が50円玉，2枚目が10円玉となる取り出し方は $10\times10=100$(通り)，1枚目が10円玉，2枚目が50円玉となる取り出し方も同様に100通りだから，$100+100=200$(通り)ある。10円玉と5円玉を取り出すときも同様に200通りある。よって，2枚の硬貨の合計金額が3の倍数となるのは $200\times2=400$(通り)あるので，求める確率は $\dfrac{400}{870}=\dfrac{40}{87}$ となる。

4〔空間図形—立方体〕

≪**基本方針の決定**≫(1)　△AFC は正三角形である。　(2)　三角錐 ABCF の体積を利用する。
(3)　EQ，QP を含む2つの面の展開した図を用いる。

(1)＜**面積**＞右図1で，△AEF は $\mathrm{AE}=\mathrm{EF}=2$ の直角二等辺三角形なので，$\mathrm{AF}=\sqrt{2}\mathrm{AE}=\sqrt{2}\times2=2\sqrt{2}$ となる。同様に，$\mathrm{AC}=\mathrm{CF}=\mathrm{AF}=2\sqrt{2}$ となるので，△AFC は正三角形となる。点Cから辺 AF に垂線 CM を引くと，△ACM は3辺の比が $1:2:\sqrt{3}$ の直角三角形となるから，$\mathrm{CM}=\dfrac{\sqrt{3}}{2}\mathrm{AC}=\dfrac{\sqrt{3}}{2}\times2\sqrt{2}=\sqrt{6}$ となり，$\triangle\mathrm{AFC}=\dfrac{1}{2}\times\mathrm{AF}\times\mathrm{CM}=\dfrac{1}{2}\times2\sqrt{2}\times\sqrt{6}=2\sqrt{3}$ となる。

図1
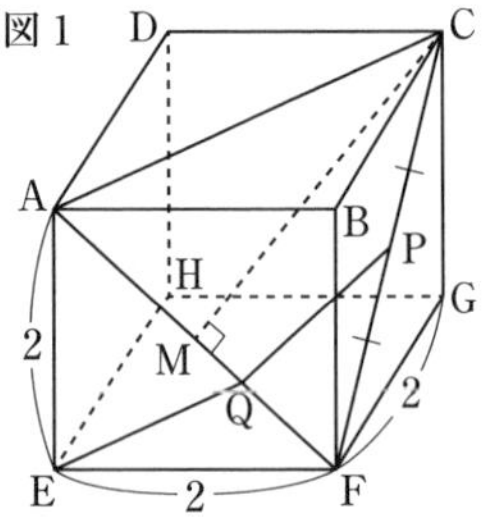

(2)＜**長さ**＞右上図1で，立体①は，三角錐 ABCF である。三角錐 ABCF は，△ABF を底面とすると，BC が高さとなるので，体積は，$\dfrac{1}{3}\times\triangle\mathrm{ABF}\times\mathrm{BC}=\dfrac{1}{3}\times\left(\dfrac{1}{2}\times2\times2\right)\times2=\dfrac{4}{3}$ である。三角錐 ABCF の底面を△AFC としたときの高さを h とすると，(1)より，$\triangle\mathrm{AFC}=2\sqrt{3}$ なので，体積について，$\dfrac{1}{3}\times\triangle\mathrm{AFC}\times h=\dfrac{4}{3}$ より，$\dfrac{1}{3}\times2\sqrt{3}\times h=\dfrac{4}{3}$ が成り立つ。これを解いて，$h=\dfrac{2\sqrt{3}}{3}$ となる。

(3)＜**長さ—相似**＞EQ，QP を含む面 AEF，面 AFC を右図2のように展開する。EQ＋QP が最小となるのは，3点E，Q，Pが一直線上に並ぶときだから，EQ＋QP の最小値は線分 EP の長さとなる。△AFC が正三角形で，CM⊥AF だから，点Mは線分 AF の中点である。点Eと点Mを結ぶと，△AEF が直角二等辺三角形より，EM⊥AF となる。よって，3点C，M，Eは一直線上の点となる。$\mathrm{PF}=\dfrac{1}{2}\mathrm{CF}=\dfrac{1}{2}\times2\sqrt{2}=\sqrt{2}$ より，$\mathrm{PF}:\mathrm{EF}=\sqrt{2}:2=1:\sqrt{2}$ であり，$\mathrm{EF}:\mathrm{CF}=2:2\sqrt{2}=1:\sqrt{2}$ だから，PF：EF＝EF：CF である。また，∠EFP＝∠CFE なので，△EFP∽△CFE である。よって，$\mathrm{EP}:\mathrm{CE}=\mathrm{PF}:\mathrm{EF}=1:\sqrt{2}$ となるから，$\mathrm{EP}=\dfrac{1}{\sqrt{2}}\mathrm{CE}$ である。(1)より，$\mathrm{CM}=\sqrt{6}$ であり，△AEM は直角二等辺三角形となるから，$\mathrm{EM}=\mathrm{AM}=\dfrac{1}{2}\mathrm{AF}=\dfrac{1}{2}\times2\sqrt{2}=\sqrt{2}$ である。したがって，$\mathrm{CE}=\mathrm{CM}+\mathrm{EM}=\sqrt{6}+\sqrt{2}$ となるから，

図2
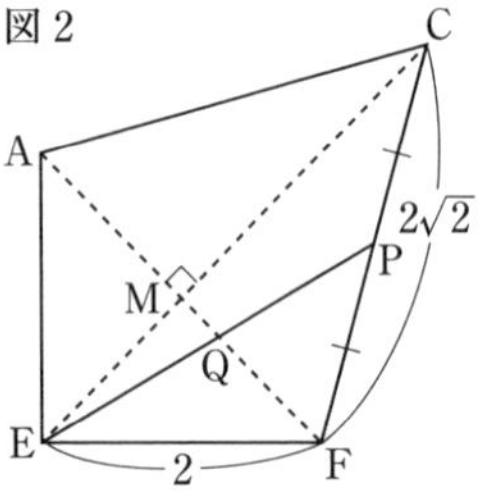

$EP=\dfrac{1}{\sqrt{2}}\times(\sqrt{6}+\sqrt{2})=1+\sqrt{3}$ となり，EQ＋QP の最小値は $1+\sqrt{3}$ である。

5 〔数と式―数の性質〕

(1)＜**数の計算**＞《14》は14の約数の個数，《48》は48の約数の個数を表す。14の約数は，1，2，7，14 の4個だから，《14》$=4$ であり，48の約数は，1，2，3，4，6，8，12，16，24，48の10個だから，《48》$=10$ である。よって，《14》＋《48》$=4+10=14$ となる。

(2)＜**最大値**＞《A》$=2$ より，A の約数の個数は2個である。約数が2個の自然数は素数だから，A は素数である。2けたの素数で最大のものは97なので，A の最大値は97である。

(3)＜**最大値**＞B，C は2けたの自然数だから，約数は2個以上ある。つまり，《B》$=1$，《C》$=1$ になることはないので，《B》×《C》$=6$ が成り立つとき，(《B》，《C》)$=(2,\ 3)$，$(3,\ 2)$ である。$\dfrac{B}{C}$ の最大値を求めるので，最大の B，最小の C を考える。《B》$=2$，《C》$=3$ のとき，最大の B は，(2)より，$B=97$ である。C は約数の個数が3個の自然数だから，素数を2乗したものであり，最小の C は，$C=5^2=25$ となる。このとき，$\dfrac{B}{C}=\dfrac{97}{25}$ となる。次に，《B》$=3$，《C》$=2$ のとき，最大の B は，$B=7^2=49$ であり，最小の C は，$C=11$ なので，$\dfrac{B}{C}=\dfrac{49}{11}$ となる。よって，$\dfrac{97}{25}<\dfrac{49}{11}$ より，$\dfrac{B}{C}$ の最大値は $\dfrac{49}{11}$ である。

国語解答

一 問一 a 言及 b さまた c 代替 d 皮肉 e けんちょ

問二 Ⅰ…ウ Ⅱ…ア Ⅲ…イ Ⅳ…オ

問三 不安に駆ら～められない［から。］

問四 イ 問五 ウ

問六 ［緊急事態宣言の発令やロックダウン政策が，］人々に心理的な「安心」を与え，自分たちの「安全」，つまり生命・健康を守るため，自分たちへの「規律」が必要だと考えたから。(60字)

問七 ア 問八 激化した。

問九 ア…B イ…B ウ…A エ…A オ…B

二 問一 ①…エ ⑫…ア ⑭…ウ

問二 イ→カ→ウ 問三 ウ

問四 ④ あたい ⑨ いうよう

問五 笛得させむ

問六 ⑥…オ ⑦…ウ ⑧…ア

問七 俊綱に無実の罪を着せられ，拷問されそうになったこと。(26字)

問八 エ

問九 成方が大丸の笛を壊したと思いこんだから。

問十 ア…B イ…B ウ…A エ…B

三 問一 ① 遺 ② 極 ③ 漠 ④ 潮 ⑤ 等

問二 ①…ウ ②…ウ ③…ア

問三 ① 目 ② 鼻 ③ 足

問四 ①…カ ②…イ ③…ア ④…ウ

問五 ①…コ ②…イ ③…オ ④…カ ⑤…ア

一〔論説文の読解─社会学的分野─現代社会〕出典；杉田敦「コロナと権力」(村上陽一郎編『コロナ後の世界を生きる─私たちの提言』所収)。

≪本文の概要≫ミシェル・フーコーは，権力について考える際に，感染症の歴史にふれ，感染力の違いに応じた三つの感染症対策が，「法」の権力，「規律」の権力，「統治」の権力という，それぞれ異なる権力のあり方に対応すると考えた。今回のコロナウイルスについては，「検疫」的な「規律」という「時代錯誤的」ともいえる対策が世界中で採用され，各地で国境封鎖が行われた。不安に駆られた私たちは，「壁」をつくるという「積極的」な措置を受け入れたが，感染は拡大し，「検疫」政策の副作用として社会の中に分断が生じた。自分たちの権利が政府の権力によって制限される政策は容認しがたいはずだが，ロックダウンに際し，人権意識の強い国でも政府による行動制限が受け入れられたのは，罰則が厳しいからではなく，生命や健康を守るために，自分たちへの「規律」が必要だと多くの人々が認めたからである。しかし，ウイルスが国境を越えて広がる以上，一国内での収束は真の終息にはつながらない。感染拡大は，グローバルな連帯の意義を私たちが再確認するきっかけとなる可能性もある。

問一＜漢字＞a．「言及」は，話がその事柄にふれること。 b．音読みは「妨害」などの「ボウ」。 c．「代替」は，それに見合う他のものでかえること。 d．「皮肉」は，遠回しな，意地の悪い非難のこと。 e．「顕著」は，はっきりと目につくこと。

問二＜接続語＞Ⅰ．ハンセン病は感染力が弱かったので，感染者を隔離する対策がとられたが，中世に大流行したペストはより感染力が強かったので，感染者を隔離するだけではなく，感染地域を封鎖する検疫という技術が用いられた。 Ⅱ．フーコーは，三つの感染症対策が，何かを禁止する

「法」の権力，個人の行動を変える「規律」の権力，ならびに，人口全体にはたらきかける「統治」の権力に対応すると考えた。　Ⅲ．中国からの航空便を停止するというトランプ氏の措置を批判したのは中国とWHOだけだったが，そうはいうものの，メキシコ人たちが，アメリカ合衆国からの感染を恐れて，国境を実力で封鎖しようとするという，トランプ氏にとって皮肉な事態も生じた。Ⅳ．政府主導の感染症対策を一概に否定できないのは，私たちが生存し，健康な生活を行うという重大な権利を守るためには，政府の権力には一定の役割があるからだが，さらには，一般論として，政府の権力をやみくもに否定することは，行動制限を早期に打ちきり，経済を「回す」べきだという声が噴出するといった，市場の暴走を招き寄せかねない。

問三＜文章内容＞地域外からの人の流れを遮断する「壁」をつくっても，ウイルスは「壁」を乗り越えて感染は広がる。それでも，私たちは不安に駆られ，何らかの「積極的」な措置をなかなか諦められないために，個人の行動を変える「検疫」的な「規律」という「時代錯誤的」な対策を受け入れた。

問四＜文章内容＞「検疫」政策によって，私たちは，地域や職種，人種，年齢，性別などから行動を予測し，より危険と思われる部分との接触を断とうとするようになった。つまり，「検疫」政策の「副作用」として，社会の中に「分断」が持ち込まれたのである。

問五＜文章内容＞スウェーデンは，「人口の相当部分までの感染拡大をあえて許容することで，免疫獲得者を増やして収束させるという戦略」，つまり，人口全体にはたらきかけを行う「統治」の権力を用いた。

問六＜文章内容＞「規律」の権力による緊急事態宣言の発令やロックダウン政策は，個人の自由を制限するものではあるが，私たちに心理的な「安心」を与えるだけではなく，一定程度ではあるが「安全」をもたらす効果もあるので，私たちは，自分たちの生命・健康を守るためには，「規律」が必要だと認めた。

問七＜文章内容＞「権利擁護」の観点から政府を批判する人たちは，ロックダウンは個人の自由を制限するものなので行動制限を打ちきるべきだと主張する。一方，市場経済を重視する新自由主義者たちは，経済を「回す」ために行動制限を早期に打ちきるべきだと主張する。つまり，両者の立場は違っているが，結果的には，行動制限を打ちきるべきだという点では一致している。

問八＜文脈＞「検疫」政策によって，人々は，地域や職種，人種，年齢，性別などから行動を推測し，より危険と思われる部分との接触を断とうとするようになる。例えば，ペスト流行時には，ユダヤ人迫害が激化したし，今回のコロナウイルスでも，欧米では東洋人差別が横行し，日本でも，東京のような「汚染地域」から移動してきた人々への差別が深刻な問題となった。

問九＜要旨＞コロナウイルスの感染拡大に対して，スウェーデンなどの一部の国を除いて，「検疫」的な「規律」という「時代錯誤的」ともいえる対策が世界中で採用されたが(**ウ**…A)，人権意識の強い諸国でも強権的な国家でも，その政策は受け入れられた(**イ**…B)。接触を制限する「壁」をつくっても，ウイルスに必ず乗り越えられてしまうが(**エ**…A)，行動の制限は自分たちの生命・健康を守る効果があるという理由で，人々は隔離政策に従ったり，耐えたりしたのである。だから，もしある国の政府が，感染症対策が進んだことを「成功体験」として他の問題でも国民を従わせることができると考えたとしたら，それは誤りであるし，その政府は能力を厳しく問われることになる(**オ**…B)。また，ウイルスの発生地を「悪」とし，感染拡大の原因を自分たちの外部に見出そうとする傾向も見られ，グローバル化にブレーキがかかることも懸念されるが，ウイルスが国境を越えて広がる以上，今回の感染拡大は，グローバルな連帯の意義を再確認するきっかけとなりうる(ア…B)。

二〔古文の読解―説話〕出典；『十訓抄』七ノ二十五。

≪**現代語訳**≫成方という笛吹きがいた。御堂入道殿から，大丸という笛を頂いて，吹いていた。すばらしいものなので，伏見修理大夫俊綱朝臣が欲しがって，千石の米で買おうと言ったが，(成方が)売らなかったので，(俊綱は)だまして使いの者をやり，「(成方が)売ろうということを言った」と，つくりごとを言うように言いつけておいてから，成方をお呼びになり，「笛を(私に)得させようと言ったとのこと。(私の)本望である」と喜んで，「値段は(お前の)望みに任せよう」と言い，(さらに)「是非とも買おう」と言ったので，成方は顔から血の気が失せ，「そのようなことは申していません」と言う。

(そこで俊綱は)この使いの者をお呼びになり，お尋ねになると，「(成方殿は)確かに申しました」と言うので，俊綱は大いに怒り，「人を欺いてだますとは，その罪は軽くないことだ」と言って，(成方を)役人の詰め所へやり，(拷問の道具である)木馬に乗せようとする間に，成方は，「身のお暇を頂いて，この笛を持って参りましょう」と言ったので，(俊綱は)人をつけて行かせた。(成方は)帰ってきて，腰から笛を抜き出して言うには，「この(笛の)せいでこのような目に遭うのだ。薄情な笛だ」と言って，軒先に下りていって石を取り，(笛を)灰のように打ち砕いた。

俊綱は，笛を手に入れようと思う心の欲深さのために，いろいろと偽りつくろった。今となっては言ってもどうしようもないので，(成方を)罰する必要もなくなり，放免した。後で聞いたところでは，(成方は)別の笛を大丸だといって打ち砕いて，本物の大丸はさしさわりなく，吹き続けたので，俊綱が馬鹿げていたこととして(この話は)終わってしまった。はじめ(俊綱は)ひどく気が立ったけれども，最後には(成方に)出し抜かれてしまった。

問一＜古語＞①「めでたし」は，立派だ，すばらしい，という意味。　⑫「言ふかひなし」は，ここでは，言ってもどうしようもない，という意味。　⑭「ゆゆし」は，ここでは，ひどい，はなはだしい，という意味。

問二＜古典文法＞単語で分けると，「売る(動詞)，べき(助動詞)，由(名詞)」となる。

問三＜古文の内容理解＞俊綱は，成方が笛を手放して自分に譲ろうというのは，自分の願いにかなっていると喜んだ。

問四＜歴史的仮名遣い＞④歴史的仮名遣いの語頭以外の「はひふへほ」は，現代仮名遣いでは原則として「わいうえお」になる。　⑨歴史的仮名遣いの「au」の音は，現代仮名遣いでは「ou」になる。

問五＜古文の内容理解＞成方は，笛を俊綱に譲るなどとは言った覚えがないので，そのようなことは言っていないと言った。

問六＜古文の内容理解＞⑥俊綱に尋ねられた「使ひ」は，成方は確かに笛を売ると言ったと答えた。　⑦怒った俊綱は，拷問にかけるため成方を木馬に乗せようとした。　⑧成方は，笛を取りに家に行って帰ってきた。

問七＜古文の内容理解＞成方は，思いあたることがないのに拷問にかけられそうになったので，その原因となった笛を壊すことにした。

問八＜古文の内容理解＞俊綱は，大丸を手に入れようとする欲深い心によって，使いの者にうその証言をさせるなど，いろいろな偽りを企てた。

問九＜古文の内容理解＞俊綱は，成方が大丸を壊したと思い込んだので，今さら罰を与えてもどうしようもないと思った。

問十＜古文の内容理解＞俊綱は，大丸を手に入れるために，使いの者に，成方が笛を売ると言ったといううそをつかせたが(ア…Ｂ)，成方は言った覚えがないと言った。怒った俊綱は，成方を拷問にかけようとしたが，その直前に，家に笛を取りに行って帰ってきた成方は，笛のせいでつらい思いをするのだと言い，笛を壊した(イ…Ｂ)。しかし，実際に壊したのは大丸ではない別の笛だったので，成方は俊綱を出し抜いたことになった(ウ…Ａ，エ…Ｂ)。

三〔国語の知識〕

問一＜語句＞①「形見」と「遺品」は，故人にゆかりのある物のこと。　②「天国」と「極楽」は，苦難のない安楽な世界のこと。　③「曖昧」と「漠然」は，内容や範囲がはっきりしない様子のこと。　④「傾向」は，物事の大勢が特定の方向に傾くこと。「風潮」は，世間の推移につれて動いていく世の中の様子のこと。　⑤「対等」と「互角」は，力量や優劣の差がないこと。

問二＜品詞＞①「険しそうだ」と「おいしそうだ」の「そうだ」は，様態の意味を表す助動詞。「そうだ，明日は公園に行こう」の「そうだ」は，感嘆を表す。「あるそうだ」の「そうだ」は，伝聞の意味を表す助動詞。　②「本だ」と「ことだ」の「だ」は，断定の意味を表す助動詞。「読んだ」の「だ」は，過去・完了などの意味を表す助動詞「た」が濁ったもの。「ようだ」の「だ」は，たとえの意味を表す助動詞の一部。　③「信じられない」と「降らない」の「ない」は，打ち消しの意味を表す助動詞。「お金がない」の「ない」は，形容詞。「少ない」の「ない」は，形容詞の一部。

問三＜慣用句＞①「目が肥えている」は，よいものを見慣れていて価値を見分ける力がある，という意味。「目を皿にする」は，驚いたりものを探したりするときに目を大きく見開く，という意味。「目を細める」は，うれしく感じてほほえむ，という意味。　②「鼻で笑う」は，見下して笑う，という意味。「鼻が高い」は，誇らしげで得意な気持ちである様子。「鼻を明かす」は，出し抜いて驚かせる，という意味。　③「足が出る」は，赤字になる，または，隠していたことが明らかになる，という意味。「足がつく」は，隠していたことが明らかになる，という意味。「足を引っ張る」は，他の人たちの妨げとなる，という意味。

問四＜語句＞ア．「ヒエラルキー」は，ピラミッド型の階層組織のこと(…③)。　イ．「ローカル」は，ある地方特有の物や状態のこと(…②)。　ウ．「アンチテーゼ」は，反対の意見や理論のこと(…④)。　エ．「コンセプト」は，概念のこと。　オ．「ジェンダー」は，社会的・文化的につくられる性別の差異のこと。　カ．「ホスピタリティ」は，人を手厚くもてなす態度のこと(…①)。　キ．「アイロニー」は，皮肉のこと。　ク．「パラダイム」は，ある時代において支配的なものの考え方のこと。

問五＜文学史＞①『人間失格』は，昭和23(1948)年に発表された太宰治の小説。　②『徒然草』は，鎌倉時代に成立した随筆で，作者は兼好法師。　③『源氏物語』は，平安時代に成立した物語で，作者は紫式部。　④『こころ』は，大正３(1914)年に発表された夏目漱石の小説。　⑤『ノルウェイの森』は，昭和62(1987)年に発表された村上春樹の小説。

Memo

Memo

Memo

2021年度 駒澤大学高等学校

【英　語】（50分）〈満点：100点〉

※問題1はリスニング問題です。A～Cの3種類の問題があります。試験開始から約40分後に実施します。なお，あらかじめ問題を読んでおくことは構いません。

1　リスニング問題

A　この問題では，英語の文章と質問文が放送されます。各質問文に対する最も適切な答えをそれぞれ解答欄に英語で記入しなさい。英文は2回放送されます。

(1)

(2)

(3)

B　この問題では，短い英語が放送されます。各文に対する返答として最も適切な答えを，それぞれ①～④の中から1つ選び，解答欄にマークしなさい。英文は2回放送されます。

(4)　① Where is the main gate?　② Thank you, but I can do it.
　③ Yes, I am.　④ Of course they are.

(5)　① How much is it?　② Here you are.
　③ When did you buy it?　④ Don't worry.

(6)　① That's too bad.　② That's cool.
　③ Why are you leaving?　④ When did you come?

C　この問題では，学校内での携帯電話・インターネットの使用についての話が英語で放送されます。英語を聞き，以下の問いに答えなさい。なお，英文は2回放送されます。

問1　次の文が，放送された英文の要約になるように，空所に適語を入れなさい。

(7)　You can use the Internet in a computer room but not in a (　　).

(8)　In a computer room, think about other (　　) and use the Internet only for your homework.

(9)　Students' homework must be their (　　) work.

問2　次の質問に対する答えとして最も適切なものを1つ選び，解答欄にマークしなさい。

(10)　Why is it bad to copy from the Internet?
　① Because it is thought as stealing.　② Because it costs too much money.
　③ Because the computer will be damaged.　④ Because the school can find out.

※＜**リスニング問題放送原稿**＞は英語の問題の終わりに付けてあります。

2　下線部の発音が他と異なるものを1つずつ選び，その番号を解答欄にマークしなさい。

(11)　① heart　② early　③ learn　④ search

(12)　① alive　② climb　③ invite　④ children

3　次の単語において，最も強く発音される箇所を1つずつ選び，その番号を解答欄にマークしなさい。

(13)　with・out（①with ②out）

(14)　vol・un・teer（①vol ②un ③teer）

(15)　tra・di・tion・al（①tra ②di ③tion ④al）

4 英文の空所に入れるのに最も適切なものを１つずつ選び，その番号を解答欄にマークしなさい。

(16) "Did you find your key?" "Yes. It took me a long time, but finally I ( ) find it."

① had better ② should ③ was able to ④ would

(17) Would you bring me ( )?

① cold something to drink ② to drink cold something

③ something to drink cold ④ something cold to drink

(18) He and his brother have never been to Tokyo, ( )?

① isn't it ② have they ③ haven't they ④ have you

(19) I am looking forward ( ) a chance to talk to you.

① have ② to have ③ having ④ to having

(20) The girl ( ) with a dog is my friend.

① running ② is running ③ ran ④ runs

5 英文の( )に入る適切な語を答えなさい。

(21) This sweater looks good. Can I ( ) it on?

(22) Please ( ) care of my cat when I am away.

(23) Study hard, ( ) you'll pass the examination.

(24) To ( ) your dream come true, you should do your best.

(25) It is important ( ) you to help old people.

6 日本語の意味に合うように，下の①～⑦の語(句)を並べかえて英文を完成させるとき，指定された空欄に入る語(句)の番号を解答欄にマークしなさい。**ただし，設問にはそれぞれ１つずつ不要な語(句)が含まれている。**また，文頭にくる語も小文字になっているので注意すること。

(26)・(27) 私は父に何を買ってあげたらいいかわからない。

I ( ) ( ) ((26)) ( ) ((27)) ( ) my father.

① don't ② what ③ for ④ buy ⑤ to ⑥ to ⑦ know

(28)・(29) これはなんておもしろい物語なのでしょう！

((28)) ( ) ( ) ( ) ((29)) ( )!

① an ② how ③ is ④ story ⑤ what ⑥ this ⑦ interesting

(30)・(31) その机は私が運べるほど軽いです。

The desk is ( ) ((30)) ( ) ( ) ( ) ((31)).

① light ② to ③ me ④ for ⑤ right ⑥ enough ⑦ carry

(32)・(33) マイクは北海道へ３回行ったことがある。

( ) ( ) ((32)) ( ) ((33)) ( ) times.

① to ② has ③ Mike ④ been ⑤ three ⑥ went ⑦ Hokkaido

(34)・(35) 京都は私が修学旅行で訪れた場所です。

( ) ( ) ( ) ((34)) ( ) ((35)) on my school trip.

① the place ② to ③ Kyoto ④ is ⑤ visited ⑥ I ⑦ which

7 ２つの文がほぼ同じ意味になるように，( )に適語を入れなさい。

(36) How about watching a movie tomorrow?

＝( ) ( ) a movie tomorrow, shall we?

(37) Lisa said nothing and walked out of the room.
=Lisa walked out of the room (　　) (　　) anything.

(38) "How do you say *hanabi* in English?" "We say fireworks."
="(　　) (　　) *hanabi* called in English?" "We call it fireworks."

(39) It has been a long time since I saw him last.
=I (　　) (　　) him for a long time.

(40) This computer is not as expensive as that one.
=That computer is (　　) expensive (　　) this one.

8　各対話の空所に入る適切なものを①～⑩より選び，その番号を解答欄にマークしなさい。ただし，同じ番号を複数回用いることはできない。

(41) A : Which floor are you going to?
B : [　　　　]

(42) A : How about another glass of fruit juice?
B : [　　　　] I've already had three glasses.
A : That's okay.

(43) A : That will be $19.55.
B : [　　　　]
A : Sure.

(44) A : Do you like English, Kate?
B : No. It's difficult for me to speak English.
A : [　　　　] Your English is very good.

(45) A : What's the weather going to be like for the children's Sports Day on Saturday?
B : I've only seen the weekly forecast in the paper.
A : [　　　　]
B : It looked all right. Twenty percent chance of rain, I think.

① Yes, please.
② Can I put that on a credit card?
③ That was a good year.
④ Would you mind pressing second, please?
⑤ What did it say?
⑥ I think he came here at 9 o'clock.
⑦ No, thank you.
⑧ What are you looking for?
⑨ I work on this floor.
⑩ I don't think so.

9　次の文章を読み，以下の(46)～(52)の設問に答えなさい。

She was popular and he was average. After a party, he found the courage to invite her to have coffee with him, and she (　(46)　).

They sat in a *pleasant coffee shop, but (47)<u>he was so nervous that he couldn't say anything.</u> Then he asked the waitress, "Can you bring me some salt for my coffee?"

Everybody, *including the girl, looked at him in surprise. With a red face, he felt he had to explain.

"I grew up next to the ((48)), and now the fragrance of salty coffee *reminds me of my hometown and my parents," he said, and his eyes were full of tears. (49)<u>She was touched</u>, and she started to fall in love with him.

They continued to date, and then they got married. Every morning, she would make him coffee with salt in it. Through 40 years of marriage, this was their *unchanging routine. While he was drinking salty coffee, the man looked happily at his wife as she drank her coffee with sugar in it.

But time passed, and their joyful time together was coming to an end. The man knew that he was soon going to die, and so he wrote a letter to his wife.

My dearest, (50)*please forgive me, forgive my whole life. This was the only lie I told you — the salty coffee.*

(51)

Now I'm dying, I will tell you the truth : I don't like the salty coffee. I tried to tell you the truth many times in my life, but I was too afraid. But if I could live for a second time, I would want to have you as my wife, even if I have to drink salty coffee again.

The tears fell from her eyes as she read the letter.

After her husband's death, the woman quietly drank her coffee each morning.

One day, someone asked her, "How does salty coffee taste ?"

She replied, "(　(52)　)"

＊pleasant：雰囲気の良い　＊including ～：～を含めて　＊remind ～ of …：～に…を思い出させる

＊unchanging routine：日課

(46) 空所((46))に入る語句として最も適切なものはどれか。１つ選び，番号をマークしなさい。

① was too polite to say no　② was too polite to go to the party

③ decided to say no　④ decided to go to the party

(47) 下線部(47)を日本語に訳しなさい。

(48) 空所((48))に入る単語として最も適切なものはどれか。１つ選び，番号をマークしなさい。

① river　② lake　③ sea　④ city

(49) 下線部(49)のような気持ちになった理由として最も適切なものを以下より１つ選び，番号をマークしなさい。

① She thought that he openly told her about himself.

② She felt that he put his hand on her shoulder.

③ She didn't feel that he missed his family and hometown.

④ She thought that he liked the same taste of coffee as her.

(50) 下線部(50)のような気持ちになった理由を，次の表現に合うように10字以内で簡潔に説明しなさい。

「［10字以内］ことを申し訳なく思ったから。」

(51) 空欄(51)には次の［A］～［C］の文が順不同で入る。最も適切な順番を下の①～⑥の中から１つ選び，番号をマークしなさい。

［A］ *Actually, I wanted sugar at that time, but I said salt because I was very nervous.*

［B］ *It was hard for me to change, so I put salt in my coffee and told you a lie.*

［C］ *Remember the first time we dated ?*

① ［A］→［B］→［C］　② ［A］→［C］→［B］　③ ［B］→［A］→［C］

④ ［B］→［C］→［A］　⑤ ［C］→［A］→［B］　⑥ ［C］→［B］→［A］

(52) 空所((52))に入る最も適切な文を以下より１つ選び，番号をマークしなさい。

① I'd like a cup of coffee.　② It's sweet.　③ Everyone likes it.　④ I've tried it.

10　次の文章を読み，以下の(53)～(62)の設問に答えなさい。

Do you often use Emojis as a way to communicate with your family and friends? Today, Emojis have become more and more common beyond generations and important communication tool for (53)① them. The small characters *represent the first language born in ((54)). Emojis have been popular since (53)② they first appeared on Japanese mobile phones in the late 1990s, and in the past few years (53)③ they have become an important way for people to communicate. (53)④ They show up in personal messages, press releases and even business emails. In 2015, Oxford Dictionary chose the "face with tears of joy" emoji as the "Word" of the Year. This is the first time Emoji won this award. (55) It is still the most popular Emoji in the world.

If Emojis are for everyone, then the Emoji alphabet needs to *constantly change across cultures, across screens, across time, and across the world. Today, there are thousands of Emojis representing people from different cultures, and thousands more to represent the things we *interact with in our lives. [(56)①]

The following is the story about ((57)). The first Emoji was created in 1999 by a Japanese artist Shigetaka Kurita. Mr. Kurita worked on a team for "i-mode", an early mobile Internet service for DOCOMO. He wanted to design a way to share information in a simple, but direct way. [(56)②] So Kurita drew a set of images that could be selected from a keyboard within the i-mode service. Kurita's original 176 Emojis are now part of the permanent collection at New York's Museum of Modern Art. [(56)③]

Emojis quickly became popular in Japan, as rival companies copied DOCOMO's idea. Companies outside Japan, like Apple, saw an opportunity to use Emojis on their products. Soon, there were too many Emojis. [(56)④] The Unicode Consortium is a group that took the job of selecting and organizing Emojis. The Emojis that they select became part of the universal Emoji alphabet and 3,187 Emojis in it. In total, there are 3,304 Emojis in the alphabet *as of March 2020, with ((58)) new entries decided for this year.

In the future, as the world becomes more digital, Emojis will surely become important tools for translation and communication — a language for the digital age.

＊represent ～：～を表す　＊constantly：常に　＊interact with ～：～とかかわりを持つ

＊as of ～：～の時点で

(53)　下線部(53)①～(53)④のうち，それぞれが表す内容として他の３つと異なるものを１つ選び，番号をマークしなさい。

(54)　空欄(54)に入る語句として最も適切なものを１つ選び，番号をマークしなさい。

① the digital world

② Japanese mobile phones

③ the i-mode service

④ the art world

(55)　下線部(55)が表す絵文字として最も適切なものを１つ選び，番号をマークしなさい。

① 　② 　③ 　④ 

(56)　次の英文は，本文中の[(56)①]～[(56)④]のどこに入れるのが最も適切か。１つ選び，番号をマークしなさい。

One example of it is a figure to show the weather by not spelling out "cloudy".

⑸⑺ 空欄⑸⑺に入る語句として最も適切なものを１つ選び，番号をマークしなさい。

① how Emojis were developed
② how Emojis changed our lives
③ why Emojis weren't so popular
④ why Emojis changed modern art

⑸⑻ 空欄⑸⑻に入る数字を答えなさい。

⑸⑼～⑹⑴ 次の各文が本文の内容に**合っていればT**，**合っていなければF**を解答欄にマークしなさい。

⑸⑼ Emojis were first invented over 20 years ago.

⑹⑽ Emojis only show up in personal messages between family and friends.

⑹⑴ In the future, the world will become less digital and people will not use Emojis.

⑹⑵ 本文のタイトルとして最も適切なものを１つ選び，番号をマークしなさい。

① Emojis Are Boring　　② The Year of Emoji
③ A History of Emojis　　④ Emojis : A Trend That Will End

＜リスニング問題放送原稿＞

A

(1) This is very big. The shape of this is round. This moves around the sun in space. Human beings live on this. What is this?

(2) You use this at a store. You can buy things with this. You give this to someone and they give you a product. What is this?

(3) This is something you give and receive. This is usually in a box. You get many of this on your birthday. What is this?

B

(4) Your bags look heavy. Do you need my help?

(5) I'm sorry. I forgot to bring your book.

(6) I don't feel well. I am leaving.

C We live in a world of new technology. Many of you use the Internet, mobile phones, and email. They become more and more important in our daily lives. However, when you use those things at school, there are a few rules you need to follow.

First, when you are in a classroom, you should be learning, not playing or sending messages on your phone. You are not allowed to do anything with the Internet. This is the time to talk with your classmates and teachers.

Second, when you go to a computer room, use the Internet only for research on your homework or school projects. I do not want you to be playing games or checking your emails. If you play games or check emails, students who need the computers for a research can't use them. You must respect others.

Last, when you do research on the Internet, do not copy anything from the Internet for your homework. Copying from the Internet means that you steal someone's idea or work without asking. So, you need to make your own work. The school can find out if you copied.

【数　学】（50分）〈満点：100点〉

1　(1)　$(1.5x^2y)^2 \div (-3xy^2)^3 \times (-12x^2y^4)$ を計算しなさい。

(2)　$xy-2y+x^2-x-2$ を因数分解しなさい。

(3)　$\dfrac{2}{2-\sqrt{2}}$ を有理化しなさい。

(4)　濃度20％の食塩水90 g に食塩20 g と水90 g を加え，食塩が全て溶けるまでかき混ぜた。この食塩水の濃度を求めなさい。

(5)　次の２組の x，y の連立方程式の解は等しい。a，b の値を求めなさい。

$$\begin{cases} 2x+y=1 \\ ax-by=3 \end{cases} \qquad \begin{cases} bx-ay=7 \\ 3x-y=9 \end{cases}$$

(6)　２つのさいころを同時に投げるとき，出た目の数の積が偶数になる確率を求めなさい。

(7)　時計の針が12時を指している。長針と短針のなす角が初めて180°になるのは何分後か求めなさい。

(8)　１辺の長さが１の正方形ABCDを，点Aを中心として時計回りに回転させ，頂点B，C，Dが移った点をそれぞれB′，C′，D′とする。３点C，B′，D′が一直線上にあるとき，正方形の通過した部分の面積を求めなさい。ただし，円周率を π とする。

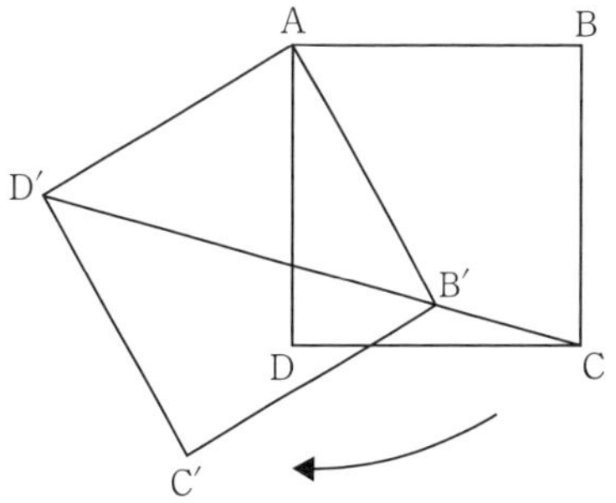

2　下の図において，①は放物線 $y=ax^2\ (x \geqq 0)$，②は直線 $y=8$ であり，２つの円の中心A，Bは①上にある。円Aは x 軸，y 軸および②に接していて，円Bは y 軸および②に接している。また，③は２つの円AとBに接する直線であり，③と y 軸との交点をC，③と円Bとの接点をDとする。このとき，次の問いに答えなさい。ただし，Oは原点とする。

(1)　a の値を求めなさい。

(2)　点Bの座標を求めなさい。

(3)　線分CDの長さを求めなさい。

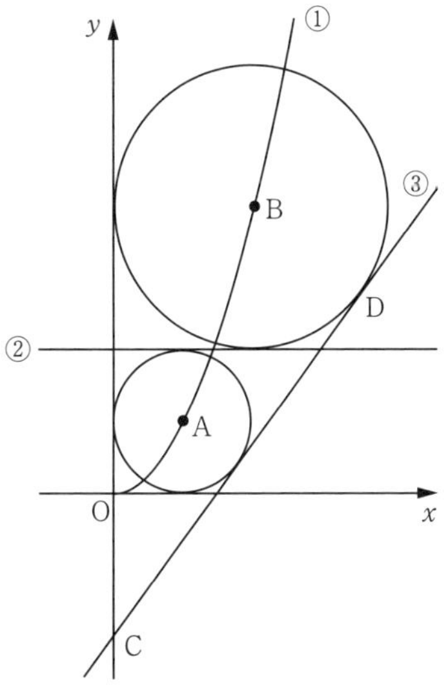

3　10段の階段があり，はじめ階段の手前に立っている。さいころを投げ，出た目の数だけ階段を上がる。ただし，10段目(最上段)を越えるときは，その分だけ階段を下りる。たとえば，8段目にいるとき，さいころを投げて出た目が5であれば7段目に移動することになり，さらにさいころを投げて出た目が2であれば9段目に移動することになる。1回目に投げたさいころの目の数をa，2回目に投げたさいころの目の数をb，3回目に投げたさいころの目の数をc，4回目に投げたさいころの目の数をdとするとき，次の問いに答えなさい。

(1)　さいころを2回投げて，最後に6段目にいるときの$(a,\ b)$の組は何通りあるか。

(2)　さいころを3回投げて，最後に4段目にいるときの$(a,\ b,\ c)$の組は何通りあるか。

(3)　さいころを4回投げて，途中2度下りることをして，最後に10段目にいるときの$(a,\ b,\ c,\ d)$の組は何通りあるか。

4　1辺の長さが1の正四面体に球が内接している。このとき，次の問いに答えなさい。

(1)　正四面体の表面積を求めなさい。

(2)　正四面体の体積を求めなさい。

(3)　内接球の半径を求めなさい。

5　xを超えない最大の整数を$[x]$で表す。たとえば，$[4.8]=4$である。このとき，次の問いに答えなさい。ただし，円周率をπとする。

(1)　$[-\pi]$を求めなさい。

(2)　$\left[\dfrac{2021}{43}\right]+\left[\dfrac{2021}{45}\right]+\left[\dfrac{2021}{47}\right]$を求めなさい。

(3)　$[\sqrt{n}\,]=10$を満たす整数nの個数を求めなさい。

② ア　健康のイ持を心掛ける。
イ　決定にイ議を唱える。
ウ　製品の調査をイ頼する。

問二　次の文の内容を表す言葉として、最も適当なカタカナ語を、それぞれ後の選択肢から選び記号で答えなさい。

① 先入観。偏見。
② 結果を参考に、その原因を修正し、調整していくこと。
③ 概念。基本理念。
④ 自由を重んじる。偏見のない。

ア　ニュートラル　　イ　バイアス
ウ　リベラル　　エ　フィードバック
オ　トレンド　　カ　コンセプト
キ　ボーダーレス　　ク　シミュレーション

問三　次の語は、どのような言葉の敬語か答えなさい。

① お目にかかる
② 存じ上げる

問四　次の意味になる四字熟語をそれぞれ漢字で答えなさい。ただし〔　〕内の漢字を含ませること。

① 出会いを一生に一度と思って大切にすること。〔会〕
② 行いの善悪に応じてむくいがあること。〔報〕
③ あるきっかけから気持ちを変えること。〔心〕

問五　次の文は日本文学作品の説明である。それぞれの作品名を後の選択肢から選び記号で答えなさい。

① 奈良時代に天武天皇の勅命で稗田阿礼や太安万侶らによって作られた歴史書。
② 醍醐天皇の勅命で紀貫之らが撰者となって作られた日本最古の勅撰和歌集。
③ 「祇園精舎の鐘の声」で始まる鎌倉時代前期に成立した軍記物語。
④ 川端康成の代表作で、主人公が旅芸人の少女に抱いた淡い恋心を描いた作品。
⑤ 主人公の時任謙作が自らの出生の秘密や、妻の過失に対して苦悩する姿を描いた作品。

ア　万葉集　　イ　古今和歌集　　ウ　新古今和歌集
エ　日本書紀　　オ　古事記　　カ　太平記
キ　平家物語　　ク　方丈記　　ケ　細雪
コ　伊豆の踊子　　サ　暗夜行路　　シ　城の崎にて

の守の判に言はく、「この事、確かの証拠なければ判じがたし。ただし、⑧共に正直の者と見えたり。夫婦また詞《ことば》変はらず、主の詞も正直に聞こゆれば、七つあらむ軟挺を尋ねて取るべし。これは六つあれば、別の人のにこそ」とて、六つながら夫婦に給はりけり。

宋朝《そうちょう》の人、いみじき成敗とぞ、あまねく⑨ほめののしりける。心直ければ、自ら天の与へて、宝を得たり。心曲がれば、※3冥《めい》のとがめにて、宝を失ふ。この理《ことわり》は少しも違ふべからず。返す返すも心浄《きよ》くすなほなるべきものなり。

（『沙石集』）

※1　軟挺…良質の銀を打ち延ばした貨幣。
※2　状…言い分。
※3　冥…目に見えない神仏。

問一　二重傍線部A「まゐらせ」の読みを現代仮名遣いのひらがなで答えなさい。

問二　傍線部①「いやしき」・③「いとほしき」・⑨「ほめののしり」の意味として最も適当なものを、それぞれ選択肢から選び記号で答えなさい。

①「いやしき」
ア　意地が悪い　　イ　身分が低い
ウ　欲が深い　　エ　病気がちな

③「いとほしき」
ア　気の毒な　　イ　かわいらしい
ウ　不快だ　　エ　めったにない

⑨「ほめののしり」
ア　口汚く悪口を言い立て
イ　周囲に大声で言いふらし
ウ　評価が分かれ
エ　大騒ぎして賞賛し

問三　□a～dのうち「の」の働きとして違うものを一つ選び記号で答えなさい。

問四　傍線部②「我等は商うて過ぐれば、事も欠けず」の解釈として最も適当なものを、選択肢から一つ選び記号で答えなさい。
ア　私たちは商売が繁盛《はんじょう》をしているので、生活に欠かすものはありません。
イ　私たちは商売を辞めてから時間が経《た》ったので、少しのお金も欠かせません。
ウ　私たちは商売をして生活をしていて、生きていくのに不足もありません。
エ　私たちは行き過ぎた商売をしているため、周囲への気配りは欠かせません。

問五　傍線部④「触れ」・⑤「得」・⑦「尋ぬる」の動作主を、それぞれ選択肢から選び記号で答えなさい。
ア　夫　　イ　妻　　ウ　主　　エ　国の守

問六　波線部①「うれしく」・②「すでに」の品詞名を、それぞれ選択肢から選び記号で答えなさい。
ア　動詞　　イ　形容詞　　ウ　形容動詞
エ　連体詞　　オ　副詞

問七　傍線部⑥「一つは隠されたるにや」とあるが、主がこのように発言した理由を、本文中から十二字で書き抜いて答えなさい。

問八　傍線部⑧「共に正直の者と見えたり」とあるが、国の守がこのように発言した理由を三十字以内で答えなさい。ただし「夫婦」「主」という言葉を必ず使うこと。

問九　本文から得られる教訓を作者はどのように言っているか。本文中から十五字以内で書き抜いて答えなさい。

三　次の語句や文学史に関する問いに答えなさい。

問一　傍線部のカタカナを漢字に直しなさい。
①
ア　センﾞ明な映像が残る。
イ　セン練された文章。
ウ　運動会で選手セン誓が行われる。

ウ　気持ちが落ち着かなくて
エ　心がひどく痛む様子で

問六　[Y]は漢字二字、[Z]は漢字一字を入れ、本文の内容に合う慣用句を完成させなさい。

問七　傍線部②「知人からのこの葉書はちがった。顔があった」と筆者が感じた理由として最も適当なものを、選択肢から一つ選び記号で答えなさい。
ア　葉書の内容や送られてくるタイミングは関係なく、葉書を送ってくれた人物が知人だとわかったから。
イ　ワープロで作成されていた文章であったが、知人特有の言葉遣いから、知人の思いが伝わったから。
ウ　怪我《けが》をしながらも、わざわざ葉書を送ってくれたのが、付き合いのある知人だとわかったから。
エ　相手の感情が読み取りにくいワープロの文章であったが、知人の素直な気持ちが伝わってきたから。
オ　直筆の手紙ではなくても、大きな震災の直後に送られてきたことで、気持ちの拠《よ》り所となったから。

問八　傍線部③「街のなかにあふれている顔の貧しさ」とあるが、街に貧しい顔があふれてしまう原因を六十五字以内で答えなさい。

問九　本文中には、次の形式段落が抜けています。この形式段落が入る箇所を探し、その箇所の次の形式段落の冒頭五字を書き抜いて答えなさい。

　あるいは、だれかがわたしを呼んでいるような感じ、とでも言ったらいいだろうか。数年前にも多くのひとが歌舞音曲を控えたことがあったが、不特定多数のひとが「仰ぎ見る」だれかではなくて、それぞれのひとがそれぞれにかけがえのない「あのひと」に思いをはせる、そういう思いつめた気配を、道行くひとの顔や背筋や指先にふと感じた。

問十　本文の内容と合っているものにはA、合っていないものにはBをそれぞれ解答欄に記入しなさい。（ただし、全て同じ記号で答えた場合は全て不正解とする。）
ア　どこから声をかけられても、人生経験や距離感覚があることで、じぶんに向けられているかがわかる。
イ　阪神・淡路大地震後、街のなかでは声を発さなくても、筆者は街中の人がどういう気持ちなのか理解できた。
ウ　〈顔〉は声の現象に近いものなので、声を何となく発しただけでも、他人に思いを伝えることができる。
エ　〈顔〉はじぶんの思いを訴えるものであり、他人を支えることもできるものである。

二

次の文章を読んで、後の問いに答えなさい。（字数を数える問いの場合は句読点や記号も含むこと。）

　近きころ、帰朝《きちょう》の僧a[の]説とて、ある人語りしは、唐に①いやしき夫婦あり。餅を売りて世を渡りけり。夫b[の]道の辺にして餅を売りけるに、人の袋を落としたりけるを見ければ、銀c[の]※1軟《なん》挺《てい》六つありけり。家に持ちて帰りぬ。

　妻、心すなほに欲なき者にて、「②我等《われら》は商うて過ぐれば、事も欠けず。こd[の]主、いかばかり嘆き求むらむ。③いとほしきことなり。主を尋ねて返し給《たま》へ」と言ひければ、「誠に」とて、あまねく④触れけるに、主と言ふ者出《い》で来て、これを⑤得て、あまりに①うれしくて、「三つをばAまゐらせむ」と言ひて、②すでに分かつべかりける時、思ひ返して、わづらひを出ださんがために、「七つこそありきに、六つあるこそ不思議なれ。⑥一つは隠されたるにや」と言ふ。「さる事なし。本より六つこそありしか」と論ずるほどに、果ては、国の守《かみ》のもとにして、これを断らしむ。

　国の守、眼賢《めさか》しくして、「この主は不実の者なり。この男は正直の者」と見ながら、不審なりければ、かの妻を召して、別の所にて、事の子細を⑦尋ぬるに、夫が※2状に少しも違はず。「この妻は極めたる正直の者」と見て、かの主、不実のこと確かなりければ、国いっても、それは見られていることを意識した規律ある顔というのとはちがう。むしろ、だれか不在のあるひとに思いをはせているという、脇から見ればそれこそ[Z]ここにあらずといった表情だった。

はじめて幼稚園に行ったとき、母親から離れてひとり集団のなかへ入っていくときの不安は、だれもが経験しているはずだ。ちらちら母親のほうをふりかえり、じぶんのほうを見るその顔を確認するだけで、はじめて別のなにかができるということが、わたしたちにはある。「ひとには、じぶんがだれかから見られているということを意識することによってはじめて、じぶんの行動をなしうるというところがある」とは、わたしの信頼する発達心理学者のことばである。

面前でじっと見つめられるというのでなくてもいい。だれかがわたしを気づかい、わたしを遠目に見守っている、そういう感触、それが〈顔〉の経験ではないか。顔とは、「呼びかけ」、あるいはささやかな「訴え」であり、見られるものではなくて与えるものだ。そしてそういう顔の存在が他人を強く力づけるのだということを、つくづく思った震災後の日々であった。

（『じぶん・この不思議な存在』鷲田清一）

出題の都合上、本文を一部改変した。

※1　新大陸…大航海時代以降に、ヨーロッパ人が新しく発見した、南北アメリカ大陸およびオーストラリア大陸のこと。
※2　貂…食肉目イタチ科テン属の哺乳類。
※3　窃視的…見ることが許されていないものを、ひそかにのぞき見ること。
※4　腱鞘炎…腱と腱鞘との摩擦で起こる炎症。
※5　苫小牧…北海道南西部の市。
※6　ワープロ…文章の作成を行う機械装置。
※7　阪急宝塚線…大阪府大阪市北区の大阪梅田駅から兵庫県宝塚市の宝塚駅を結ぶ阪急電鉄の鉄道路線。
※8　豊中…大阪府北西部の市。

問一　二重傍線部a～eについて、カタカナは漢字に直し、漢字は読み方をひらがなで答えなさい。

問二　[Ⅰ]～[Ⅳ]に当てはまる語として最も適当なものを、それぞれ選択肢から選び記号で答えなさい。（選択肢は一度ずつ使用すること）

ア　むしろ　イ　ただし　ウ　もし
エ　そして　オ　たとえば

問三　傍線部①「〈顔〉の現象」とあるが、筆者が考えている〈顔〉の現象として適当でないものを、選択肢から一つ選び記号で答えなさい。

ア　被災してしまい大変な状況の中、絶対に家族を守ると決意した思いが伝わってくる父親の背中。
イ　チーム内で新しくリーダーを決める際、満場一致で決まってしまうほどのリーダー候補の力強いまなざし。
ウ　相手が傷つき大きなトラブルに発展してしまった、深い考えもなくとった友人に対する言動。
エ　友人と遊ぶ前日に予定を確認し、翌日の準備をしている時の期待に満ち溢《あふ》れた表情。
オ　ライブ活動や交流イベントを行い、多くのファンを虜《とりこ》にするアイドルの姿勢。

問四　[X]に当てはまる語として適当なものを、文中から漢字二字で書き抜いて答えなさい。

問五　波線部A・Bの語句の意味として最も適当なものを、それぞれ選択肢から選び記号で答えなさい。

A「はばかられ」
ア　無意味だと思い　イ　押しつけがましいと思い
ウ　気が引けて　エ　差し障《さわ》りがあり

B「気もそぞろに」
ア　うまくいかずもどかしくて
イ　気が立っている様子で

というのも、〈顔〉こそひとの「だれ」としての交換不可能な存在に向かうものだからである。声もだれかある特定のひとにまっすぐ向かうときにしか届かない。竹内も書いているように、相手に声ではたらきかけようとしなければ、「からだが他人に向かって劈《ひら》いていな」ければ、声は届かないのだ。〈顔〉は、そういう、ひととひとのじかの接触のなかで(もちろん、夢のなかでだってよい)生まれるのだ。

そういうだれかへの訴えとしての〈顔〉が、いまとても貧しくなっているように感じられる。さきほど述べたような、じぶんに向かって語りかけてくる、あるいは微笑《ほほえ》みかけてくる顔に、反応しないでいられる装置としてのテレビの日常生活への侵入が、他人の〈顔〉の切迫的な力を感じとるというわたしたちの経験を希薄にしてしまったのだろうか。すくなくとも影響は大きいと思う。相手は無防備にもすべてを見せているのに、こちらはまったく見られることなくその相手を見ることができるという、疑似的知覚を反復することによって。双方向ではない一方通行の関係、つまりは※3窃視的な視線の使いかたが身についてきたことによって。

画面になんとなく無感動に目をやっているときに見える像としての顔、そこになにかせまりくる気配などといったものはない。そういう［ X ］的な力を失った顔の経験の反復のなかで、特異なもの、個的なものとしてのこの〈わたし〉に対する呼びかけとしての〈顔〉は漂白されてしまう。像としての顔の過剰が呼びかけとしての〈顔〉を過少にしているのだ。そういうじれったさが、〈顔〉への渇きとなって、いまいろんな場所で現われでているのだろう。

顔といえば、一九九五年の正月明けを襲ったあの阪神・淡路大地震のすぐあと、顔についていろいろと考えさせられることがあった。この震災では、わたしの職場も被災がひどかったのだが、そのとき、知人から一枚の葉書を受けとったときは、［ Y ］が熱くなった。

「前略、御免くださいませ。この度の強い地震、お見舞い申し上げます。地震は北海道だけだと思っていましたので本当にびっくり致しました。お体の御無事と被害が最小でありますよう祈っています。自分たちの経験から電話もAはばかられただ心配しています。私は最近※4腱鞘炎《けんしょうえん》で十分字が書けず、こんな葉書で申し訳ないのですが、お見舞いまで。草々」

地震のあと、しばらくして※5苫小牧《とまこまい》の知人から届いたワープロの葉書である。身にしみる便りだった。

いうまでもないが、※6ワープロで作成された文章というのは、だれが書いた文章か一目ではわからない。なぐり書きしたのか、B気もそぞろに書いたのか、泣きながら書いたのかも、字面《じづら》からはすぐにわからない。それにインクが褪《あ》せないので、古さもわからない。だから、かえって整理がつきにくい場合がある。それは一つに文面に顔がないからだ。漢字の量、改行のしかたなどにくせはあるにしても、表情の乏しさは、直筆のそれと比べようもない。が、②知人からのこの葉書はちがった。顔があった。ほかでもないこのわたしに向けられた顔を感じた。

③街のなかにあふれている顔の貧しさについてはすでにのべたが、大地震直後の関西は様子がちがった。いたるところで〈顔〉を感じた。地震の翌日、※7阪急宝塚線の不通が部分的に解除され、やっとの思いで※8豊中《とよなか》にある職場にかけつけたが、途中、十三駅《じゅうそうえき》で、リュックを背負い、大きなビニール袋をいくつも束ねて、知人や親戚のところに食料や飲み物を運ぶ多くのひととすれちがった。そのとき、いくつもの顔が圧倒的な存在感をもってせまってくるようなここちがした。

ひどい揺れを体験しながらも、かろうじて大災害を免《まぬが》れた周辺の都市では、そのとき、まるで近所に不幸があって、ピアノを弾くのを控えているような、そういう心遣いが街じゅうに漂っており、すこしもがさついてはいなかった。それはもちろん、「一大事」の発生を文字どおり肌で感じて、事の大きさにだれもがたじろいでいるからではあった。顔にゆるみがない。が、それは同時に、親戚や知り合いのeアンピを気づかう凛《りん》とした顔であった。凛としていると

二〇二一年度　駒澤大学高等学校

【国　語】（五〇分）〈満点：一〇〇点〉

一　次の文章を読んで、後の問いに答えなさい。（字数を数える問いの場合は句読点や記号も含むこと。）

〈顔〉と顔面を区別する必要が生じる。まなざしがかちあうという、あの現象を思いだそう。まなざしがかちあうというのは、目が合ってはいけないと思いながらも相手にまなざしを向けたいという磁力のようなものと、まなざしが合えば瞬発的におしのけあうという反対ベクトルの力とが同時にはたらくことだ。そういう力、吸引する力と反発する力とが、そこに生じるのだ。

あるいはそこには、見ないことを許さないような、あるいは見られることをa懇願するような、そういう切迫力もまた生じる。［Ⅰ］そういう切迫を感受することを、顔はせまってくる。銃殺の現場で、殺される者が顔を覆われるのは、殺される者が恐慌をきたすからではない。［Ⅱ］殺す者のために覆いはある。ひとはじぶんをまなざす顔を見つめながら殺すことに強い抵抗を感じるのだ。

そういうせまりくる〈顔〉を、対象として見られる顔面から区別しておこう。他人が他人としてわたしたちにせまってくる現象を①〈顔〉の現象と呼ぶならば、〈顔〉はかならずしも顔面の現象にかぎられないからである。

話をわかりやすくするために、いささかbトウトツな事例のように受けとられるかもしれないが、ひとが他人に「傷つけられる」場面を想像してみよう。［Ⅲ］、わたしたちは他人のまなざしに傷つく。蔑むようなまなざしにも、じぶんからc背けられたまなざしにも傷つくが、しかしまた、他人のなにげないことばにも傷つく。じぶんを無視するひとの頸筋《くびすじ》の後ろ側や背を向けたひとのその服越しの背中にも傷つく。いらだたしげに揺さぶられている指や脚にも、だ。それらがすべて〈顔〉だと言ってよい。

『エセー』の著者、ミシェル・ド・モンテーニュは、かつて※1新大陸の先住民の顔について次のように書いたことがある。「わが国の乞食《こじき》が真冬にもシャツ一枚でいるのに、耳まで※2貂《てん》の毛皮にくるまっている人と同じように元気なのを見て、誰か或《あ》る人が、乞食の一人に、どうしてそんな我慢ができるのかとたずねたところ、乞食は答えた。《旦那さまだって、顔はむきだしだ。私は全身が顔なのだ》」（松浪信三郎《まつなみしんざぶろう》訳）。

ここでは顔がからだの全表面へとdカクチョウされている。［Ⅳ］そう言えるとしたら、わたしたちはもともと身体全体が顔であったのに、いつからその存在の表情が顔面へと収縮してしまったのか、とこそ問うべきなのだ。

傷つけるだけではもちろんない。ひとの存在は他者のこころをときめかしたり、かなしませたりもする。ときにひとを包み込んだりもする。その意味では、〈顔〉はあるいは声の現象に近いかもしれない。ざらざらしてたり、透明感があったり、ひっかかったりする声。

声はどこからかけられても、それがじぶんに向けられたものか別のひとに向けられたものか、たいていはわかる。竹内敏晴《たけうちとしはる》が『ことばが劈《ひら》かれるとき』で紹介している「話かけのレッスン」におもしろい記述がある。それはあるひとが別のひとに後ろから声をかけると、かけられたひとは、その声がじぶんに向けられたものか、じぶんの何歩か後ろにいるひとにさし向けられたものかが、相当に正確にわかるのだそうだ。なかには「声が背中にさわった」「耳にさわって前へ抜けた」「あ、ドンと当たった」と報告するひともいるそうだ。それほどだたしかな感覚があるという。そしてそういう他人への呼びかけ、訴えかけ、つまりはひととしてのだれかある他者への切迫力のある現れが、〈顔〉という現象なのだと思う。

英語解答

1 A (1) (the) earth
(2) money
〔(credit) card／plastic money〕
(3) present〔gift〕
B (4)…② (5)…④ (6)…①
C 問１ (7) classroom〔class〕
(8) students
〔people／persons〕
(9) own〔original〕
問２ (10)…①

2 (11) ① (12) ④

3 (13) ② (14) ③ (15) ②

4 (16) ③ (17) ④ (18) ② (19) ④
(20) ①

5 (21) try (22) take (23) and
(24) make (25) for

6 (26)…② (27)…④ (28)…⑤ (29)…⑥
(30)…⑥ (31)…⑦ (32)…④ (33)…⑦
(34)…⑦ (35)…⑤

7 (36) Let's watch
(37) without saying
(38) What is (39) haven't seen
(40) more, than

8 (41) ④ (42) ⑦ (43) ② (44) ⑩
(45) ⑤

9 (46) ①
(47) (例)彼はとても緊張していたので，何も言うことができなかった。
(48) ③ (49) ①
(50) (例)真実を隠していた (51) ⑤
(52) ②

10 (53) ① (54) ① (55) ② (56) ②
(57) ① (58) 117 (59) T (60) F
(61) F (62) ③

1〔放送問題〕解説省略

2〔単語の発音〕

(11) ① heart[ɑːr] ② early[əːr] ③ learn[əːr] ④ search[əːr]
(12) ① alive[ai] ② climb[ai] ③ invite[ai] ④ children[i]

3〔単語のアクセント〕

(13) with-óut (14) vol-un-téer (15) tra-dí-tion-al

4〔適語(句)選択〕

(16)be able to ～「～できる」 「鍵は見つかったかい？」―「うん。時間がかかったけれどやっと見つけられたよ」

(17)-thing の形の代名詞は形容詞を後ろに置くので，something cold となる。これに「～するための」を表す形容詞的用法の to不定詞を続けると，something cold to drink「飲むための冷たいもの」，つまり「冷たい飲み物」が表せる。 「私に冷たい飲み物を持ってきてもらえますか」

(18)否定文につく付加疑問は，‘肯定形＋主語を受ける代名詞？’の形になる。‘肯定形’は現在完了の have，‘主語を受ける代名詞’は He and his brother を受ける複数形の they「彼らは」になる。 「彼とそのお兄さん〔弟さん〕は東京に一度も行ったことがありませんよね」

(19)look forward to ～ing で「～することを楽しみにする」。この to は前置詞なので，後に動詞が続く場合は動名詞(～ing)になる。 「あなたとお話しする機会があることを楽しみにしています」

(20)「犬と一緒に走っている少女」というまとまりが文の主語になっている。これは，‘現在分詞(～ing)＋語句’(現在分詞の形容詞的用法)を使って，girl を running with a dog が後ろから修飾する形で表す。　「犬と一緒に走っている少女は私の友達です」

5 〔適語補充〕

(21)try ～ on〔try on ～〕「(服など)を試着する」　「このセーターはかっこいいですね。試着してもいいですか？」

(22)take care of ～「～の世話をする」　「私がいない間，猫の世話をしてください」

(23)‘命令文,＋and ….’「～しなさい，そうすれば…」　「一生懸命勉強しなさい，そうすれば試験に合格するでしょう」

(24)make one's dream come true「～の夢をかなえる」　「夢をかなえるために，あなたは全力を尽くすべきだ」

(25)‘It is ～ for … to —.’「…が〔…にとって〕—することは～だ」　「あなたがお年寄りを助けることは大切だ」

6 〔整序結合〕

(26)・(27)I don't know「私はわからない」で文を始める。know の目的語となる「父に何を買ってあげたらいいか」は‘疑問詞＋to不定詞’の what to ～「何を～すべきか」と‘buy＋物＋for＋人’「〈人〉に〈物〉を買ってあげる」の形を組み合わせる。不要語は to。　I don't know what to buy for my father.

(28)・(29)語群に an があるので，‘What (a/an)＋形容詞＋名詞＋主語＋動詞…!’の形の感嘆文をつくる。不要語は how。　What an interesting story this is !

(30)・(31)‘形容詞〔副詞〕＋enough for … to ～’「…が～できるほど〔～するほど〕十分—」の構文。「軽い」は light で，不要語は right。　The desk is light enough for me to carry.

(32)・(33)「～に行ったことがある」は現在完了(‘経験’用法)の‘have/has been to＋場所’で表せる。「３回」は three times。不要語は went。　Mike has been to Hokkaido three times.

(34)・(35)Kyoto is ～「京都は～です」が文の骨組み。「私が修学旅行で訪れた場所」は，the place を，関係代名詞 which がつくる which I visited というまとまりが後ろから修飾する形で表す。不要語は to。　Kyoto is the place which I visited on my school trip.

7 〔書き換え—適語補充〕

(36)「明日映画を見るのはどうですか」→「明日映画を見ましょうね」　How about ～ing？は「～してはどうですか」という‘提案’を表す表現。書き換える文は，文末に‘shall we ?’があることから，Let's ～「～しましょう」の付加疑問にするとわかる。

(37)「リサは何も言わずに部屋から出ていった」　say nothing「何も言わずに」は without ～ing「～せずに」の形で表せる。

(38)「英語で花火は何と言いますか」—「fireworksと言います」→「英語では花火は何と呼ばれていますか」—「fireworksと呼びます」　書き換える文には called があるので，受け身形の疑問文で‘What is/are＋主語＋called …?’「～は何と呼ばれていますか」という形にする。

(39)「私が彼と最後に会ってから長い時間がたつ」→「私は長い間彼と会っていない」　「(ずっと)会

っていない」を，'haven't/hasn't＋過去分詞' という現在完了('継続' 用法)の否定形で表せばよい。

(40)「このコンピュータはあのコンピュータほど高価ではない」→「あのコンピュータはこのコンピュータより高価だ」 'not＋as＋原級＋as 〜'「〜ほど…ない」を 'more＋形容詞＋than 〜'「〜より…だ」に書き換える。

8 〔対話文完成─適文選択〕

(41) A：どの階に行くのですか？／B：2階を押していただけますか？∥floor は「階」。エレベータ内の会話と考えられる。 Would you mind 〜ing?「〜していただけますか」

(42) A：フルーツジュースをもう一杯どうですか？／B：いいえ，けっこうです。もう3杯も飲みました。／A：わかりました。∥Bはすでに3杯飲んでいると言っているのだから，相手の申し出をていねいに断る⑦が適切。

(43) A：19ドル55セントです。／B：クレジットカードで払えますか？／A：もちろんです。∥'That will be＋金額.' は店員が買い物の合計額を示す表現。カードでの支払いの可否を尋ねる②を入れると，次の店員の返答にうまくつながる。

(44) A：ケイト，君は英語が好きなの？／B：いいえ。私には英語を話すのは難しいわ。／A：そんなことないよ。君の英語はとても上手だよ。∥Aが「君の英語はとても上手だ」とケイトの発言とは反対の内容を言っていることから，ケイトの発言を否定した内容が入るとわかる。

(45) A：土曜日の子どもたちの運動会はどんな天気になりそうなの？／B：僕は新聞の週間予報しか見てないよ。／A：何て書いてあったの？／B：大丈夫そうだった。降水確率は20パーセントだったと思うよ。∥the paper はここでは「新聞」。最後にBは新聞の天気予報の内容を伝えているので，新聞にはどう書いてあったかを尋ねる文が入るとわかる。say には，「(本などに)〜と書いてある」という意味がある。

9 〔長文読解総合─物語〕

≪全訳≫❶彼女は人気があったが，彼は平凡だった。パーティーの後，彼は勇気を出して彼女に一緒にコーヒーを飲もうと誘い，彼女はとても思いやりがあったので，断れなかった。❷彼らは雰囲気の良いコーヒーショップに座っていたが，彼はとても緊張していたので，何も言うことができなかった。そのとき，彼はウェイトレスに「僕のコーヒー用に塩を持ってきてもらえますか？」と頼んだ。❸女の子を含め，誰もが驚いて彼を見た。彼は顔を赤くしながら，説明しなくてはならないと感じた。❹「僕は海の隣で育ったから，今では塩の入ったコーヒーの香りで故郷と両親を思い出すんだ」と彼は言い，目には涙を一杯ためていた。彼女は心を動かされ，彼にほれ始めた。❺彼らは交際を続け，そして結婚した。毎朝，彼女は彼に塩入りのコーヒーをつくったものだった。40年の結婚生活を通じて，これは日課だった。彼は塩味のコーヒーを飲む間，妻が砂糖を入れたコーヒーを飲むのをうれしそうに見ていた。❻だが，時が流れ，彼らがともに過ごした喜びの時間に終わりが近づいた。男は自分が間もなく死ぬことを悟っていたので，妻に手紙を書いた。❼僕の最愛の人よ。どうか僕のことを，僕の一生を許しておくれ。これは僕が君についた唯一のうそだ──塩入りのコーヒー。(51)僕たちが初めてデートしたときのことを覚えているかい？ あのとき，実は僕は砂糖が欲しかったんだけど，とても緊張していたので塩と言ってしまった。取り替えるのが僕には大変だったので，コーヒーに塩を入れて君にうそをついた。❽今，僕は死につつある。僕は君に本当のことを話そう。僕は塩味のコーヒーは好きじゃない。人生で何度も君に本当のことを言おうと思ったけど，あまりにも怖かったんだ。でも，僕がもし２度目の人生を生きられるなら，たとえ僕がまた塩味のコーヒーを飲まなければならないとしても，君をまた妻としたいよ。❾手紙を読むうちに，彼女の目から涙がこぼれ落ちた。❿女は夫が死んだ後，毎朝静かにコーヒーを飲んだ。⓫ある日，誰かが彼女に「塩の入ったコーヒーはどんな味がするんだい？」と尋ねた。⓬彼女は，「それが，甘いのよ」と答えた。

(46)<**適語句選択**>コーヒーを飲もうという彼の誘いに彼女が応じていることから判断できる。 ‘too ～ to …’「…するには～すぎる，～すぎて…できない」 polite「礼儀正しい，思いやりのある」

(47)<**英文和訳**>‘so ～ that＋主語＋cannot …’「とても～なので—は…できない」の過去形。 ‘not ～ any …’「全く～ない」 nervous「緊張した」

(48)<**適語選択**>直後に，「塩の入ったコーヒーの香りで故郷と両親を思い出す」とあることから，③の sea「海」が適切。

(49)<**文脈把握**>touched は「感動した」。彼が涙を流すほど懐かしい故郷や両親への思いを隠さずに打ち明けたことで，彼女は彼の人柄の良さを感じたと考えられる。よって，①「彼女は彼が率直に彼自身のことを語ったと思った」が適切。

(50)<**文脈把握**>forgive は「～を許す」。次の文に塩入りのコーヒーはうそだとあり，続く部分で真実を打ち明けている。

(51)<**文整序**>空欄部分には，彼がうそをついた理由が入る。まず，当時の状況を彼女に思い出させる［C］がくる。この後，自分が砂糖と塩を間違えた理由を述べる［A］を置き，なぜその間違いを正せなかったか述べる［B］を続ける。

(52)<**適文選択**>彼女は，真実を伝える夫の手紙を読んで涙を流した(第９段落)。夫がコーヒーの件でうそをついていたとはいえ，結婚生活は長く幸せで(第５，６段落)，夫の手紙も彼女への愛を伝えていたので(第８段落最終文)，彼女は夫の大きな愛情を感じたのである。これらのことから，彼女は塩入りのコーヒーの味を，「(味が)甘い」と「愛情を感じさせる」という２つの意味を持つ sweet で表現したのだと推測できる。

10〔**長文読解総合—説明文**〕

≪**全訳**≫❶あなたは，家族や友人とのコミュニケーションの手段として絵文字をよく使うだろうか。今日，絵文字は世代を超えてますます一般的になり，彼らにとって重要なコミュニケーションの手段となっている。その小さな文字は，デジタルの世界で生まれた最初の言葉を表す。絵文字は，1990年代後半に日本の携帯電話に最初に登場して以来人気があり，過去数年の間に人々のコミュニケーションの重要な手段となった。それらは個人のメッセージや，報道向けの発表，そして仕事のＥメールにまで登場する。2015年，オックスフォード辞典が「喜びの涙を浮かべた顔」の絵文字をその年の「言葉」に選んだ。絵文字がこの賞を取ったのは，これが最初だった。それは今でも世界で最も人気のある絵文字だ。❷もし絵文字が全ての人のものならば，絵文字の記号は文化，画面，時代，世界をまたいで常に変化する必要がある。今日，さまざまな文化の人々を表す数千の絵文字があり，さらに何千もの絵文字が，私たちの生活に関わりを持つ物事を表している。❸以下は，絵文字がどのように開発されたかという話だ。最初の絵文字は1999年，日本人アーティストの栗田穣崇によってつくられた。栗田氏はドコモの初期の携帯インターネットサービスだった「ｉモード」のチームで働いていた。彼は，単純だが直接的な方法で情報を共有する手段を考案したかった。(56)<u>一つの例は「曇り」という語を書かずに天気を示す図案だ。</u>そこで栗田は，ｉモードのサービスに内蔵のキーボードから選べる一式の絵文字を描いた。栗田の最初の176個の絵文字は，今ではニューヨーク近代美術館の永久収蔵品の一部だ。❹競合する会社がドコモのアイデアをまねたので，絵文字はすぐに日本で人気になった。アップルのような日本国外の会社は，絵文字を自社の製品で使う機会を見つけた。やがて，絵文字はあまりにも多くなった。ユニコードコンソーシアムは絵文字を選定し，体系化する役目を担っている団体である。彼らが選んだ絵文字は，世界共通の絵文字記号とその中にある3187個の絵文字の一部となった。今年決まった117個の新しい語を含め，2020年３月時点では全部で3304個の絵文字がある。❺将来，世界がさらにデジタル化するとともに，絵文字はきっと翻訳やコミュニケーションの重要な手段――デジタル時代の言語になるだろう。

(53)**＜指示語＞**①は，少し前の generations「(さまざまな)世代」を指している。一方，②と③は，その文の最初にある Emojis「絵文字」を指している。また，④も Emojis「絵文字」を指し，前の文から引き続いてこれを説明する内容になっている。

(54)**＜適語句選択＞**絵文字は日本でｉモードというインターネットのサービスのために生まれた後(第３段落)，世界中に広がったのだから(第２，４段落)，日本のみでなく the digital world「デジタルの世界」全体を代表する言語になったのだといえる。

(55)**＜指示語＞**この It は，２文前で具体的に述べられた「喜びの涙を浮かべた顔」の絵文字を指す。

(56)**＜適所選択＞**補う文は，文字を使わずに何かを示すものの例を挙げる内容となっている。これは，第３段落第４文にある「単純だが直接的な方法で情報を共有する手段」の一例といえるので，この後が適する。

(57)**＜適語句選択＞**第３段落では絵文字が生まれた経緯が説明されているので，①「絵文字がどのように開発されたか」が適切。

(58)**＜文脈把握＞**２語後の entries は entry の複数形で，ここでは「見出し語，項目」といった意味。3187個に新しく117個を加え，3304個になったのである。

(59)～(61)**＜内容真偽＞**(59)「絵文字が最初に開発されたのは，20年以上前のことだ」…○　第３段落第２文に一致する。　(60)「絵文字は，家族や友人どうしの個人的なメッセージにしか登場しない」…×　第１段落第５文参照。　(61)「将来，世界のデジタル化の度合いは低くなり，人々は絵文字を使わないだろう」…×　最終段落参照。

(62)**＜表題選択＞**第１，２段落は絵文字が広まった過程と現状，第３段落は絵文字誕生の経緯，第４段落は絵文字の体系化の動き，第５段落は絵文字の将来を述べているので，③A History of Emojis「絵文字の歴史」が適切。

2021年度／駒澤大学高等学校

数学解答

1 (1) x^3　(2) $(x-2)(x+y+1)$

(3) $2+\sqrt{2}$　(4) 19%

(5) $a=3$, $b=-1$　(6) $\dfrac{3}{4}$

(7) $\dfrac{360}{11}$分後　(8) $1+\dfrac{\pi}{3}$

2 (1) $\dfrac{1}{4}$　(2) (8, 16)　(3) 24

3 (1) 5通り　(2) 6通り

(3) 14通り

4 (1) $\sqrt{3}$　(2) $\dfrac{\sqrt{2}}{12}$　(3) $\dfrac{\sqrt{6}}{12}$

5 (1) -4　(2) 134　(3) 21個

1 〔独立小問集合題〕

(1)**＜式の計算＞**与式$=\left(\dfrac{3}{2}x^2y\right)^2\div(-27x^3y^6)\times(-12x^2y^4)=\dfrac{9}{4}x^4y^2\times\left(-\dfrac{1}{27x^3y^6}\right)\times(-12x^2y^4)$
$=\dfrac{9x^4y^2\times1\times12x^2y^4}{4\times27x^3y^6}=x^3$

(2)**＜因数分解＞**与式$=y(x-2)+(x+1)(x-2)$と変形し，$x-2=A$とおくと，与式$=yA+(x+1)A=A(y+x+1)=A(x+y+1)$となる。$A$をもとに戻して，与式$=(x-2)(x+y+1)$となる。

(3)**＜平方根の計算＞**分母，分子に$2+\sqrt{2}$をかけて，与式$=\dfrac{2(2+\sqrt{2})}{(2-\sqrt{2})(2+\sqrt{2})}=\dfrac{2(2+\sqrt{2})}{4-2}$
$=\dfrac{2(2+\sqrt{2})}{2}=2+\sqrt{2}$となる。

(4)**＜数の計算＞**20%の食塩水90gに含まれる食塩の量は，$90\times\dfrac{20}{100}=18$(g)である。この食塩水に食塩20gと水90gを加えると，含まれる食塩の量は$18+20=38$(g)，食塩水の量は$90+20+90=200$(g)となる。よって，求める濃度は，$\dfrac{38}{200}\times100=19$(%)である。

(5)**＜連立方程式の応用＞**$2x+y=1$……①，$ax-by=3$……②，$bx-ay=7$……③，$3x-y=9$……④とする。①，②の連立方程式の解と③，④の連立方程式の解が等しいので，その解は①，④をともに満たす。①，④を連立方程式として解くと，①＋④より，$2x+3x=1+9$，$5x=10$　$\therefore x=2$　これを①に代入して，$4+y=1$　$\therefore y=-3$　よって，2組の連立方程式の解は$x=2$，$y=-3$となるから，解を②に代入して，$2a+3b=3$……⑤となり，③に代入して，$2b+3a=7$，$3a+2b=7$……⑥となる。⑤，⑥を連立方程式として解くと，⑤×3－⑥×2より，$9b-4b=9-14$，$5b=-5$，$b=-1$となり，これを⑤に代入して，$2a-3=3$，$2a=6$，$a=3$となる。

(6)**＜確率—さいころ＞**2つのさいころを同時に投げるとき，目の出方は全部で$6\times6=36$(通り)ある。このうち，出た目の数の積が偶数になるのは，出た目の数がともに奇数以外の場合である。出た目の数がともに奇数の場合は，2つのさいころの目の出方がともに1，3，5の3通りより，$3\times3=9$(通り)ある。よって，出た目の数の積が偶数となる場合は$36-9=27$(通り)であるから，求める確率は$\dfrac{27}{36}=\dfrac{3}{4}$である。

(7)**＜一次方程式の応用＞**時計の長針は60分で360°動くから，$360°\div60=6°$より，1分で6°動く。短針は12時間で360°，つまり$60\times12=720$(分)で360°動くから，$360°\div720=0.5°$より，1分で0.5°動く。

時計が12時を指しているとき，長針と短針は重なっているので，初めて長針と短針のつくる角が180°になるのは，長針が短針よりも180°多く動いたときである。このようになるのがx分後とすると，長針は$6x$°，短針は$0.5x$°動いているので，$6x° = 0.5x° + 180°$が成り立つ。これを解くと，$5.5x = 180$，$55x = 1800$，$x = \frac{360}{11}$(分)後となる。

(8)<**図形―面積**>右図で，点Aと2点C，C′を結び，線分AC′と線分CD′の交点をHとする。四角形ABCD，四角形AB′C′D′は合同な正方形だから，∠AHC＝90°，AH：AC＝AH：AC′＝1：2となる。これより，△AHCはAH：AC：HC＝1：2：$\sqrt{3}$の直角三角形だから，∠CAH＝60°となる。よって，正方形AB′C′D′は正方形ABCDを点Aを中心として時計回りに60°回転したことになる。点Cはおうぎ形ACC′の$\overset{\frown}{CC'}$をえがくので，正方形ABCDが通過した部分の面積は，△ABC，△AD′C′，おうぎ形ACC′の面積の合計となる。△ABC＋△AD′C′＝△ABC＋△ADC＝〔正方形ABCD〕＝$1^2 = 1$である。また，AC＝$\sqrt{2}$AB＝$\sqrt{2} \times 1 = \sqrt{2}$だから，〔おうぎ形ACC′〕＝$\pi \times (\sqrt{2})^2 \times \frac{60°}{360°} = \frac{\pi}{3}$である。よって，求める面積は，△ABC＋△AD′C′＋〔おうぎ形ACC′〕＝$1 + \frac{\pi}{3}$である。

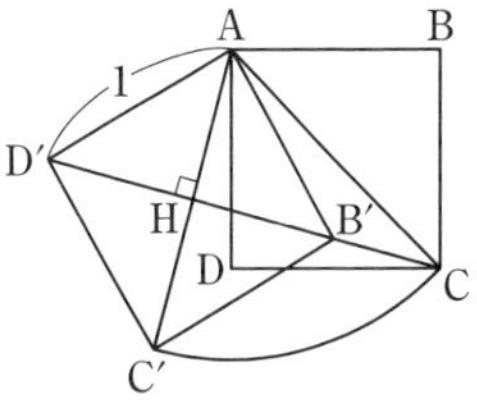

2 〔**関数―関数$y = ax^2$と直線**〕

≪**基本方針の決定**≫(3)　直線ABは点Cを通る。

(1)<**比例定数**>右図のように，円Aとx軸，y軸，直線$y = 8$との接点をそれぞれ，E，F，Gとし，直線$y = 8$とy軸の交点をHとすると，四角形AFOE，四角形AGHFは正方形となる。EG＝8より，OE＝AE＝AG＝$\frac{1}{2}$EG＝$\frac{1}{2} \times 8 = 4$だから，A(4，4)である。点Aは放物線$y = ax^2$上の点だから，$4 = a \times 4^2$より，$a = \frac{1}{4}$となる。

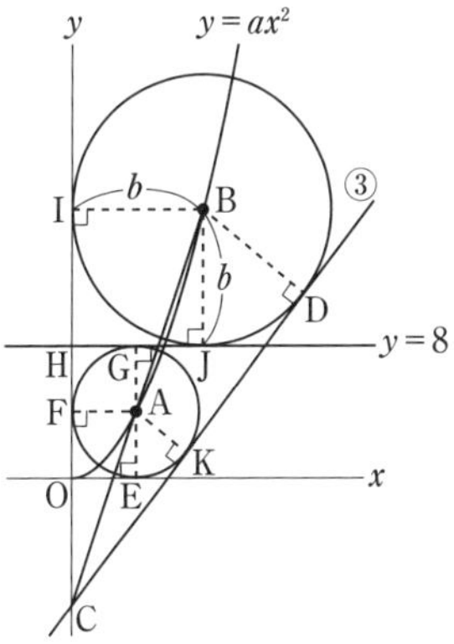

(2)<**座標**>右図のように，円Bとy軸，直線$y = 8$との接点をそれぞれI，Jとし，BI＝BJ＝bとすると，点Bのx座標はb，y座標は$8 + b$となり，B(b，$8 + b$)と表される。(1)より，点Bは放物線$y = \frac{1}{4}x^2$上の点だから，$8 + b = \frac{1}{4}b^2$が成り立ち，$b^2 - 4b - 32 = 0$，$(b - 8)(b + 4) = 0$より，$b = 8$，-4となる。$b > 0$だから，$b = 8$であり，$8 + b = 8 + 8 = 16$より，B(8，16)となる。

(3)<**長さ**>右上図のように，円Aと直線③との接点をKとする。△ACK≡△ACF，△BCD≡△BCIとなるので，∠ACK＝∠ACF，∠BCD＝∠BCIとなり，2点A，Bはともに∠DCIの二等分線上にある。また，CD＝CIとなる。A(4，4)，B(8，16)より，直線BCの傾きは$\frac{16-4}{8-4} = 3$だから，直線BCの式は$y = 3x + k$とおける。A(4，4)を通るから，$4 = 3 \times 4 + k$，$k = -8$となり，C(0，-8)である。I(0，16)だから，CD＝CI＝$16 - (-8) = 24$である。

3 〔**場合の数―さいころ**〕

(1)<**場合の数**>さいころを2回投げるとき，出た目の和は最大で$6 + 6 = 12$だから，10段目から下りてきて6段目に移動することはない。よって，最後に6段目にいるのは，$a+b=6$ になるときである。このときの a，b の組は，$(a,\ b)=(1,\ 5)$，$(2,\ 4)$，$(3,\ 3)$，$(4,\ 2)$，$(5,\ 1)$ の5通りある。

(2)＜**場合の数**＞さいころを3回投げて4段目にいるのは，$a+b+c=4$ のときか，2回目で10段目にいて，3回目に6の目が出て6段下りる場合だから，$a+b=10$，$c=6$ のときである。$a+b+c=4$ のとき，$(a,\ b,\ c)=(1,\ 1,\ 2)$，$(1,\ 2,\ 1)$，$(2,\ 1,\ 1)$ の3通りある。$a+b=10$，$c=6$ のとき，$(a,\ b,\ c)=(4,\ 6,\ 6)$，$(5,\ 5,\ 6)$，$(6,\ 4,\ 6)$ の3通りある。以上より，さいころを3回投げて4段目にいるときの a，b，c の組は $3+3=6$(通り)ある。

(3)＜**場合の数**＞さいころを4回投げて，途中2度下りて，最後に10段目にいるので，階段を下りるのは，2回目と3回目である。2回目で下りるとき，$a+b>10$ だから，$a+b=11$，12 である。3回目でも下りるので，$a+b=11$ のとき，9段目にいるから，$c>1$ であり，$a+b=12$ のとき，8段目にいるから，$c>2$ である。$a+b=11$ のとき，a，b の組は $(a,\ b)=(5,\ 6)$，$(6,\ 5)$ の2通りある。このとき，$c>1$ で，4回目で10段目にいるから，c，d の組は $(c,\ d)=(2,\ 1)$，$(3,\ 2)$，$(4,\ 3)$，$(5,\ 4)$，$(6,\ 5)$ の5通りあり，a，b，c，d の組は $2\times5=10$(通り)となる。また，$a+b=12$ のとき，a，b の組は $(a,\ b)=(6,\ 6)$ の1通りある。このとき，$c>2$ だから，c，d の組は $(c,\ d)=(3,\ 1)$，$(4,\ 2)$，$(5,\ 3)$，$(6,\ 4)$ の4通りあり，a，b，c，d の組は $1\times4=4$(通り)となる。以上より，求める a，b，c，d の組は，$10+4=14$(通り)ある。

4〔**空間図形—正四面体**〕

(1)＜**表面積—特別な直角三角形**＞右図で，頂点Aから辺BCに垂線を引き，辺BCとの交点をMとすると，△ABMは3辺の比が $1:2:\sqrt{3}$ の直角三角形になるので，AB＝1より，$\mathrm{AM}=\frac{\sqrt{3}}{2}\mathrm{AB}=\frac{\sqrt{3}}{2}\times1=\frac{\sqrt{3}}{2}$ となる。よって，$\triangle\mathrm{ABC}=\frac{1}{2}\times\mathrm{BC}\times\mathrm{AM}=\frac{1}{2}\times1\times\frac{\sqrt{3}}{2}=\frac{\sqrt{3}}{4}$ となるから，正四面体ABCDの表面積は，$4\triangle\mathrm{ABC}=4\times\frac{\sqrt{3}}{4}=\sqrt{3}$ である。

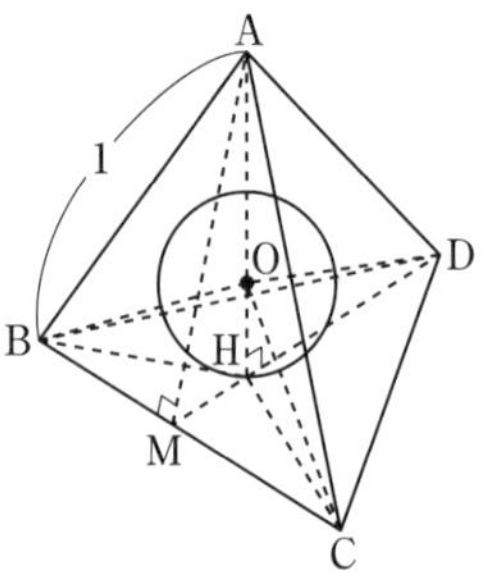

(2)＜**体積—三平方の定理**＞右上図のように，頂点Aから面BCDに垂線を引き，交点をHとする。点Hと3点B，C，Dをそれぞれ結ぶと，図形の対称性から，BH＝CH＝DHとなり，△HBC，△HCD，△HDBは合同な二等辺三角形となる。これより，$\angle\mathrm{BHC}=\frac{1}{3}\times360^\circ=120^\circ$ である。点Mは辺BCの中点となるから，点Hと点Mを結ぶと，$\angle\mathrm{BHM}=\frac{1}{2}\angle\mathrm{BHC}=\frac{1}{2}\times120^\circ=60^\circ$ より，△HBMは3辺の比が $1:2:\sqrt{3}$ の直角三角形になる。よって，$\mathrm{BM}=\frac{1}{2}\mathrm{BC}=\frac{1}{2}\times1=\frac{1}{2}$ より，$\mathrm{BH}=\frac{2}{\sqrt{3}}\mathrm{BM}=\frac{2}{\sqrt{3}}\times\frac{1}{2}=\frac{\sqrt{3}}{3}$ となり，△ABHで三平方の定理より，$\mathrm{AH}=\sqrt{\mathrm{AB}^2-\mathrm{BH}^2}=\sqrt{1^2-\left(\frac{\sqrt{3}}{3}\right)^2}=\sqrt{\frac{6}{9}}=\frac{\sqrt{6}}{3}$ である。(1)より，$\triangle\mathrm{BCD}=\triangle\mathrm{ABC}=\frac{\sqrt{3}}{4}$ だから，〔正四面体ABCD〕$=\frac{1}{3}\times\triangle\mathrm{BCD}\times\mathrm{AH}=\frac{1}{3}\times\frac{\sqrt{3}}{4}\times\frac{\sqrt{6}}{3}=\frac{\sqrt{2}}{12}$ である。

(3)＜**長さ**＞右上図で，内接する球(全ての面に接する球)の中心をOとし，点Oと3点B，C，Dをそれぞれ結ぶ。図形の対称性から，点Oは線分AH上にあり，三角錐O-BCD，O-ABC，O-ACD，

O-ABD は合同な三角錐である。よって，(2)より，三角錐 O-BCD の体積は，$\frac{1}{4}$〔正四面体 ABCD〕$=\frac{1}{4}\times\frac{\sqrt{2}}{12}=\frac{\sqrt{2}}{48}$ となる。三角錐 O-BCD の底面を△BCD と見ると，高さは OH だから，体積について，$\frac{1}{3}\times\triangle\mathrm{BCD}\times\mathrm{OH}=\frac{\sqrt{2}}{48}$ より，$\frac{1}{3}\times\frac{\sqrt{3}}{4}\times\mathrm{OH}=\frac{\sqrt{2}}{48}$ が成り立ち，$\mathrm{OH}=\frac{\sqrt{6}}{12}$ となる。したがって，求める球の半径は $\frac{\sqrt{6}}{12}$ である。

5 **〔特殊・新傾向問題―数の性質〕**

(1)**<値>**$\pi=3.14\cdots$ より，$-\pi=-3.14\cdots$ である。よって，$[-\pi]$ は $-3.14\cdots$ を超えない最大の整数を表すから，$[-\pi]=-4$ である。

(2)**<数の計算>**$\frac{2021}{43}=47$，$\frac{2021}{45}=44.9\cdots$，$\frac{2021}{47}=43$ より，与式 $=[47]+[44.9\cdots]+[43]=47+44+43=134$ である。

(3)**<n の個数>**$[\sqrt{n}]=10$ より，$\sqrt{n}$ を超えない最大の整数が10だから，$10\leqq\sqrt{n}<11$ である。これより，$\sqrt{100}\leqq\sqrt{n}<\sqrt{121}$，$100\leqq n<121$ となる。よって，整数 n は100以上120以下の整数だから，その個数は $120-99=21$(個)である。

国語解答

一 問一 a こんがん b 唐突
c そむ d 拡張 e 安否

問二 Ⅰ…エ Ⅱ…ア Ⅲ…オ Ⅳ…ウ

問三 エ 問四 切迫

問五 A…ウ B…ウ

問六 Y 目頭 Z 心 問七 エ

問八 切迫的な力を失った状態での交流が増えたことで，じぶんに対する呼びかけを感じ取る力や呼びかける力が弱くなってしまったから。（60字）

問九 はじめて幼

問十 ア…B イ…A ウ…B エ…A

二 問一 まいらせ

問二 ①…イ ③…ア ⑨…エ

問三 b 問四 ウ

問五 ④…ア ⑤…ウ ⑦…エ

問六 ①…イ ②…オ

問七 わづらひを出ださんがため

問八 主の嘘を見破り，夫婦にほうびを取らせようと考えたから。（27字）

問九 心浄くすなほなるべき（ものなり。）

三 問一 ① ア 鮮 イ 洗 ウ 宣
② ア 維 イ 異 ウ 依

問二 ①…イ ②…エ ③…カ ④…ウ

問三 ① 会う ② 知る

問四 ① 一期一会 ② 因果応報
③ 心機一転

問五 ①…オ ②…イ ③…キ ④…コ
⑤…サ

一〔論説文の読解―社会学的分野―コミュニケーション〕出典；鷲田清一『じぶん・この不思議な存在』。

≪本文の概要≫〈顔〉と顔面は，区別しなければならない。まなざしがかち合うと，互いに吸引する力と反発する力が生じる。あるいは，見ないことを許さなかったり，見られることを懇願したりするような切迫力も生じる。切迫を感受することを迫ってくるのが，〈顔〉である。〈顔〉は，顔面の現象に限ったものではなく，身体の全表面や声に表れるものでもある。また，〈顔〉は，他者を傷つけるだけではなく，ときめかせたり悲しませたり，ときに包み込んだりするものでもある。しかし，最近では，誰かへの訴えとしての〈顔〉が，とても貧しくなっている。相手から見られることなく相手を見ることができるという，一方通行の関係であるテレビの影響で，私たちには，窃視的な視線の使い方が身についてしまった。切迫的な力を失った，像としての顔の過剰が，呼びかけとしての〈顔〉を過少にしたのである。だが，阪神・淡路大地震の後の人々の顔や見舞いの葉書から，「わたし」は〈顔〉を感じた。それは，誰か不在のある人に思いをはせるというものであった。〈顔〉とは，「呼びかけ」や「訴え」であり，見られるものではなくて与えるものである。そして，そのような〈顔〉の存在が，他人を強く力づけるのである。

問一＜漢字＞a．「懇願」は，ひたすら頼みを聞いてもらおうと願うこと。　b．「唐突」は，突然，不意。　c．他の訓読みは「そむ(く)」「せ」「せい」。音読みは「背任」などの「ハイ」。　d．「拡張」は，範囲や規模を大きく広げること。　e．「安否」は，無事かどうかということ。

問二＜接続語＞Ⅰ．まなざしが合うと「吸引する力と反発する力」とが生じ，また「見ないことを許さないような，あるいは見られることを懇願する」ような「切迫力」も生じ，さらには，顔は，そのような「切迫」を「感受すること」を迫ってくる。　Ⅱ．銃殺の現場で，「殺される者が顔を覆われる」のは，「殺される者」のためというよりも，どちらかといえば「殺す者のため」である。　Ⅲ．人が他人に「傷つけられる」場面の例として，「他人のまなざし」や「他人のなにげないことば」や「ひとの頸筋の後ろ側や背を向けたひとのその服越しの背中」などに傷つく場面が挙げられている。　Ⅳ．モンテーニュが書いた『エセー』の中では，「顔がからだの全表面へと拡張されている」が，仮にそのように言えるとしたら，「わたしたちはもともと身体全体が顔であったのに，いつからその存在の表情が顔面へと収縮してしまったのか」と，問うべきである。

問三＜文章内容＞「〈顔〉の現象」は，「他人が他人としてわたしたちにせまってくる現象」であり，「まなざし」などの「顔面の現象」に限らず，「ことば」「頸筋の後ろ側」「背中」「指や脚」などからも感じられる。つまり，他者の身体を通じて，その人の思いが伝わってくるのが，「〈顔〉の現象」である。したがって，「絶対に家族を守ると決意した思い」が父親の背中から伝わってくる現象（ア…○），「力強いまなざし」によって自分をリーダーに選ばせる現象（イ…○），「言動」によって友人が傷つく現象（ウ…○），アイドルの，ライブ活動や交流イベントにおける「姿勢」によって「多くのファンを虜」にする現象（オ…○）は，「〈顔〉の現象」ということができる。これに対し，翌日の遊びの準備をしているときの表情は，他者に迫っていないので，「〈顔〉の現象」とはいえない（エ…×）。

問四＜文章内容＞テレビの画面に映し出される像としての顔には，「なにかせまりくる気配」，つまり切迫的な力がないのである。

問五．A＜語句＞「はばかられる」は，さしさわりがあると遠慮する，という意味。　**B＜慣用句＞**「気もそぞろ」は，あることに気持ちが向いて落ち着かないさま。

問六＜慣用句＞Y．「目頭が熱くなる」は，心が強く打たれて涙が出そうになる，という意味。**Z．**「心ここにあらず」は，何かに気を取られていて目の前のことに集中できていないさま。

問七＜文章内容＞ワープロで作成された文章は，誰がどういう気持ちで書いたのか，いつ書いたのかといったことがわからない。「漢字の量，改行のしかたなどにくせ」はあっても，「文面に顔がない」ので，直筆と比べて「表情の乏しさ」が感じられる。しかし，知人から届いたワープロの葉書からは，「わたし」のことを心配する率直な気持ちが伝わってきたので，「わたし」は自分に向けられた「顔があった」と感じ，心を打たれたのである。

問八＜文章内容＞テレビの画面に映し出されている顔には，「なにかせまりくる気配」は感じられない。また，その顔を見る場合も「双方向ではない一方通行の関係」になっている。そういった「切迫的な力を失った顔の経験」を繰り返すことで，他者への呼びかけとしての「〈顔〉の現象」を発する力が失われたと同時に，「特異なもの，個的なもの」としての「〈わたし〉に対する呼びかけとしての〈顔〉」の現象を感じる力も，失われてしまったのである。

問九＜文脈＞阪神・淡路大地震の後，「かろうじて大災害を免れた周辺の都市」で見られた人々の「凛とした顔」は，「だれか不在のあるひとに思いをはせている」表情だった。あるいは，「だれかがわたしを呼んでいるような感じ」とも言えるような表情だった。そして，数年前の「多くのひとが歌舞音曲を控えた」ときも，「それぞれのひとがそれぞれにかけがえのない」誰かに「思いをはせる」という「思いつめた気配」を，「わたし」は「道行くひとの顔や背筋や指先」に感じた。

問十＜要旨＞かけられた声に「ひととしてのだれかある他者への切迫力のある現れ」，つまり「〈顔〉の現象」があるときは，その声が自分に向けられたものだとわかる（**ア**…B）。この「〈顔〉の現象」は，顔面の現象や声の他にも，背中や指や脚からも感じられ，他者への訴えるような「切迫力」を伴って，それを発した人の思いを伝える（**ウ**…B）。阪神・淡路大地震の後，「かろうじて大災害を免れた周辺の都市」の人々は，他者を気遣う「凛とした顔」をしており，顔からその思いが伝わってくるようであった（**イ**…A）。つまり，顔は，「呼びかけ」や「訴え」であり，「そういう顔の存在が他人を強く力づける」のである（**エ**…A）。

二〔古文の読解―説話〕出典；無住法師『沙石集』巻第七ノ三。

≪現代語訳≫近年，帰国した僧の話として，ある人が語ったのは，唐に身分の低い夫婦がいた。(夫婦は,)餅を売って生計を立てていた。夫が道端で餅を売っていたとき，誰かが袋を落としたのを(拾って)見てみたところ，銀貨が六つ入っていた。(夫は袋を)自宅に持ち帰った。

妻は，心が素直で欲のない人で，「私たちは商売をして生活をしていて，生きていくのに不足もありません。この(袋の)持ち主は，どんなに嘆いて(袋を)探し求めているでしょう。気の毒なことです。持ち主を捜してお返しください」と言ったので，(夫は)「そのとおりだ」と思って，広く(この袋のことを)知らせて回ったところ，(自分が)持ち主だと言う人が現れて，これを手に入れて，あまりにうれしくなって，「(お礼に銀貨を)三つ差し上げます」と言って，今まさに分けようとしたとき，思い直して，(夫を)困らせようとして，「七つあったのに，六つしかないのはおかしなことだ。一つを隠したのではないだろうか」と言った。(夫は)「そのようなことはない。もともと六つだけ入っていた」と反論したが，最後には，国守のもとで，これを裁くこととなった。

国守は(物事の善悪を見抜く)眼力のある人で，「この持ち主は不誠実な者だ。(袋を返した)この男は正直な者だ」と判断したが，(やはり)疑わしいところもあったので，例の妻を呼び出して，別の場所で，事の詳細を尋ねたところ，(妻の言い分は,)夫の言い分と少しも違わなかった。(国守は,)「この妻はこのうえなく正直な者」と判断し，持ち主(の言い分)が，事実ではないことが確かとなったので，国守は判決で，「今回のことは，確かな証拠がないので(どちらの言い分が正しいか)判断が難しい。ただし，両者とも正直者と思われる。夫婦(の言い分)もやはり異なるところがないし，持ち主の言い分も正直に(言っているように)聞こえるので，七つある銀貨を探して取り戻すがよい。ここには六つ入っているので，(この袋は)別の人のものであるだろう」と言って，六つとも夫婦にお与えになった。

宋の人々は，立派な裁きであると，広く大騒ぎして賞賛した。心が正直であれば，自然と天が(正直者に)与えて(くれるので)，宝物を得られる。心が曲がっていると，目に見えない神仏の処罰によって，宝を失う。この道理は少しも違うことはない。くれぐれも心は清く素直であるべきである。

問一＜歴史的仮名遣い＞歴史的仮名遣いの「ゐ」は，現代仮名遣いでは「い」になる。

問二＜古語＞①「いやし」は，身分が低い，みすぼらしい，という意味。　③「いとほし」は，かわいそうだ，気の毒だ，という意味。　⑨「ほめののしる」は，声高に褒め立てる，という意味。

問三＜古典文法＞「夫の」の「の」は，主語であることを示す格助詞。「僧の説」「銀の軟挺」「この主」の「の」は，連体修飾語であることを示す格助詞。

問四＜現代語訳＞「過ぐれば」は，日々を過ごしているので，という意味。「事も欠けず」は，事欠かない，不足がない，という意味。

問五＜古文の内容理解＞④夫は，袋の持ち主を捜すために，この袋のことを広く知らせて回った。　⑤持ち主は，夫から袋を返してもらって手に入れた。　⑦国守は，夫や持ち主のいない別の所で，妻に事の詳細を尋ねた。

問六＜古典文法＞①「うれしく」は，活用のある自立語で，事物の様子や状態を表す形容詞。「うれし」の連用形。　②「すでに」は，活用のない自立語で，主として用言を修飾する副詞。

問七＜古文の内容理解＞持ち主は，拾ってもらった銀貨の六つの礼として夫に銀貨三つを与えようとしたが，与えるのが惜しくなって思い直し，相手を困らせようと，もともとは七つあったが，そのうちの一つを夫が隠したのではないかと言った。

問八＜古文の内容理解＞国守は，夫婦を「正直の者」と見きわめ，持ち主を「不実の者」だと見抜いていた。そこで，夫婦に全ての銀貨を与えるため，あえて双方とも「正直の者」として，持ち主が落とした袋は別のものだということにした。

問九＜古文の内容理解＞持ち主は，うそをついて全ての銀貨を失ってしまった。一方，夫婦は正直であったために，全ての銀貨を手に入れることができた。この道理は少しも違うことがないのであり，清い心を持ち，正直であることが大切なのである。

三〔国語の知識〕

問一＜漢字＞①「鮮明」は，あざやかではっきりしているさま。「洗練」は，文章の表現などをよりよいものにすること。「宣誓」は，多くの人の前で誓いの言葉を述べること。　②「維持」は，物事を現在の状態のまま保ちつづけること。「異議」は，反対や不服であるという意見のこと。「依頼」は，人に物事を頼むこと。

問二＜語句＞ア．「ニュートラル」は，中立であるさま。　イ．「バイアス」は，考え方に偏りをもたらす思い込みや先入観のこと(…①)。　ウ．「リベラル」は，古くからの慣習にとらわれずに自由であるさま(…④)。　エ．「フィードバック」は，結果や反応などを見て改良や調整を行うこと(…②)。　オ．「トレンド」は，傾向のこと。　カ．「コンセプト」は，基本的な考え方や概念のこと(…③)。　キ．「ボーダーレス」は，国境や境界がないこと。　ク．「シミュレーション」は，現実に想定される条件を取り入れて，実際に近い状況をつくり出すこと。

問三＜敬語＞①「お目にかかる」は，「会う」の謙譲語。　②「存じ上げる」は，「知る」の謙譲語。

問四＜四字熟語＞①「一期一会」は，一生に一度だけ出会うことから，一生に一度の機会，一生に一度かぎりであること。　②「因果応報」は，善い行いをすればよい報いがあり，悪い行いをすれば悪い報いがあること。　③「心機一転」は，あることをきっかけにして気持ちがすっかり変わること。

問五＜文学史＞ア．『万葉集』は，奈良時代に成立した，現存する我が国最古の歌集。　イ．『古今和歌集』は，平安時代に成立した日本で最初の勅撰和歌集で，撰者は紀貫之ら(…②)。　ウ．『新古今和歌集』は，鎌倉時代に成立した八番目の勅撰和歌集で，撰者は藤原定家ら。　エ．『日本書紀』は，奈良時代に成立した歴史書で，編者は舎人親王ら。　オ．『古事記』は，奈良時代に成立した，現存する我が国最古の歴史書で，天武天皇の勅令で稗田阿礼が暗誦したのを太安万侶が撰録したもの(…①)。　カ．『太平記』は，室町時代に成立した軍記物語。　キ．『平家物語』は，鎌倉時代前期に成立した軍記物語(…③)。　ク．『方丈記』は，鎌倉時代に成立した随筆で，作者は鴨長明。　ケ．『細雪』は，昭和時代に発表された谷崎潤一郎の小説。　コ．『伊豆の踊子』は，大正時代に発表された川端康成の小説(…④)。　サ．『暗夜行路』は，大正時代から昭和時代にかけて断続的に発表された志賀直哉の長編小説で，主人公が，自分が不義の子であるという出生の秘密や妻の過失に苦悩し，それを克服していく過程が描かれている(…⑤)。　シ．『城の崎にて』は，大正時代に発表された志賀直哉の短編小説。

Memo

2020年度 駒澤大学高等学校

【英　語】（50分）〈満点：100点〉

※問題 1 はリスニング問題です。A～Cの3種類の問題があります。試験開始から約40分後に実施します。なお，あらかじめ問題を読んでおくことは構いません。

1　リスニング問題

A　この問題では，英語の文章と質問文が放送されます。各質問文に対する最も適切な答えをそれぞれ解答欄に英語で記入しなさい。英文は2回放送されます。

(1)　(　　　　　　　　　　)

(2)　(　　　　　　　　　　)

(3)　(　　　　　　　　　　)

B　この問題では，短い英語が放送されます。各文に対する返答として最も適切な答えをそれぞれ①～④の中から1つ選び，解答欄にマークしなさい。英文は2回放送されます。

(4)　①　Sure.　　②　Yes, please.
　　③　No, thank you.　　④　It is called a "window."

(5)　①　OK.　Let's go to a restaurant by bus.
　　②　Do you?　I take a shower before dinner.
　　③　I'm afraid there is no bus service around the restaurant.
　　④　No, you should take a taxi.

(6)　①　Which bag do you like?　　②　I'm sorry to hear that.
　　③　Where did you find it?　　④　It takes 10 minutes to go to the station.

C　この問題では，黒板やチョークを用いるメリットとデメリットについての話が英語で放送されます。英語を聞き，以下の問いに答えなさい。なお，英文は2回放送されます。

問1　黒板やチョークを用いる利点について書かれた次の文の空所に適語を入れ，要約文を完成させなさい。

(7)　Chalk is (　　　) than marker pens.

(8)　To look at a whiteboard for a long time makes your eyes (　　　).

(9)　Teachers can hold both a (　　　) and a piece of chalk at the same time.

問2　次の質問に対する答えとして最も適切なものを1つ選び，解答欄にマークしなさい。

(10)　What can break machines and computers?
　①　A blackboard.　　②　A whiteboard.
　③　Chalk.　　④　Marker pens.

※＜**リスニング問題放送原稿**＞は英語の問題の終わりに付けてあります。

2　下線部の発音が他と異なるものを1つずつ選び，その番号を解答欄にマークしなさい。

(11)　①　start　　②　work　　③　nurse　　④　learn

(12)　①　plays　　②　waits　　③　makes　　④　says

3 次の単語において，最も強く発音される箇所を1つずつ選び，その番号を解答欄にマークしなさい。

(13) ho・tel
　　① ②

(14) con・ven・ience
　　① ② ③

(15) in・ter・na・tion・al
　　① ② ③ ④ ⑤

4 英文の空所に入れるのに最も適切なものを1つずつ選び，その番号を解答欄にマークしなさい。

(16) My sister ( ) to play the piano in her room before eating dinner.
　① glad　② practiced　③ have　④ decided

(17) No other mountain in Japan ( ) high as Mt. Fuji.
　① is so　② isn't as　③ as is　④ so isn't

(18) "( ) do you think of his plan?"　"I think it is impossible."
　① How　② When
　③ What　④ Why

(19) I am very busy today, so please help ( ).
　① my homework　② my homework for me
　③ homework with me　④ me with my homework

(20) The woman ( ) last night is my aunt.
　① visited your house　② who visited your house
　③ she visited your house　④ who she visited your house

5 英文の( )に入る適切な語を答えなさい。

(21) How do you like this?—( ) a nice T-shirt that is!　Where did you buy it?

(22) ( ) don't you come to school earlier?—I know, but I am poor at getting up early.

(23) May I speak to Hiroshi?—I'm afraid that you have the ( ) number.

(24) Shall we go for a dinner?—No, ( ) not.　It is going to rain tonight.

(25) Who is that little girl ( ) long hair?—She is my cousin Yumi.

6 日本語の意味に合うように，下の①～⑦の語(句)を並べかえて英文を完成させるとき，指定された空欄に入る語(句)の番号を解答欄にマークしなさい。**ただし，設問にはそれぞれ1つずつ不要な語(句)が含まれている。**また，文頭にくる語も小文字になっているので注意すること。

(26)・(27) あなたはふだん，どんな種類の本を読んでいますか。
　( )( )((26))( )( )((27)) read?
　① kind　② you usually　③ what　④ do　⑤ of　⑥ how　⑦ book

(28)・(29) その知らせを聞いて，私たちはとても悲しくなりました。
　( )((28))( )( )((29))( ).
　① heard　② made　③ sad　④ the　⑤ us　⑥ news　⑦ very

(30)・(31) たくさんの友達を作ることが，私の目標です。
　( )((30))( )( )( )((31)) my goal.
　① a　② making　③ friends　④ of　⑤ are　⑥ is　⑦ lot

(32)・(33) その問題はとても難しかったので，私には解けませんでした。
　The problem was ( )( )((32))( )((33))( ) it.
　① I　② difficult　③ solve　④ that　⑤ couldn't　⑥ because　⑦ so

(34)・(35)　その医師は，もっと野菜を食べるように私に言いました。

The doctor ((34)) (　　) (　　) ((35)) (　　) (　　).

①　eat　②　vegetables　③　to　④　for　⑤　told　⑥　more　⑦　me

7　2つの文がほぼ同じ意味になるように，(　)に適語を入れなさい。

(36)　My grandmother cannot use this smartphone.
=My grandmother doesn't know (　　) (　　) use this smartphone.

(37)　My house is twenty years old.
=Twenty years (　　) (　　) since my house was built.

(38)　My mother makes me a special rice ball on the test day.
=A special rice ball is (　　) (　　) me by my mother on the test day.

(39)　John likes dogs, and Mary likes dogs too.
=(　　) only John (　　) also Mary likes dogs.

(40)　This is the most delicious pancake that I have ever had.
=I have (　　) had (　　) a delicious pancake.

8　各対話の空所に入る適切なものを①～⑩より選び，その番号を解答欄にマークしなさい。ただし，同じ番号を複数回用いることはできない。

(41)　A：How was your day at school?
B：I talked with my English teacher in English for the first time.
A：[　　　　]　I know you like to study English.

(42)　A：I was glad to talk with you, but I have to go home now.　See you tomorrow.
B：I also had a good time.　Have a good day.
A：[　　　　]

(43)　A：Hi, Sarah.　Could you tell me Kate's address?
B：[　　　　]
A：I want to know where Kate lives.

(44)　A：Excuse me, but can I ask you the way to Yoga Station?
B：[　　　　]　Go straight and turn right at that corner.　Then, you will find the police station.
A：I'll ask there.　Thank you, anyway.

(45)　A：Shall we go out for dinner sometime?
B：Yes, I would like to.
A：[　　　　]
B：Sunday is better for me.

①　Pardon?　②　Do you have the same question?
③　Here you are.　④　Sounds good!
⑤　How about on Sunday?　⑥　Sorry, but I'm a stranger here.
⑦　That's too bad.　⑧　You too!
⑨　Is tonight good?　⑩　You should go there.

9 次の文章を読み，以下の(46)～(51)の設問に答えなさい。

An American businessman was standing by the sea in a little village when a small boat with just one Mexican fisherman arrived. There were a few very large fish inside the small boat. (46)<u>The American told the Mexican that the fish looked great and asked how long it took to catch them.</u> The Mexican said, "It didn't take so long."

The American then asked, "Why didn't you stay in the sea longer and catch more fish?" The Mexican smiled and said, "I got enough for myself and my family, so I'm already (47)<u>content</u>."

The American then asked, "But what do you do with *the rest of your time?" The fisherman said, "I sleep late, fish a little, play with my children, take a short sleep with my wife, and walk slowly to the village, and there I drink wine and play the guitar with my friends. I have a ((48)) life."

The American laughed. "I'm a *Harvard MBA, so I can help you," he said. "

((49))

After you get so many boats, you can fish more! You won't have to sell many fish to the local market, and you will be able to sell them to the big fish factory. Then you can open your own company and make much more money!"

The fisherman asked, "((50)-A)"

The American said, "((50)-B)"

The fisherman asked again, "((50)-C)"

The American laughed and said, "That's the best part. When the good time comes, you can sell your company and become rich. You can make millions!"

"Millions, sir? What can I do after that?"

The American said, "Then you can *retire. Move to a little fishing village, and you can sleep late, fish a little, play with your. . . . OK, your kids will have grown up, but you can still take a short sleep with your wife, and walk slowly to the village, and there you can drink wine and play the guitar with your friends. Doesn't that life sound perfect?"

＊the rest of ～　残りの～

＊Harvard MBA　ハーバード大学経営学修士号（ここでは「経営学の専門家」を意味する。）

＊retire　引退する

(46) 下線部(46)を日本語に訳しなさい。

(47) 下線部(47) content の意味として最も適切なものはどれか１つ選び，番号をマークしなさい。

① 疲れ切った　② 満足した　③ 夢中だ　④ 飽きた

(48) 空欄(48)に入る表現として最も適切なものを選び，番号をマークしなさい。

① happy but lonely　② poor and hard

③ full but lonely　④ full and happy

(49) 空欄(49)には次の［A］～［C］の文が順不同で入る。最も適切な順番を下の①～⑥の中から１つ選び，番号をマークしなさい。

［A］ You can fish more after getting one, and you will be able to sell more fish to make more money.

［B］ If you spend more time to fish and make more money, you will be able to buy a bigger boat.

［C］ When you have enough money, you will buy more big boats, and one day you will have 10, 15, maybe 20 fishing boats !

① ［A］→［B］→［C］　② ［A］→［C］→［B］　③ ［B］→［A］→［C］

④ ［B］→［C］→［A］　⑤ ［C］→［A］→［B］　⑥ ［C］→［B］→［A］

(50) 空欄(50)-A～(50)-Cにはそれぞれ，次のアかイのどちらかのセリフが入る。(50)-A～(50)-Cに入るセリフの組み合わせとして最も適切なものを下の①～⑧の中から１つ選び，番号をマークしなさい。

A	ア But how long will everything take ? イ But what can I do to open my company ?
B	ア You have to study about how to make money. イ About fifteen years.
C	ア But when can I open my company ? イ But what can I do after everything ?

① A ア B ア C ア　② A ア B ア C イ　③ A ア B イ C ア

④ A ア B イ C イ　⑤ A イ B ア C ア　⑥ A イ B ア C イ

⑦ A イ B イ C ア　⑧ A イ B イ C イ

(51) この物語のおもしろいところを，次の表現に合うように20字以内で簡潔に説明しなさい。

「メキシコ人漁師の今の生活と，アメリカ人営業マンが［ 20字以内 ］であるところ。」

10 次の文章を読み，以下の(52)～(61)の設問に答えなさい。

There are many kinds of important environmental *issues on Earth, but we also need to think about *population. In 1950, the world had a population of 2.6 billion people, but today, (52)there are more people than that just in China and India. By 2016, there were 7.5 billion people in the world—and that number was growing by about one million every five days ! By 2050, there will probably be about (　(53)　) people on Earth.

The world's population is growing fastest in some of the countries that have the least money. ［(54)①］ For example, Malawi and Burundi in Africa are two of the countries which the population is growing fastest in, but they are also two of the poorest countries in the world. ［(54)②］ In places like these, it is already difficult for many people to get good food, clean water, and healthcare, and to find a safe home. ［(54)③］

Some other countries have the opposite problem : their populations are getting smaller. ［(54)④］ For example, the population of the Cook Islands, in *the Pacific, is falling every year. This is because people are having fewer (　(55)　) than before, and because many are leaving the islands to go to bigger places like New Zealand.

Populations also fall when countries are at war, and people leave to escape the fighting, or are killed. After a war started in *Syria in 2011, millions of people left their homes there, and the population of the country became smaller and smaller.

If a country's population becomes smaller, it can be a problem. For example, (　(56)　), and businesses and universities cannot find enough workers or students.

Another important change in the world's population is that today there are more and more ((57)-A) people. In many parts of the world, healthcare is much ((57)-B) now, so people are living longer. In Japan, more than a *quarter of the population is now over sixty-five, and people think (58)<u>that</u>, by 2055, more than 40% of the Japanese population will be in their late sixties and seventies.

＊issue　問題　＊population　人口　＊the Pacific　太平洋

＊Syria　シリア（シリア・アラブ共和国の通称）　＊quarter　4分の1

(52)　下線部(52)が表している内容として最も適切なものを1つ選び，番号をマークしなさい。

① 1950年の世界人口は，現在の中国とインドの人口よりもずっと多かった。

② 1950年の中国とインドの人口は26億人を超えていたが，現在さらに増加している。

③ 現在の中国とインドの人口が，1950年の世界人口よりも多くなっている。

④ 現在の中国とインドの人口は1950年と比べ，26億人も増加している。

(53)　空欄(53)に入る表現として最も適切なものを1つ選び，番号をマークしなさい。

① 2.6 billion　② 5.5 billion　③ 7.5 billion　④ 9.5 billion

(54)　次の英文は，本文中の[(54)①]～[(54)④]のどこに入れるのが最も適切か，1つ選び，番号をマークしなさい。

When the population is larger, these problems may become worse.

(55)　空欄(55)に入る英単語（1語）を，本文の内容から推測して答えなさい。

(56)　空欄(56)に入る表現として最も適切なものを1つ選び，番号をマークしなさい。

① we need to make the problem better

② shops cannot sell many things

③ it may be difficult to get clean water

④ people need to build more houses

(57)　空欄(57)-Aと(57)-Bに入る語の組み合わせとして最も適切なものを，次の①～④から1つ選び，番号をマークしなさい。

① A older　B better　② A older　B worse

③ A younger　B better　④ A younger　B worse

(58)　下線部(58)と同じ用法のthatを含む英文を1つ選び，番号をマークしなさい。

① He can speak Chinese, but I didn't know that.

② Do you know that teacher well?

③ Many people know that Okinawa is a beautiful place.

④ I don't know what that is.

(59)～(61)　次の各文が本文の内容に**<u>合っていればT</u>**，**<u>合っていなければF</u>**を解答欄にマークしなさい。

(59)　経済的に貧しい国よりも豊かな国のほうが，人口が増加しやすい傾向がある。

(60)　戦争で人口が減る理由は，市民が殺されてしまうことだけではない。

(61)　2055年までには，日本の60代後半と70代の人口が，現在と比べ40%以上増加するだろう。

＜リスニング問題放送原稿＞

A　この問題では，英語の文章と質問文が放送されます。各質問文に対する最も適切な答えをそれぞれ解答欄に英語で記入しなさい。英文は2回放送されます。

(1)　This is a country. Many people speak English in this country. When it's summer in Japan, it's winter in this country. You can see many kangaroos and koalas here. What is this country's name?

(2) You are interested in the history of science. You want to know more about it, but you don't have any computers or cellphones. You want to borrow some books. Where do you go?

(3) Imagine your friend Jack asks you a question. The question is "What sport do you like the best?" After you answered, you want to ask him the same question. What do you say to him?

B この問題では，短い英語が放送されます。各文に対する返答として最も適切な答えをそれぞれ①～④の中から１つ選び，解答欄にマークしなさい。英文は２回放送されます。

(4) Could you close the window? It is cold a little bit.

(5) I usually take a bath after dinner.

(6) I think I lost my bag on a train yesterday.

C この問題では，黒板やチョークを用いるメリットとデメリットについての話が英語で放送されます。英語を聞き，以下の問いに答えなさい。なお，英文は２回放送されます。

Today, most classrooms have blackboards. Why are blackboards still popular in Japan? There are some reasons for this.

First, markers used to write on whiteboards are more expensive than chalk. At classrooms, teachers and students write on blackboards so much that schools need to cut down the cost.

Next, blackboards are good for our eyes. If we look at a whiteboard for a long time, your eyes will get tired.

Last, chalk causes less trouble than markers. After we use a marker pen, we have to put the cap back on it with both hands. We don't have to do so after we use a piece of chalk. That means teachers can hold a textbook in one hand while they are writing with the other hand.

Now you know why blackboards are still popular at schools. However, there are some classrooms at schools which don't have blackboards, such as a computer room and an AV classroom. This is because the powder from the chalk can get inside of expensive machines and computers, and they can be broken. This is why these classrooms have whiteboards.

【数　学】 （50分）〈満点：100点〉

1

(1) $\left(-\dfrac{1}{2}\right)^3+(1-0.8)^2\div\dfrac{3}{5}\times1.5$ を計算しなさい。

(2) 連立方程式 $\begin{cases}2x+y=15\\ \dfrac{5x}{3}-\dfrac{2y+9}{4}=\dfrac{11}{12}\end{cases}$ を解きなさい。

(3) $ab-2a+6b-12$ を因数分解しなさい。

(4) 2次方程式 $x^2-(a+4)x+a^2=0$ が $x=2$ を解にもつとき，a の値を求めなさい。

(5) 12で割ると5余り，7で割ると2余る最小の自然数を求めなさい。

(6) Aの家からBの家までの道のりは2kmで，その途中にある公園で遊ぶことになった。Aは自分の家を出発して分速80mで向かい，BはAが家を出発した5分後に自分の家を出発して分速120mで向かった。すると，AとBは同時に公園に到着した。Aの家から公園までの道のりは何mあるか求めなさい。

(7) 右図のように，点Oを中心とする円の周上に5点A，B，C，D，Eをこの順にとる。線分ADが円の直径，$\angle AOB=52°$，$\angle EOD=36°$，さらに $\overset{\frown}{AB}=\overset{\frown}{BC}$ となるとき，$\angle CEO$ の大きさを求めなさい。

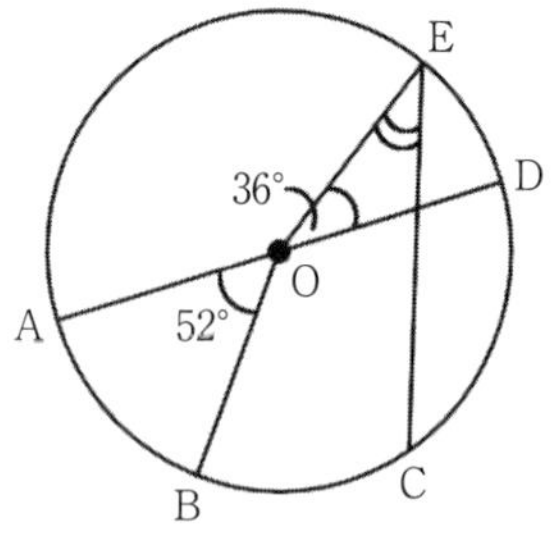

(8) $\sqrt{2}+\sqrt{5}=a$ とする。$\sqrt{5}$ を a を用いて表しなさい。ただし，根号（$\sqrt{}$）を用いてはならない。

2 次の図のように，放物線 $y=2x^2$ と直線 $y=2x+4$ の交点を，x 座標の小さい方から点A，Bとおく。また，放物線 $y=-x^2$ 上の x 座標が点A，Bに等しい点をそれぞれC，Dとおく。このとき，下の問いに答えなさい。

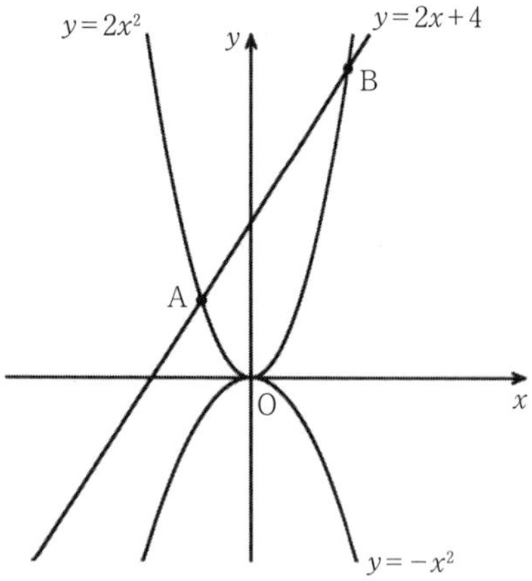

(1) 点Aの座標を求めなさい。

(2) 放物線 $y=2x^2$ 上に，点Aと異なる点Pを△CDAと△CDPの面積が等しくなるようにとる。このとき，点Pの座標を求めなさい。

(3) (2)の点Pに対し，線分ADと線分CPの交点をQとしたとき，△PQDと四角形ABDCの面積比を最も簡単な整数比で表しなさい。

3　右図のように，一辺の長さが１の正方形ABCDがある。また，点B，点Cを中心とする半径１の扇形の弧ACと弧BDの交点をEとする。円周率をπとして，次の問いに答えなさい。

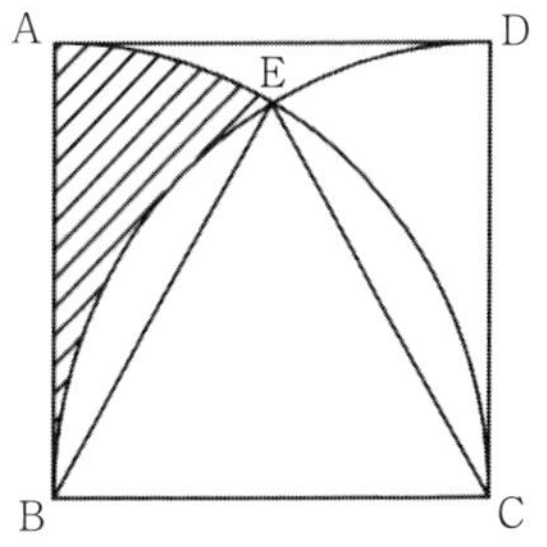

(1)　扇形BEAの面積を求めなさい。

(2)　△EBCの面積を求めなさい。

(3)　図の斜線部分の面積を求めなさい。

4　ジョーカーを抜いたトランプ52枚がある。一度引いたカードはもとに戻さないものとし，次の問いに答えなさい。ただし，ジャック，クイーン，キングはそれぞれ11，12，13を表すものとする。

(1)　１回目にハートの２を引いた。残りのカードから１枚引くとき，偶数が書かれたカードを引く確率を求めなさい。

(2)　１回目にハートの６を引き，２回目にスペードの12を引いた。残りのカードから１枚引くとき，３枚のカードに書かれた数の積が平方数になるようなカードを引く確率を求めなさい。

(3)　１回目に引いたカードに書かれた数をa，２回目に引いたカードに書かれた数をbとする。このとき，$\frac{a+4b}{20}$が整数となるカードの組合せは何通りあるか求めなさい。

5　以下は平成と西暦の対応表である。

平成(a)	1	2	3	4	5	…	26	27	28	29	30
西暦(b)	1989	1990	1991	1992	1993	…	2014	2015	2016	2017	2018

平成a年に対応する西暦をb年とする。ただし，aは１以上30以下の整数である。このとき，次の問いに答えなさい。

(1)　2019を31で割った余りを求めなさい。

(2)　$b-a$の値を素因数分解しなさい。

(3)　$\frac{b}{a}$が整数となるaの値を小さい順に並べたとき，５番目の値を求めなさい。

ア　普賢菩薩　　イ　猟師　　ウ　聖　　エ　童

問三　傍線部④「おのれ」とは誰のことか。本文中から抜き出して答えなさい。

問四　傍線部⑥「心のうちに思ひて」とあるが、猟師の心の中が書かれている部分を本文中から探し、最初の五字と終わりの五字をそれぞれ抜き出しなさい。

問五　傍線部⑦「ひやう」の読み方を現代仮名遣い（平仮名）で答えなさい。

問六　傍線部⑨「泣き惑ふこと限りなし」とあるが、聖はなぜ泣いたのか。その理由を三十字以内で答えなさい。

問七　傍線部⑩「されば、あやしきものなり」の「さ」は指示語であるが、どのようなことを指しているか。本文の展開に即して十五字以内で答えなさい。

問八　本文の内容と合っているものにはA、合っていないものにはBをそれぞれ解答欄に記入しなさい。（ただし、全て同じ記号で答えた場合は全て不正解とする。）

ア　聖は、修行していて僧坊を出ることがなかったが、知識は豊富だった。

イ　猟師は、愛宕山の聖を尊敬していたので、食糧などを差し上げていた。

ウ　猟師は、普賢菩薩が現れた時、冷静に判断し、普賢菩薩ではないことを見抜いた。

エ　聖は、普賢菩薩の力で化けた狸を退治することができ、大いに感動した。

三

次の語句や文学史に関する問いに答えなさい。

問一　次の傍線部①、②は、誰から誰への敬意を表しているか。後の選択肢からそれぞれ適切なものを選び、記号で答えなさい。

彼女は私に、「先生はあなたには何か①おっしゃったの②ですか。」と聞いた。

ア　彼女から私へ　イ　彼女から先生へ　ウ　私から彼女へ

エ　私から先生へ　オ　先生から彼女へ　カ　先生から私へ

問二　次の語は、どのような言葉の尊敬語か答えなさい。

①　召し上がる　②　お召しになる　③　ご覧になる

問三　次の空欄に漢字一字を入れ、慣用句を完成させなさい。また、適切な意味を後からそれぞれ選び、記号で答えなさい。

①　良薬は（　）に苦し

②　青菜に（　）

③　枯れ木も（　）のにぎわい

④　一寸の（　）にも五分の魂

⑤　漁夫の（　）

意味

ア　元気をなくしているさま

イ　両者が争っている間に第三者が利益をさらうこと

ウ　つまらないものでもないよりはましであること

エ　忠告は聞いて快いものではないということ

オ　困難のあとの方がよくなること

カ　弱小の者にも相応の力があること

問四　次の説明にふさわしい人物を後の選択肢から選び、それぞれ記号で答えなさい。

①　『古今和歌集』の撰者にもなった、『土佐日記』の作者。

②　俳諧を独自の自然詩に高めた、『奥の細道』の作者。

③　陸軍軍医でドイツ留学の経験をもつ、『舞姫』の作者。

④　「写生」を唱え、「柿食へば鐘が鳴るなり法隆寺」と詠んだ俳人。

⑤　プロレタリア文学の代表作である『蟹工船』の作者。

ア　松尾芭蕉　イ　与謝蕪村　ウ　山上憶良

エ　紫式部　オ　紀貫之　カ　夏目漱石

キ　森鷗外　ク　谷崎潤一郎　ケ　正岡子規

コ　小林多喜二

二　次の文章を読んで、後の問いに答えなさい。（字数を数える問いの場合は句読点や記号も含むこと。）

昔、愛宕《あたご》の山に、久しく※1行ふ聖《ひじり》ありけり。①年ごろ行ひて、※2坊を出《い》づることなし。西の方に猟師あり。この聖を貴みて、常にはまうでて、物奉《たてまつ》りなどしけり。久しく参らざりければ、※3餌袋《ゑぶくろ》に※4干飯《ほしいひ》など入れて、まうでたり。聖、悦《よろこ》びて、日ごろおぼつかなさなどのたまふ。その中に、ゐよりてのたまふやうは、「このほど、いみじく貴きことあり。この年ごろ、他念なく経を保ち奉りてあるしるしやらん、この夜ごろ、普賢菩薩《ふげんぼさつ》、象に乗りて見えたまふ。今宵《こよひ》とどまりて拝みたまへ」と②言ひければ、この猟師、「よに貴きことにこそ候《さう》らふなれ。さらば、泊まりて拝み奉らん」とて、③とどまりぬ。

さて、聖使ふ童《わらは》のあるに問ふ。「聖のたまふやう、いかなることぞや。④おのれも、この仏をば拝み参らせたりや」と問へば、童は、「五、六度ぞ見奉りて候ふ。」と言ふに、猟師「われも見奉ることもやある」とて、聖の後ろに⑤いねもせずして起き居たり。九月二十日のことなれば、夜も長し。今や今やと待つに、夜半《よは》過ぎぬらんと思ふ程に、東の山の峰より、月の出づるやうに見えて、峰の嵐もすさまじきに、この坊の内、光さし入りたるやうにて、明《あか》くなりぬ。見れば、普賢菩薩、象に乗りて、やうやうおはして、坊の前に立ちたまへり。

聖、泣く泣く拝みて、「いかに、ぬし殿は拝み奉るや」と言ひければ、「いかがは。この童も拝み奉る。おいおい、いみじう貴し」とて、猟師思ふやう、聖は、年ごろ経をも保ち、読みたまへばこそ、その目ばかりに見えたまはめ、この童、わが身などは、経の向きたる方も知らぬに、見えたまへるは、心は得られぬことなりと、⑥心のうちに思ひて、このこと試みてん、これ、罪得べきことにあらずと思ひて、とがり矢を、弓につがひて、聖の拝み入りたる上より、さし越して、弓を強く引きて、⑦ひやうと射たりければ、御胸のほどに当たるやうにて、火をうち消つごとくにて、光も失《う》せぬ。谷へとどろめきて、⑧逃げ行く音す。聖、「これはいかにしたまへるぞ」と言ひて、⑨泣き惑ふこと限りなし。男申しけるは、「聖の目にこそ見えたまはめ。わが罪深き者の目に見えたまへば、試み奉らんと思ひて射つるなり。まことの仏ならば、よも矢射立ちたまはじ。⑩されば、あやしきものなり」と言ひけり。夜明けて、血をとめて行きて見ければ、一町ばかり行きて、谷の底に、大きなる狸《たぬき》、胸よりとがり矢を射通されて、死して伏せりけり。

聖なれど、無知なれば、※5かやうに化かされけるなり。猟師なれども、⑪慮《おもんぱかり》ありければ、狸を射殺し、その化けをあらはしけるなり。

（『宇治拾遺物語』より）

※1　行ふ聖…修行中の高徳の僧。
※2　坊…僧の住む建物。僧坊。
※3　餌袋…鷹の餌を入れたり、鷹狩りの獲物を入れたりする竹かご。
※4　干飯…飯を乾燥させ、保存できるようにしたもの。湯水に浸して柔らかくして食べる。
※5　かやうに…このように。

問一　傍線部①「年ごろ」、⑤「いねもせずして」、⑪「慮ありければ」の本文中での意味を後の選択肢の中からそれぞれ選び、記号で答えなさい。

①「年ごろ」
ア　年齢相応に　　イ　若い頃　　ウ　長年　　エ　近頃

⑤「いねもせずして」
ア　答えもしないで　　イ　居合わせないで
ウ　行くこともしないで　　エ　寝もしないで

⑪「慮ありければ」
ア　思慮があったので　　イ　思い切りが良かったので
ウ　思い知ったので　　エ　恨みがあったので

問二　傍線部②「言ひ」、③「とどまり」、⑧「逃げ行く」の主語を次からそれぞれ選び、記号で答えなさい。

※3　オートメーション化…自動的に作業を行う仕組み。
※4　パラノイア…妄想症。
※5　メンタリティ…心のあり方。
※6　コミュニティ…共同体。
※7　第一章で…筆者は第一章で「組織的犯罪処罰法改正案」を例に「自由意志の偽装」について論じている。
※8　アーキテクチャ…構造。組織。
※9　アフォーダンス…環境の意味や価値は自分で作るのではなく、環境からの情報によってすでに形作られているという考え方。
※10　安保法制…日米安全保障条約についての制度。
※11　リクルート…人材募集。

問一　二重傍線部a～eについて、カタカナは漢字に直し、漢字は読み方を平仮名で答えなさい。

問二　空欄a～dに当てはまる語として最も適当なものを、次からそれぞれ選び、記号で答えなさい。（選択肢は一度ずつ使用すること）

ア　さらに　　イ　なぜなら　　ウ　しかし
エ　むしろ　　オ　だからこそ

問三　空欄A、Bに当てはまる語として最も適当なものをそれぞれ本文中から漢字二字で探し、抜き出しなさい。

問四　傍線部①「アイデンティティ」とあるが、現代のアイデンティティを筆者は何と表現しているか。本文中から九字で探し、抜き出しなさい。

問五　空欄C、Dには共通する語が入る。最も適当なものを次から一つ選び、記号で答えなさい。

ア　絶対化　　イ　相対化　　ウ　単純化
エ　一本化　　オ　具体化

問六　傍線部②「何の仕事をすべきかという選択は、今後、ますます難しくなるであろう」とあるが、それはなぜか。その理由として適当でないものを次から一つ選び、記号で答えなさい。

ア　現代は、企業が長く続くことを保証されているわけではないから。
イ　正規の仕事に就くこと自体が困難な状況になっているから。
ウ　さまざまな仕事が自動化されているから。
エ　近代的な教育の自己実現モデルは現代に合っていないから。
オ　一つの会社に長く勤められるとは限らないから。

問七　傍線部③「自由意志の偽装」とはどのようなことか。本文中の言葉を用いて六十字以内で説明しなさい。

問八　本文中には、次の形式段落が抜けています。この形式段落が入る箇所を探し、その箇所の次の形式段落の冒頭五字を抜き出しなさい。

　コンビニでは、レジのセルフサーヴィスのために、大手五社が共通※タグを開発して商品につけることが二〇二五年ごろまでに目指されている。レジに持って行けば、一瞬で価格を読み取る機器を揃えることで、数年以内にかなりのコンビニのレジが自動化されているだろう。

※　タグ…商品の値段・種類・製造会社などを記して下げる札。あるいはその部分。

問九　本文の内容に合致するものを次から一つ選び、記号で答えなさい。

ア　現代は、アイデンティティの確立が困難な時代であるが、だからこそ本当の自分を探す努力をしなければならない。
イ　「本当の自分」が見つからなければ複数の「分人」を使い分ければよいので、他者との深い関係を結ぶ必要はない。
ウ　私たちが自由を放棄するのは他に選択肢がないときだが、他に選択肢がないと思えても実際そうでないことがある。
エ　近代的な教育システムの自己実現モデルは、私たちが職業を選び、アイデンティティを見いだす際の理想的な流れである。
オ　AIなどによりオートメーション化が進むことで仕事が奪われる未来においては「死なずに生きていく」ことが困難である。

のうちに一つ見極めなければならないというプレッシャーは、今日でさえ、しばしば不合理な苦しみと受け止められている。

私たちは、自身のアイデンティティを、複数の仕事――その人間関係と収入源――、家族や友人、趣味といった多数の関係性の集合として捉え直さなければならない。（中略）

その個々の関係性の中のそれぞれの自分を、私は、個人に対して分人と呼んでいる。

対外的な関係性に基づく分人の構成をコントロールできる――これは、私たちにとって、自由の大きな意味である。どのような分人をどのような比率で生きるか？　これを押しつけられることは、私たちの自由の大きなcシンガイとなる。

分人主義的に複数の組織や※6コミュニティに帰属することが可能となれば、私たちは、個々の関係性において、より多くの自由を手に入れることだろう。

なぜなら、全人格的にある関係性に巻き込まれることが避けられ、一つの分人の経験を他の分人を通じて【 C 】できるからである。

私たちは、深い、強い関係性自体を否定することは決してできない。何か大きなプロジェクトを実現しようとするならば、一定期間、複数の人間と、強い信頼関係の下で共同作業をする以外にないからである。関係性から逃走ばかりしていては、いつまで経《た》っても何も生み出すことができない。

［ c ］、一切の深い、強い関係性を回避するというのではなく、［ d ］、複数化することで、いつでもそれぞれの分人的関係から離脱できる状態でいることが重要である。関係の切断が不可能だとしても、せめて不快な分人の比率をその他の分人によって縮小するべきである。私たちが、無理強いを受け容れ、自由を放棄するのは、他に選択肢がないときである。

（中略）

※7第一章で、私は人々に自粛を強いるようなシステムを「③自由意志の偽装」と呼んだ。

国家権力の監視対象になることを恐れて、自発的に自分の行動を規制するようになる。――偏向した教育や警察による見せしめ的逮捕、相互監視、密告、同調圧力、……と、環境の側からそうせざるを得なくなるように働きかける統治手法は、※8アーキテクチャや※9アフォーダンスで見てきたようなオートメーション化の技術とdヒョウリを成している。

※10安保法制の議論の際には、「経済的徴兵制」が議論となった。アメリカでは、eヒンコン層が大学進学のための奨学金などと引き替えに軍に入隊する事例があるが、これが自衛隊の※11リクルートでも起きるだろうという懸念である。

いずれも、決断の瞬間だけを切り取って外形的に見れば、本人が自由意志で行動したかのように見えてしまう。直接的な強制は何もなく、「自己責任」で済まされてしまう。しかし、そこにいたるプロセスを仔細《しさい》にたどっていけば、当人にとっては不可抗力的にそれを選ぶより他ない状況が見えてくる。このとき、個人をあくまでも他者から切断して、完全な自由意志に基づく責任主体として純化することは可能だろうか？

こうした構造的な強制によって、自由意志が偽装される事態は、自由意志の遠隔操作、間接操作とも言うべき問題である。（中略）では、自由意志の遠隔・間接操作を避けるためにはどうするか？　私はそのためにも、分人化が有効だと考えている。

私たちは、自分が巻き込まれている一つの状況、その関係性の中での分人を相対化する分人を常に複数、所有すべきである。ある分人においては、他に選択肢がないように思えていることも、他の分人を通じ、またその関係者を通じて【 D 】することで、必ずしも必然性がないことが見えてくる。

（『自由のこれから』平野啓一郎）

※1　アイデンティティ…自己同一性。自分という存在の独自性についての自覚のこと。

※2　AI…人工知能。

二〇二〇年度　駒澤大学高等学校

【国　語】（五〇分）〈満点：一〇〇点〉

一　次の文章を読んで、後の問いに答えなさい。（字数を数える問いの場合は句読点や記号も含むこと。）

「分人」とは、対人関係ごとに生じるさまざまな自分のことだ。一人の人間は、複数の分人のネットワークからできており、「本当の自分」という中心はない。

私は、近代的な「個人」という考え方の限界を乗り越えるために、「分人」の概念を発想した。

一人の人間の中には、本当の自分がただ一つだけあり、それが一貫して持続し続ける、という「個人」という概念に基づく※1アイデンティティ観は、多様な人々とコミュニケーションを交わさなければならない私たちに、大きな矛盾を課している。

今日では、「分人」という用語を用いるかどうかはともかく、アイデンティティの【 A 】化に関しては、多くの人が経験的に熟知している。

①アイデンティティが単数か、複数か、というのは、そして、働き方そのものの問題でもある。

私たちは、宗教や国家といった大きな存在にアイデンティティを依拠する代わりに、長らく【 B 】をこそ、個人のアイデンティティの中心に据える時代を経てきた。

私たちが初めて会う人にまず聞くのは、「何をしているか？」ということである。終身雇用制度もあって、二十代で就職してから六十代で定年退職するまで、職業を通じて過ごされる時間はもっとも長く、またそこではもっとも多くのエネルギーが注がれる。

そのために、自分がどんな人間かを学生時代に見極めて、それを実現する職業に就くという、アイデンティティと職業との一対一の非常に強い結びつきが重視されてきた。

教育システムの根底にあるのが、この近代的な自己実現モデルである。

初等教育では、多様な人間が、相互にコミュニケーションを交わせるようになるように、共通の言語や算数、最低限の社会についての知識などを学び、高等教育以降で、一人ひとりの「個性」に応じてそれぞれ学習する内容を選択し、専門職に就く、というのが基本的な流れである。

［ a ］、②何の仕事をすべきかという選択は、今後、ますます難しくなるであろう。

単一のアイデンティティを一つの職業に[a]委ねようとしても、希望の仕事に就くことは容易でなく、非正規の派遣労働の多くは、そうした自己実現モデルに対応する内容を備えていない。企業自体の寿命も不確かで、早期のリストラの[b]懸念も拭えない。

［ b ］、※2AIやロボットに仕事を奪われるという不安がしきりに語られる昨今である。社会の※3オートメーション化は※4パラノイア的な様相を呈してゆく危惧もある。必要の有無にかかわらず、何か一つでも自動化されていない領域が見つけられると、なぜ未《いま》だに人がやっているのかと疑問に感じるような※5メンタリティさえ生じるだろう。

こうした単純労働だけでなく、外科手術のような特殊技能が求められる専門職でも、ロボットの実用化の研究は急速に進んでいる。

そうした近未来を展望したとき、現在、幼稚園や小学校に通っている子供たちに、私たちは一体、何を学ばせるべきだろうか？

「死なずに生きていく」とはどういうことか？　という問いが、以前よりもはるかにリアリティを持つ時代となっている。

いずれにせよ、一生をかけて全《まっと》うする一つの職業が、「本当の自分」を象徴する、という自己実現モデルの維持は、ますます難しくなってゆくだろう。「本当の自分」、「自分らしさ」、「個性」を十代

2020年度／駒澤大学高等学校

英語解答

1 A (1) Australia (2) library
(3) (例) How about you ?
B (4)…① (5)…② (6)…②
C 問1 (7) cheaper (8) tired
(9) textbook
問2 (10) ③

2 (11) ① (12) ④

3 (13) ② (14) ② (15) ③

4 (16) ④ (17) ① (18) ③ (19) ④
(20) ②

5 (21) What (22) Why
(23) wrong (24) let's
(25) with

6 (26)…⑤ (27)…② (28)…⑥ (29)…⑦
(30)…① (31)…⑥ (32)…④ (33)…⑤
(34)…⑤ (35)…①

7 (36) how to (37) have passed
(38) made for (39) Not, but
(40) never, such

8 (41) ④ (42) ⑧ (43) ① (44) ⑥
(45) ⑨

9 (46) (例)アメリカ人はメキシコ人に，その魚がすばらしく見えることを伝え，それらを捕まえるのにどのくらいの時間がかかったのかを尋ねた。
(47) ② (48) ④ (49) ③ (50) ④
(51) (例)提案した退職後の生活が最終的に同じ

10 (52) ③ (53) ④ (54) ③
(55) children〔babies / kids〕
(56) ② (57) ① (58) ③ (59) F
(60) T (61) F

1〔放送問題〕解説省略

2〔単語の発音〕

(11) ① start[ɑːr] ② work[əːr] ③ nurse[əːr] ④ learn[əːr]
(12) ① plays[ei] ② waits[ei] ③ makes[ei] ④ says[e]

3〔単語のアクセント〕

(13) ho-tél (14) con-vén-ience (15) in-ter-ná-tion-al

4〔適語(句)選択〕

(16) decide to ～「～することに決める」 「姉[妹]は夕食を食べる前に自分の部屋でピアノを弾くことにした」

(17) 'No other ～ is so — as …'「他のどんな～も…ほど—ではない」 「日本の他のどんな山も富士山ほど高くはない」

(18)「～をどう思うか」と尋ねるとき，動詞 think を使っている場合は what で表す。 「彼の計画をどう思いますか」「不可能だと思います」

(19) 'help＋人＋with ～'「〈人〉の～を手伝う」 「今日はとても忙しいので，私の宿題を手伝ってください」

(20) 空所から night までが，The woman を修飾している。visited と，その主語のはたらきをしている The woman を主格の関係代名詞 who でつなぐ②が適切。 「あなたの家を昨夜訪問した女性は僕のおばだ」

5 〔適語補充〕

(21)「これをどう思う？」—「なんてすてきなＴシャツなんでしょう！　どこで買ったの？」　‘What a/an＋形容詞＋名詞＋主語＋動詞…!’で「なんて～な…だろう！」という感嘆文がつくれる。

(22)「もっと早く登校したらどう？」—「わかっているよ，でも早起きは苦手なんだ」　Why don't you ～？は，「～したらどうか」「～しなさい」という‘提案’や‘軽い命令’を表す。

(23)「ヒロシ君をお願いしたいのですが」—「恐れ入りますが，番号をお間違えだと思いますよ」　電話での応答。You have the wrong number. は，相手が電話番号を間違えている場合に使う表現。

(24)「夕食を食べに出かけない？」—「いや，やめておこう。今夜は雨が降るよ」　Shall we ～？「～しませんか」には，Yes, let's. か No, let's not. で答えるのが原則。

(25)「あの長い髪の小さな女の子は誰？」—「私のいとこのユミです」　「長い髪」と「少女」をつなぐ語として，‘所有’を表す with が適切。

6 〔整序結合〕

(26)・(27)「どんな種類の本」を What kind of book とまとめ，これに do you usually read という疑問文を続ける。不要語は how。　What kind of book do you usually read？

(28)・(29)語群に made があるので，「その知らせを聞いて，私たちはとても悲しくなりました」を「その知らせは，私たちをとても悲しくさせた」と読み換え，‘make＋目的語＋形容詞’「～を…(の状態)にする」で表す。不要語は heard。　The news made us very sad.

(30)・(31)主語「たくさんの友達を作ること」は，動名詞 making を使って Making a lot of friends とする。主語の「作ること」は単数扱いなので，be動詞は is になる。不要語は are。　Making a lot of friends is my goal.

(32)・(33)語群から，‘so ～ that＋主語＋cannot …’「とても～なので―は…できない」を過去形にする。不要語は because。　The problem was so difficult that I couldn't solve it.

(34)・(35)「〈人〉に～するように言う」は‘tell＋人＋to ～’で表せる。不要語は for。　The doctor told me to eat more vegetables.

7 〔書き換え―適語補充〕

(36)「祖母はこのスマートフォンを使えない」→「祖母はこのスマートフォンの使い方を知らない」　how to ～「～の仕方」

(37)「私の家は築20年だ」→「私の家が建てられてから20年がたった」　「～してから(時間)がたった」は，‘時間＋has/have passed since ～’で表せる(‘完了’を表す現在完了)。

(38)「母は試験の日には私に特別なおにぎりをつくってくれる」を「特別なおにぎり」を主語にした受け身形(‘be動詞＋過去分詞’)の文にする。make の文で「～のために」という場合は for を用いる。

(39)「ジョンは犬が好きで，メアリーも犬が好きだ」→「ジョンだけでなくメアリーも犬が好きだ」　‘not only ～ but also …’「～だけでなく…も」

(40)「これは私がこれまでに食べた中で最もおいしいパンケーキだ」→「私はこんなにおいしいパンケーキを食べたことがない」　‘This is the＋形容詞の最上級＋名詞(＋that)＋主語 have/has ever＋過去分詞’の文は，‘主語＋have/has never＋過去分詞＋such a/an＋形容詞の原級＋名詞’で書き換えられる。

8〔対話文完成─適文選択〕

(41) A：学校はどうだった？／B：初めて英語の先生と英語で話したよ。／A：④いいわね！　やっぱりあなたは英語を勉強するのが好きなのね。∥Sounds good！は相手の意見などに賛成したり，いい評価をしたりするときの表現。

(42) A：お話できてうれしかったけれど，もう帰らないと。また明日。／B：僕も楽しかったよ。いい1日を。／A：⑧あなたもね！∥何かいいことを言われて「あなたもね」「そちらこそ」と相手に返すときは，You too を使う。

(43) A：やあ，サラ。ケイトの住所を教えてくれない？／B：①何て言ったの？／A：ケイトがどこに住んでいるか知りたいんだ。∥Bの発言の前後で，Aが同じ内容を違う表現で言い直していることから，きき返したと考えられる。　Pardon？「何と言いましたか，もう一度言ってください」

(44) A：すみません，用賀駅への道をきいてもいいですか。／B：⑥ごめんなさい，この辺りは不慣れなのです。まっすぐ行ってあの角を右に曲がってください。そうすれば警察署があります。／A：そこできいてみます。とにかく，ありがとう。∥駅への道を尋ねられたのに警察署への道を教えていることから，Bは駅への道を知らないとわかる。stranger には「他人，見知らぬ人」の他に「(その場所に)不慣れな人，不案内な人」という意味もある。

(45) A：いつか夕食に出かけない？／B：うん，ぜひ。／A：⑨今夜は都合がいい？／B：日曜日の方がいいわ。∥Bが「日曜日の方がいい」と答えていることから，Aは別の日を提案したとわかる。

9〔長文読解総合─物語〕

≪全訳≫❶1人のアメリカ人ビジネスマンが小さな村の海辺に立っていると，メキシコ人の漁師を1人だけ乗せた小さなボートが到着した。小さなボートの中には，数匹のとても大きな魚がいた。アメリカ人はメキシコ人に，その魚がすばらしく見えることを伝え，それらを捕まえるのにどのくらいの時間がかかったのかを尋ねた。メキシコ人は，「そんなに長くはかからなかったよ」と言った。❷それからアメリカ人は，「なぜ海にもっと長くいて，もっと多くの魚を捕まえなかったのですか」と尋ねた。メキシコ人はほほ笑んで，「おれと家族にとって十分なだけ捕まえたから，もう満足しているんだ」と言った。❸するとアメリカ人は，「でもそれじゃ，残りの時間はどうしているんですか」と尋ねた。漁師は，「遅くまで寝て，ちょっと釣りをして，子どもたちと遊び，妻と短い昼寝をして，村までゆっくり歩き，そこで友達とワインを飲んでギターを弾くんだ。満ち足りた幸せな暮らしだよ」と言った。❹アメリカ人は笑った。「僕はハーバード大学を出た経営学の専門家だから，あなたの力になれますよ」と彼は言った。「(49)もしもっと釣りに時間をかけて，もっと多くのお金を稼いだら，より大きなボートが買えます。買った後はもっと釣りができて，もっと多くのお金を稼ぐためにより多くの魚を売ることができます。お金を十分に稼いだら，大きなボートをもっと買って，いつか10隻，15隻，ひょっとしたら20隻の釣り船を持つんです！　それだけたくさんのボートを手に入れた後は，もっと釣りができます！　たくさんの魚を地元の市場に売る必要はなくなり，大きな魚工場に売れるようになります。そうすればあなたは自分の会社を開いて，ずっと多くのお金を稼げますよ！」❺漁師は，「50-Aでもそれを全部するのにどのくらいの時間がかかるんだ？」と尋ねた。❻アメリカ人は，「50-B15年くらいです」と言った。❼漁師は再び尋ねた。「50-Cでもその後，おれはどうすればいいんだ？」❽アメリカ人は笑って，「そこが一番いいところですよ。いい時期が来たら，会社を売って金持ちになれるんです。何百万ドルも稼げますよ！」と言った。❾「何百万ドルだって，だんな？　その後おれはどうすればいいんだ？」❿アメリカ人は言った。「そうしたら引退すればいいんです。小さな漁村に引っ越して，遅くまで寝て，ちょっと釣りをして，子どもたちと遊び…，いや，子どもたちはもう大きくなっているでしょうが，それでも奥さんと短い昼寝をして，村までゆっくり歩き，そこで友達とワインを飲んでギターを弾くことができるんです。そんな暮らしは完璧だと思いませんか？」

(46)**＜英文和訳＞**'～ told … that —' は「～は…に—と言った」という意味。アメリカ人が言った内容は，the fish looked great「その魚はすばらしく見える」。asked の後の how long it took to ～ は「～するのにどのくらいの時間がかかったか」と訳す。them は the fish を指す。

(47)**＜単語の意味＞**直前で，漁師は自分と家族にとって十分な魚は捕まえたと言っているので，「満足した」が適切。

(48)**＜適語句選択＞**前文から，漁師は子どもたちや妻，友達とのんびりした生活を楽しんでいるとわかるので，full and happy life「満ち足りた幸せな暮らし」が適切。

(49)**＜文整序＞**アメリカ人が，メキシコ人が１日のうち少しの時間しか釣りをしていないのを知り，アドバイスをする場面。[B]「もっと釣りに時間をかけ，お金を稼いで大きなボートを買いなさい」→[A]「大きなボートでもっと釣りをして，稼ぎなさい」→[C]「そのお金で大きなボートをもっと所有しなさい」という流れになる。

(50)**＜適文選択＞**(A)メキシコ人は，その日その日を満ち足りて暮らしている。一方アメリカ人は「もっと大きなボートを買い，もっと稼ぎ，もっと多くのボートを所有し，会社を開きなさい」とずっと先の話をする。「それを全部するのにどのくらいの時間がかかるんだ」と尋ねるアを入れると自然な流れになる。　(B)前文でどれくらい時間がかかるかを尋ねているので，「約15年」と答えるイが適切。　(C)15年も先の話をされたメキシコ人は困ったので，「その後自分はどうすればいいんだ」と尋ねたのである。

(51)**＜要旨把握＞**第10段落でアメリカ人が説明した，引退後の理想の暮らしは，第３段落第２文でメキシコ人が現在楽しんでいる生活と同じであった。

10 〔長文読解総合—説明文〕

≪全訳≫❶地球には多くの種類の重要な環境問題があるが，私たちは人口についても考える必要がある。1950年には世界は26億人の人口を抱えていたが，今日では中国とインドだけでそれよりも多くの人がいる。2016年時点で世界には75億人の人がいた——そしてその数は５日ごとに約100万ずつ増加していたのだ。2050年時点で，地球にはおそらく約95億人の人がいるだろう。❷世界の人口は，最もお金を持っていない国々のいくつかで最も速く増加している。例えば，アフリカのマラウィとブルンジは人口が最も速く増加している国のうちの２つだが，世界の最貧国のうちの２つでもある。このような場所では，多くの人々にとって，十分な食料やきれいな水を手に入れたり，医療を受けたり，安全な家を見つけたりすることがすでに難しい。54③人口がより多ければ，これらの問題はより悪化するだろう。❸逆の問題を抱える国もある。人口が減少しているのだ。例えば，太平洋にあるクック諸島の人口は毎年減少している。以前よりも人々が抱える子どもの数が少なくなり，また大勢がニュージーランドのようなより大規模な場所へ行くために島々を離れているからだ。❹戦いを逃れて離れる人や，殺される人もいるので，国の戦時中も人口が減少する。2011年にシリアで戦争が始まった後，数百万の人々がそこにある家を離れ，国の人口はどんどん少なくなった。❺もし国の人口が少なくなったら，それは問題になりうる。例えば，店はたくさんのものを売ることができず，産業界や大学は十分な労働者や学生を見つけることができなくなる。❻世界の人口におけるもう１つの重要な変化は，今日ますます多くの高齢者がいるということだ。世界のたくさんの場所で，今や医療はずっと良くなったので人々はより長生きする。日本では，今や人口の４分の１を超える人々が65歳以上で，人々は2055年までには日本の人口の40％以上が60代後半や70代になると考えている。

(52)＜**英文解釈**＞下線部中の that は，文の前半にある，1950年の世界人口が26億人いたことを指す。つまり，現在の中国とインドの人口が，それよりも多いという意味になる。

(53)＜**適語句選択**＞前の文に，2016年の人口は75億人で，５日ごとに約100万ずつ増加していたとあるので，現在の75億人よりも多い数字を選ぶ。

(54)＜**適所選択**＞補う文の意味は「人口がより多ければ，これらの問題はより悪化するだろう」。「これらの問題」が指す内容は，第２段落第３文にある「十分な食料やきれいな水を手に入れたり，医療を受けたり，安全な家を見つけたりすることが難しいこと」なので，この文の後に入れる。

(55)＜**適語補充**＞前の文で説明された人口減少の原因として，少子化が考えられる。これを，people are having fewer children〔babies/kids〕と表せばよい。

(56)＜**適語句選択**＞前の文で述べられた人口減少の問題点の具体例として，②「店は多くのものを売ることができない」が適切。

(57)＜**適語選択**＞第６段落第２文に people are living longer「そのため人々はより長生きする」とある。これは「医療が良くなった」ためで，その結果として「ますます多くの高齢者がいる」のである。

(58)＜**用法選択**＞people think that ～ の that は「～ということ」を意味する接続詞。同じ用法なのは，③「多くの人は沖縄が美しい場所だということを知っている」。なお，①は文の前半の He can speak Chinese を受ける代名詞の that，②は teacher を「あの」という意味で修飾する that，④は「あれ」という代名詞の that。

(59)～(61)＜**内容真偽**＞(59)…×　第２段落第１文参照。　(60)…○　第４段落第１文に一致する。　(61)…×　第６段落最終文参照。

数学解答

1 (1) $-\frac{1}{40}$ (2) $x=4$, $y=7$

(3) $(a+6)(b-2)$ (4) $1\pm\sqrt{5}$

(5) 65 (6) 1040m (7) 34°

(8) $\sqrt{5}=\frac{a^2+3}{2a}$

2 (1) $(-1,\ 2)$ (2) $\left(\frac{1}{2},\ \frac{1}{2}\right)$

(3) 1：15

3 (1) $\frac{1}{12}\pi$ (2) $\frac{\sqrt{3}}{4}$

(3) $\frac{\sqrt{3}}{4}-\frac{1}{12}\pi$

4 (1) $\frac{23}{51}$ (2) $\frac{4}{25}$ (3) 116通り

5 (1) 4 (2) $2^2\times7\times71$ (3) 14

1 〔独立小問集合題〕

(1)＜**数の計算**＞与式 $=-\frac{1}{8}+\left(1-\frac{4}{5}\right)^2\times\frac{5}{3}\times\frac{3}{2}=-\frac{1}{8}+\left(\frac{1}{5}\right)^2\times\frac{5}{3}\times\frac{3}{2}=-\frac{1}{8}+\frac{1}{25}\times\frac{5}{3}\times\frac{3}{2}=-\frac{1}{8}+\frac{1}{10}=-\frac{5}{40}+\frac{4}{40}=-\frac{1}{40}$

(2)＜**連立方程式**＞$2x+y=15$……①，$\frac{5x}{3}-\frac{2y+9}{4}=\frac{11}{12}$……②とする。②×12 より，$20x-3(2y+9)=11$，$20x-6y-27=11$，$20x-6y=38$，$10x-3y=19$……②′ ①×3＋②′ より，$6x+10x=45+19$，$16x=64$ $\therefore x=4$ これを①に代入して，$8+y=15$ $\therefore y=7$

(3)＜**因数分解**＞与式 $=a(b-2)+6(b-2)$ と変形できるから，$b-2=X$ とおくと，与式 $=aX+6X=(a+6)X$ となる。Xをもとに戻して，与式 $=(a+6)(b-2)$ となる。

(4)＜**二次方程式の応用**＞二次方程式 $x^2-(a+4)x+a^2=0$ が $x=2$ を解に持つので，解を方程式に代入して，$2^2-(a+4)\times2+a^2=0$，$4-2a-8+a^2=0$，$a^2-2a-4=0$ となる。これを解の公式を利用して解くと，$a=\frac{-(-2)\pm\sqrt{(-2)^2-4\times1\times(-4)}}{2\times1}=\frac{2\pm\sqrt{20}}{2}=\frac{2\pm2\sqrt{5}}{2}=1\pm\sqrt{5}$ となる。

(5)＜**数の性質**＞求める自然数は，12でわると5余り，7でわると2余るので，12でわったときの商を a，7でわったときの商を b とすると，$12a+5$，$7b+2$（a，b は0以上の整数）と表される。よって，$12a+5=7b+2$ より，$12a+3=7b$，$3(4a+1)=7b$，$\frac{3(4a+1)}{7}=b$ となる。b は整数だから，$4a+1$ は7の倍数である。$a=0$ のとき $4a+1=4\times0+1=1$，$a=1$ のとき $4\times1+1=5$，$a=2$ のとき $4\times2+1=9$，$a=3$ のとき $4\times3+1=13$，$a=4$ のとき $4\times4+1=17$，$a=5$ のとき $4\times5+1=21$ だから，$4a+1$ が7の倍数となる最小の整数 a は $a=5$ である。したがって，求める最小の自然数は，$12a+5=12\times5+5=65$ である。

(6)＜**一次方程式の応用**＞Aの家から公園までの道のりを x m とする。Aの家からBの家までの道のりが2km，つまり2000m だから，Bの家から公園までの道のりは $2000-x$ m となる。Aは分速80m，Bは分速120m の速さで公園に向かったので，公園に到着するまでにかかる時間は，それぞれ，$\frac{x}{80}$分，$\frac{2000-x}{120}$分と表せる。Aが家を出発した5分後にBが家を出発し，同時に公園に到着したから，かかる時間は，AがBより5分長い。よって，$\frac{x}{80}=\frac{2000-x}{120}+5$ が成り立つ。これを解くと，$3x=2(2000-x)+1200$，$3x=4000-2x+1200$，$5x=5200$，$x=1040$(m)となる。

(7)<**図形—角度**>右図のように，中心Oと点Cを結ぶと，$\overset{\frown}{AB}=\overset{\frown}{BC}$ より，$\angle BOC=\angle AOB=52^\circ$ となり，$\angle COD=180^\circ-(\angle AOB+\angle BOC)=180^\circ-(52^\circ+52^\circ)=76^\circ$，$\angle COE=\angle COD+\angle EOD=76^\circ+36^\circ=112^\circ$ となる。△OCEはOC＝OEの二等辺三角形だから，$\angle CEO=\angle ECO$ となり，$\angle CEO=(180^\circ-\angle COE)\times\dfrac{1}{2}=(180^\circ-112^\circ)\times\dfrac{1}{2}=34^\circ$ である。

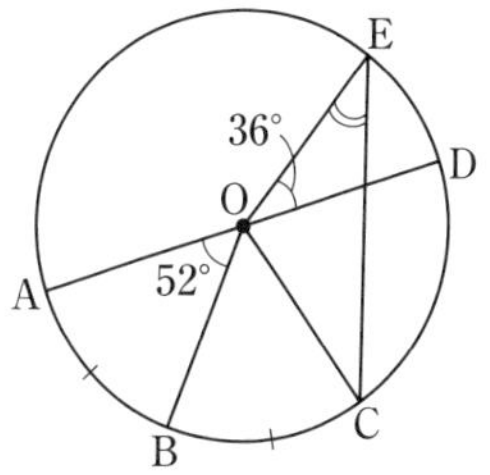

(8)<**文字式の利用**>$\sqrt{2}=a-\sqrt{5}$ として両辺を2乗すると，$(\sqrt{2})^2=(a-\sqrt{5})^2$，$2=a^2-2\sqrt{5}a+5$，$2\sqrt{5}a=a^2+3$ となり，両辺を $2a$ でわって，$\sqrt{5}=\dfrac{a^2+3}{2a}$ となる。

2 〔**関数—関数 $y=ax^2$ と直線**〕

≪**基本方針の決定**≫(2)　等積変形を利用する。

(1)<**座標**>右図で，点Aは放物線 $y=2x^2$ と直線 $y=2x+4$ の交点だから，2式より，$2x^2=2x+4$，$x^2-x-2=0$，$(x+1)(x-2)=0$ となり，$x=-1$，2となる。よって，点Aの x 座標は -1 である。これより，$y=2\times(-1)^2=2$ となるから，$A(-1,\ 2)$となる。

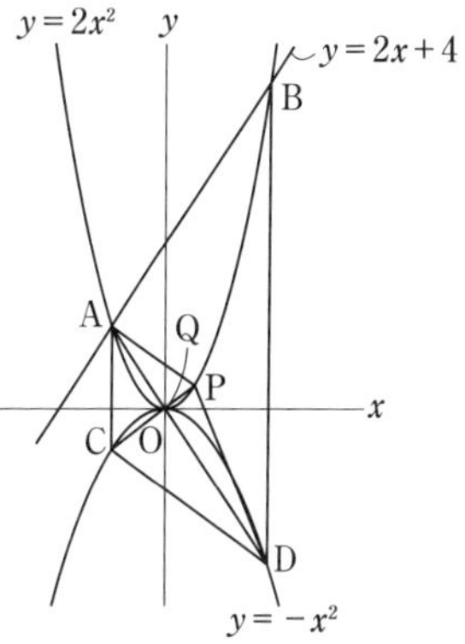

(2)<**座標**>右図で，(1)より，点Bの x 座標は2である。2点C，Dの x 座標は2点A，Bの x 座標と等しいから，それぞれ -1，2となる。2点C，Dは放物線 $y=-x^2$ 上の点だから，$y=-(-1)^2=-1$，$y=-2^2=-4$ より，$C(-1,\ -1)$，$D(2,\ -4)$ となる。△CDA，△CDPの辺CDを共通な底辺と見ると，△CDA＝△CDPより，この2つの三角形の高さが等しいから，AP∥CDとなる。$C(-1,\ -1)$，$D(2,\ -4)$より，直線CDの傾きは $\dfrac{(-4)-(-1)}{2-(-1)}=\dfrac{-3}{3}=-1$ だから，直線APの傾きも -1 となり，直線APの式は $y=-x+k$ とおける。$A(-1,\ 2)$を通ることから，$2=-(-1)+k$，$k=1$ となり，直線APの式は $y=-x+1$ となる。点Pは放物線 $y=2x^2$ と直線 $y=-x+1$ の交点だから，$2x^2=-x+1$，$2x^2+x-1=0$ より，$x=\dfrac{-1\pm\sqrt{1^2-4\times2\times(-1)}}{2\times2}=\dfrac{-1\pm\sqrt{9}}{4}=\dfrac{-1\pm3}{4}$ となり，$x=\dfrac{1}{2}$，-1 となる。よって，点Pの x 座標は $\dfrac{1}{2}$ だから，$y=2\times\left(\dfrac{1}{2}\right)^2=\dfrac{1}{2}$ より，$P\left(\dfrac{1}{2},\ \dfrac{1}{2}\right)$である。

(3)<**面積比**>右上図で，$A(-1,\ 2)$，$D(2,\ -4)$より，直線ADの傾きは $\dfrac{-4-2}{2-(-1)}=-2$ だから，直線ADの式は $y=-2x+m$ とおける。点Aを通ることから，$2--2\times(-1)+m$，$m=0$ となり，直線ADの式は $y=-2x$ である。$C(-1,\ -1)$，$P\left(\dfrac{1}{2},\ \dfrac{1}{2}\right)$より，直線CPの傾きは $\left\{\dfrac{1}{2}-(-1)\right\}\div\left\{\dfrac{1}{2}-(-1)\right\}=\dfrac{3}{2}\div\dfrac{3}{2}=1$ だから，直線CPの式は $y=x+n$ とおける。点Cを通ることから，$-1=-1+n$，$n=0$ となり，直線CPの式は $y=x$ となる。直線ADと直線CPは，ともに原点Oを通るから，線分ADと線分CPの交点Qは原点Oと一致し，△PQD＝△PODである。△CDA＝△CDPより，△CDA－△OCD＝△CDP－△OCDだから，△AOC＝△PODとなる。2点A，Cの y 座標より，$AC=2-(-1)=3$ であり，ACを△AOCの底辺と見ると，点Aの x 座標より，高さは1だから，$\triangle AOC=\dfrac{1}{2}\times3\times1=\dfrac{3}{2}$ となる。よって，$\triangle PQD=\triangle POD=\triangle AOC=\dfrac{3}{2}$ である。一方，四角形

ABDC は AC∥BD の台形である。$y=2\times2^2=8$ より，B(2，8)だから，２点B，Dの y 座標より，$BD=8-(-4)=12$ となる。２点A，Bの x 座標より，台形 ABDC の高さは $2-(-1)=3$ だから，〔四角形 ABDC〕$=\frac{1}{2}\times(3+12)\times3=\frac{45}{2}$ である。したがって，△PQD：〔四角形 ABDC〕$=\frac{3}{2}:\frac{45}{2}=1:15$ となる。

3〔平面図形―正方形〕

(1)＜**面積**＞右図で，BC＝BE，BC＝EC だから，BE＝BC＝EC となり，△EBC は正三角形である。よって，∠ABC＝90°，∠EBC＝60° より，∠ABE＝∠ABC－∠EBC＝90°－60°＝30° だから，〔おうぎ形 BEA〕$=\pi\times1^2\times\frac{30^\circ}{360^\circ}=\frac{1}{12}\pi$ である。

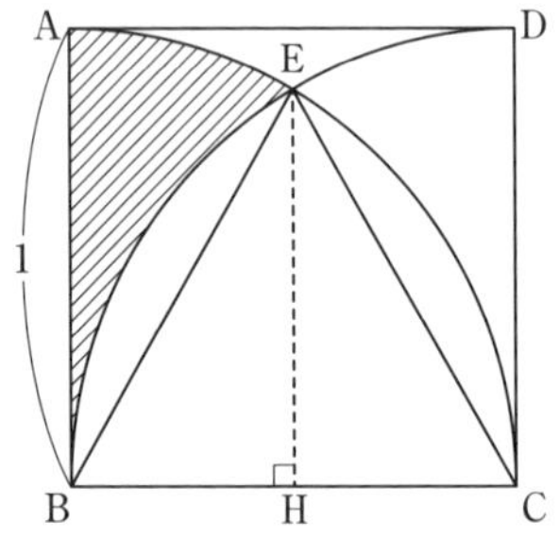

(2)＜**面積―特別な直角三角形**＞右図のように，点Eから辺 BC に垂線を引き，交点をHとすると，△EBC が正三角形だから，△EBH は３辺の比が $1:2:\sqrt{3}$ の直角三角形となる。よって，$EH=\frac{\sqrt{3}}{2}BE=\frac{\sqrt{3}}{2}\times1=\frac{\sqrt{3}}{2}$ となるから，$\triangle EBC=\frac{1}{2}\times BC\times EH=\frac{1}{2}\times1\times\frac{\sqrt{3}}{2}=\frac{\sqrt{3}}{4}$ である。

(3)＜**面積**＞右上図で，斜線部分の面積は，〔おうぎ形 BEA〕＋△EBC－〔おうぎ形 CBE〕で求められる。(1)より〔おうぎ形 BEA〕$=\frac{1}{12}\pi$，(2)より $\triangle EBC=\frac{\sqrt{3}}{4}$ であり，∠BCE＝60° より，〔おうぎ形 CBE〕$=\pi\times1^2\times\frac{60^\circ}{360^\circ}=\frac{1}{6}\pi$ だから，斜線部分の面積は，$\frac{1}{12}\pi+\frac{\sqrt{3}}{4}-\frac{1}{6}\pi=\frac{\sqrt{3}}{4}-\frac{1}{12}\pi$ となる。

4〔場合の数・確率―トランプ〕

(1)＜**確率**＞52枚のカードから１回目にハートの２のカードを引いているので，残りは 52－1＝51(枚)となる。この中から１枚のカードを引くので，引き方は51通りある。また，偶数のカードは，２，４，６，８，10，12のカードで，２はハート以外の３枚，２以外はハート，ダイヤ，スペード，クラブの４枚より，$3\times1+4\times5=23$(枚)あるから，偶数のカードの引き方は23通りある。よって，求める確率は $\frac{23}{51}$ である。

(2)＜**確率**＞３回目に引いたカードの数を x とすると，１回目が６，２回目が12だから，３枚のカードの数の積は，$6\times12\times x=2^3\times3^2\times x$ と表される。これが平方数(整数を２乗した数)となるとき，x が１以上13以下の整数だから，$x=2\times1^2=2$，$x=2\times2^2=8$ となる。３回目のカードを引くとき，残りのカードは 52－2＝50(枚)だから，カードの引き方は50通りある。このうち，２，８のカードを引く場合は，どちらも，ハート，ダイヤ，スペード，クラブの４枚ずつあるから，$4\times2=8$ より，８通りある。よって，求める確率は $\frac{8}{50}=\frac{4}{25}$ である。

(3)＜**場合の数**＞a，b はともに１以上13以下の整数だから，$a+4b$ の値は，最小が $1+4\times1=5$，最大が $13+4\times13=65$ であり，$\frac{a+4b}{20}$ が整数となる $a+4b$ の値は，20，40，60となる。$a+4b=20$ のとき，a，b の組は，$(a,\ b)=(4,\ 4)$，$(8,\ 3)$，$(12,\ 2)$ の３組ある。$(a,\ b)=(4,\ 4)$ となるのは，４のカードが４枚だから，$4\times3=12$(通り)ある。$(a,\ b)=(8,\ 3)$ となるのは，８，３のカードがそれぞれ４枚だから，$4\times4=16$(通り)ある。$(a,\ b)=(12,\ 2)$ となるのは，同様に，16通りある。よって，

$a+4b=20$ のとき，カードの組は $12+16+16=44$(通り)ある。同様に考えて，$a+4b=40$ のとき，a，b の組は，$(a,\ b)=(4,\ 9)$，$(8,\ 8)$，$(12,\ 7)$ の3組ある。$(a,\ b)=(4,\ 9)$，$(12,\ 7)$ となるのはそれぞれ16通り，$(8,\ 8)$ となるのは12通りより，$a+4b=40$ のとき，カードの組は $16\times2+12=44$(通り)ある。$a+4b=60$ のとき，a，b の組は，$(a,\ b)=(8,\ 13)$，$(12,\ 12)$ の2組ある。$(a,\ b)=(8,\ 13)$ となるのは16通り，$(12,\ 12)$ となるのは12通りより，$a+4b=60$ のとき，カードの組は $16+12=28$(通り)ある。以上より，求めるカードの組は，$44+44+28=116$(通り)ある。

5〔数・式―数の性質〕

(1)**＜余り＞**$2019\div31=65$ あまり4より，余りは4である。

(2)**＜素因数分解＞**平成，西暦はともに1ずつ増えるので，$b-a$ は一定である。平成1年が西暦1989年だから，$b-a=1989-1=1988$ である。1988を素因数分解すると，$1988=2^2\times7\times71$ となるから，$b-a=2^2\times7\times71$ である。

(3)**＜a の値＞**$b-a=1988$ より，$b=a+1988$ だから，$\dfrac{b}{a}=\dfrac{a+1988}{a}=1+\dfrac{1988}{a}$ となる。これが整数となるのは，$\dfrac{1988}{a}$ が整数のときだから，a は1988の約数である。$1988=2^2\times7\times71$ より，a の値は，小さい順に，$a=1,\ 2,\ 2^2,\ 7,\ 2\times7,$ ……となるから，5番目の値は，$a=2\times7=14$ である。

国語解答

一 問一 a ゆだ b けねん
c 侵害 d 表裏 e 貧困
問二 a…ウ b…ア c…オ d…エ
問三 A 複数〔多様／多数〕
B 職業〔仕事〕
問四 多数の関係性の集合〔分人のネットワーク〕
問五 イ 問六 エ
問七 一見，本人が自由意志で行動したかのように見えても，実際にはそれを選ぶより他にない構造をつくって選ばせているということ。（59字）
問八 こうした単 問九 ウ

二 問一 ①…ウ ⑤…エ ⑪…ア
問二 ②…ウ ③…イ ⑧…ア
問三 （聖使ふ）童〔この童〕
問四 聖は，年ご～ぬことなり
問五 ひょう
問六 猟師が普賢菩薩を矢で射たことをひどいことだと思ったから。（28字）
問七 普賢菩薩に矢が当たったこと。
問八 ア…B イ…A ウ…A エ…B

三 問一 ①…イ ②…ア
問二 ① 食べる〔食う〕 ② 着る
③ 見る
問三 ① 口・エ ② 塩・ア
③ 山・ウ ④ 虫・カ
⑤ 利・イ
問四 ①…オ ②…ア ③…キ ④…ケ
⑤…コ

一〔**論説文の読解―社会学的分野―現代社会**〕出典；平野啓一郎『自由のこれから』。

≪**本文の概要**≫近代的な「個人」という考え方の限界を乗り越えるために，私は，「分人」の概念を発想した。今までの教育システムの根底には，アイデンティティと職業との一対一の強い結びつきを重視した近代的な自己実現モデルがあるが，現代社会では，一つのアイデンティティを一つの職業に委ねることも難しく，リストラの懸念や自動化によって仕事を奪われるなどの不安もある。だから，私たちは，自分のアイデンティティを，複数の仕事や家族や趣味といった多数の関係性の中で，とらえ直さなければならない。私たちが，その個々の関係性の中の自分を分人とし，その分人の構成をコントロールできるようになれば，全人格的にある関係性に巻き込まれることが避けられ，自由を手に入れられるようになる。現代社会では，複数の人間と強い信頼関係の下で共同作業することは避けられないが，私たちが，一つの関係性の中での分人を相対化する複数の分人を所有していれば，ある分人において他に選択肢がないと思われることでも，その選択肢が必然ではないと考えられるようになるのである。

問一＜**漢字**＞a．音読みは「委任」などの「イ」。 b．心配のこと。 c．他人の権利などを侵すこと。 d．表と裏。 e．貧しくて生活に困っていること。

問二＜**接続語**＞a．「教育システム」の根底には「近代的な自己実現モデル」があり，初等教育から高等教育以降において「専門職に就く」までの「基本的な流れ」があるが，今後「何の仕事をすべきかという選択」は，「ますます難しくなる」と考えられる。 b．「単一のアイデンティティ」を一つの職業に委ねても「希望の仕事に就くこと」は容易でなく，「非正規の派遣労働の多く」は，「自己実現モデルに対応する内容を備えて」いないし，「企業自体の寿命」が不確かであったり，「早期のリストラ」についても心配されたりするうえに，昨今では，「AIやロボットに仕事を奪われるという不安」もある。 c．私たちは，「一定期間，複数の人間と，強い信頼関係の下で共同作業をする」ことは避けられず，「関係性から逃走ばかりしていては，いつまで経っても何も生み出すことができない」ので，「一切の深い，強い関係性を回避する」という方法をとることはできない。　　d．私たちは，「一切の深い，強い関係性を回避する」ことよりも，どちらかというと，自己を「複数化することで，いつでもそれぞれの分人的関係から離脱できる状態でいることが重要」なのである。

問三＜文章内容＞A．本来の「アイデンティティ観」は，「一人の人間の中には，本当の自分がただ一つだけあり，それが一貫して持続し続ける」という概念に基づくものなので，「単数」と考えられる。しかしながら，今日では，「多様な人々とコミュニケーションを交わさなければ」ならなくなっているので，私たちには「複数」のアイデンティティが必要となっている。　　B．初めて会う人に「何をしているか？」と質問することからもわかるように，私たちは，「個人のアイデンティティの中心」を，どのような仕事をしているかといったことによって判断している。つまり，今までは「アイデンティティと職業との一対一の非常に強い結びつきが重視されてきた」のである。

問四＜文章内容＞昨今では，「一生をかけて全うする一つの職業」が「『本当の自分』を象徴する」という，これまでの「自己実現モデルの維持」は難しくなってきている。つまり，私たちは，「自身のアイデンティティ」を，複数の仕事や仕事における人間関係，家族や友人，趣味といった「多数の関係性の集合」として認識し直さなければならないのであり，「私」は，一人の人間は「複数の分人のネットワーク」からできていると考えている。

問五＜文章内容＞現代では，一人の人間における対外的な関係性がいくつも存在するため，私たちは，一つのアイデンティティでは対応できなくなっている。しかし，「個々の関係性の中のそれぞれの自分」を「分人」とすれば，「全人格的にある関係性に巻き込まれることが避けられ」て，私たちは，「より多くの自由」を手に入れられる。例えば，ある「分人」において「他に選択肢がないように思えていること」でも，「他の分人」の経験を通じ，自分の位置を別の視点から考えれば，その選択肢に「必然性がない」ことが見えてくる。つまり，複数の「分人」を持てば，その場に応じて，私たちは，さまざまに対応を変えられるのである。「相対化」は，ある事柄を他のものと比較して位置づけること。

問六＜文章内容＞昨今では，正規の「希望の仕事に就くこと」が容易でなくなっている(イ…○)。また，「企業自体の寿命も不確か」で(ア…○)，「早期リストラ」や「AIやロボットに仕事を奪われるという不安」もある(オ・ウ…○)。このように，「何の仕事をすべきかという選択」が難しくなることによって，「近代的な自己実現モデル」が現代に合わなくなっている(エ…×)。

問七＜文章内容＞表面的には，個々の自由な意志に基づいて「自粛」しているように見えても，実際は，「国家権力の監視対象になることを恐れ」て，自分の行動を規制することがある。「本人が自由意志で行動したかのように見えて」も，「不可抗力的にそれを選ぶより他ない状況」での選択は，「完全な自由意志」とはいえないのである。

問八＜文脈＞昨今は，「AIやロボット」が人間の仕事を代行するようになり，「社会のオートメーション化」が進み，「何か一つでも自動化されていない領域が見つけられると，なぜ未だに人がやっているのか」と疑問に感じることも出てくる。一例を挙げれば，コンビニでは「レジのセルフサーヴィス」のため，数年以内に「共通タグ」が開発され，「コンビニのレジが自動化」が進められているが，そのような「単純労働」だけではなく，「外科手術のような特殊技能が求められる専門職」においても，「ロボットの実用化の研究」が，急速に進められているのである。

問九＜要旨＞私たちは，「自分が巻き込まれている一つの状況」や「その関係性の中での分人を相対化」できる，複数の「分人」を所有しておくことが大切である。なぜなら，「ある分人」において「他に選択肢がないように思えていること」でも，他の「分人」やその「関係者」を通じて，その選択肢に「必然性がない」という見方ができるようになるからである。

二〔古文の読解―説話〕出典；『宇治拾遺物語』巻第八ノ六。

≪**現代語訳**≫昔，愛宕の山に，長い間修行中の高徳の僧がいた。長年修行をしていて，僧坊を出ることがない。(一方)西の方に猟師がいた。(猟師は)この聖を尊敬して，常々参上して，食物などを差し上げていた。(しかし)長い間参上しなかったことがあったので，餌や獲物を入れる竹かごに干飯などを入れて，参上した。聖は，喜んで，日々の心細さなどをお話しになる。そのうち，座ったまま寄ってきておっしゃるには，「この頃，たいそう貴いことがある。長年，一心に経を唱え申し上げ続けているご利益であろうか，ここ数日の夜，普賢菩薩が，象に乗ってお見えになる。今夜は(ここに)泊まって拝みなさい」と言ったので，この猟師は，「まことに貴いことでございます。そうであるなら，泊まって拝み申し上げましょう」と言って，(帰らずに僧坊に)とどまった。

そこで，聖が召し使っている童に尋ねた。「聖がおっしゃることは，どういうことなのか。お前も，この仏を拝み申し上げたのか」と問うと，童は，「五度か六度，拝み申し上げたことがあります」と言うので，猟師は「自分にも拝み申し上げる機会があるか」と思って，聖の後ろで寝もしないで起きて座っていた。(陰暦の)九月二十日のことだったので，夜も長い。今か今かと待っていると，夜半は過ぎているだろうと思う時刻に，東の山の峰から，月が出るように見えて，峰の嵐も激しく吹いてきたときに，この僧坊の中に，光が差し込んだように，明るくなった。見ると，普賢菩薩が，象に乗って，少しずつお見えになり，僧坊の前にお立ちになった。

聖は，泣きながら拝んで，「おい，お前も拝み申し上げたか」と言ったので，(童は)「どうして(拝み申し上げないことがありましょう)。この童も拝み申し上げています。おお，非常に貴いことです」と言って，猟師が思うには，聖は，長い間経を唱え続けていらっしゃるので，その目で(普賢菩薩が)ご覧になれるのでしょうが，この童や，自分などは，お経の(上下の)向きさえもわからないのに，(普賢菩薩が)現れなさっているというのは，合点がいかぬことだと，心の中で思って，このことを試してみよう，これは，罪を犯すことにはならないはずだと思って，先端のとがった矢を，弓につがえ，聖が拝んでうつ伏している上から，頭越しに，弓を強く引いて，ひょうと射たところ，(普賢菩薩の)胸の辺りに当たったようで，(その姿は)火を消すように，(そして)光も消えてしまった。(その後)谷へ大きな音を響かせて，逃げていく音がする。聖は，「これはどうなさったのか」と言って，はなはだしく泣いて困惑している。男が申し上げたことには，「(長い間修行を積んだ)聖の目には(普賢菩薩は)見えますでしょう。(しかし)自分のような罪深い者の目にも(姿を)現しなさるので，(現れた普賢菩薩が本物なのか)試し申し上げようと思って射たのです。本当の仏であるならば，まさか矢が当たりなさることはないでしょう。(ところが)そうなったので，怪しいものである(と思います)」と言った。夜が明けて，(流れ落ちている)血をたどって行って見てみると，一町ほど行ったところの谷底で，大きな狸が，その胸からとがった矢を射抜かれて，死んで横たわっていた。

聖ではあるが，無知なので，このようにだまされたのである。猟師ではあるが，思慮があったので，狸を射殺し，それが化けていることを暴いたのである。

問一＜古語＞①「年ごろ」は，長年の間のこと。　⑤「いね」は「寝ね」と書き，寝る，という意味。⑪「慮」は，慎重に考えること，思慮のこと。

問二＜古文の内容理解＞②聖は，ここ数日，象に乗った普賢菩薩が現れているから今夜はここにいて拝みなさいと，猟師に言った。　③猟師は，聖に言われたように，その晩は僧坊にとどまって普賢菩薩を拝むことにした。　⑧猟師の射た矢が命中した普賢菩薩は，その姿を消し，逃げていった。

問三＜古文の内容理解＞猟師は，「聖使ふ童」に向かって，お前も普賢菩薩を拝んだことがあるかどうかと尋ねた。

問四＜古文の内容理解＞猟師は，聖は長年にわたって経を唱えているので，普賢菩薩が見えるのであろうが，自分や童は経の向きもわからないくらいなのに，普賢菩薩が見えるのは合点がいかないと疑問に思った。

問五＜歴史的仮名遣い＞歴史的仮名遣いの「au」の音は，現代仮名遣いでは「ou」となる。また「ひやう」は擬音語なので，「よ」を拗音にし，「ひょう」とする。

問六＜古文の内容理解＞聖は，猟師が尊い普賢菩薩に向かって矢を放ったので，そのことをひどい行いだと思い，驚いて泣いた。

問七＜古文の内容理解＞猟師は，本物の普賢菩薩ならば矢に当たらないはずだが，自分の放った矢が胸に命中したので，怪しいと言ったのである。

問八＜古文の内容理解＞猟師は，愛宕の山の聖を敬っていたので，「干飯」などを奉納して参上していた(イ…A)。猟師は，あるとき，聖から象に乗った普賢菩薩が夜になると来るから拝みなさいと勧められ，普賢菩薩を見たが，経の向きもわからない自分に普賢菩薩が見えるのは変だと気づき，それが「まことの仏」ではないと見破り，普賢菩薩に向かって矢を放ったところ命中した(ウ…A)。聖は，猟師の行動に驚いて悲しんだが(エ…B)，夜が明けてから見てみると矢で射られた狸が死んでいた。聖は僧坊を出ることがないくらい修行に熱心ではあったが，「無知」だったので，狸にだまされたのである(ア…B)。

三〔国語の知識〕

問一＜敬語＞①「おっしゃった」は尊敬語なので，話し手である彼女から動作主である先生へ向けた敬意が示されている。　②「です」は丁寧語なので，話し手である彼女から聞き手である「私」へ向けた敬意が示されている。

問二＜敬語＞①「召し上がる」は，食べる，飲む，などの尊敬表現。　②「お召しになる」は，着る，の尊敬表現。　③「ご覧になる」は，見る，の尊敬表現。

問三①＜ことわざ＞「良薬は口に苦し」は，効きめのある薬が苦いように，その人のためになる忠告は素直に受け入れにくい，という意味。　②＜慣用句＞「青菜に塩」は，元気がなくしょげている様子。　③＜ことわざ＞「枯れ木も山のにぎわい」は，つまらないものでも数に入れておけば，ないよりはましであること。　④＜ことわざ＞「一寸の虫にも五分の魂」は，弱い者や小さいものでも，相応の意地は持っていること。　⑤＜故事成語＞「漁夫の利」は，当事者たちが争っているうちに第三者が利益を横取りしてしまうこと。

問四＜文学史＞①『土佐日記』は，平安時代の日記で，作者は紀貫之。貫之は，『古今和歌集』の序文である仮名序も書いた。　②『おくのほそ道』は，江戸時代の俳諧紀行文で，作者は松尾芭蕉。　③『舞姫』は，明治23(1890)年に発表された森鷗外の小説。　④「柿食へば鐘が鳴るなり法隆寺」は，明治時代の正岡子規の句。　⑤『蟹工船』は，昭和4(1929)年に発表された小林多喜二の小説。

Memo

Memo

Memo

2025年度用

高校スーパー過去問

■編集人　声の教育社・編集部

■発行所　株式会社　声の教育社

〒162-0814 東京都新宿区新小川町8-15

☎03-5261-5061㈹ FAX03-5261-5062

https://www.koenokyoikusha.co.jp

カコを追いかけ
ミライをつかめ
「今の説明、もう一回」を何度でも
web過去問
ストリーミング配信による入試問題の解説動画
声の教育社
詳しくはこちらから

駒澤大学高等学校

別冊解答用紙

丁寧に抜きとって、別冊としてご使用ください。

★教科別合格者平均点＆合格者最低点

	英語	数学	国語	合格者最低点
2024年度	62.0	72.0	76.0	197
2023年度	64.0	54.5	60.9	171
2022年度	68.8	53.1	63.8	175
2021年度	68.3	49.8	69.5	179
2020年度	70.0	66.4	77.8	206

注意

○ 解答用紙は、収録の都合により縮小したものや、小社独自に作成したものもあります。
○ 学校配点は学校発表のもの、推定配点は小社で作成したものです。
○ 無断転載を禁じます。
○ 解答用紙を拡大コピーする場合、表示した拡大率に対応する用紙サイズは以下のとおりです。
101%～102%＝B5　103%～118%＝A4　119%～144%＝B4　145%～167%＝A3
（タイトルと配点表は含みません）

２０２４年度　駒澤大学高等学校

英語解答用紙

番号		氏名		評点	／100

※記述問題の解答がマーク解答欄にかからないよう注意してください。

大問	番号	解答欄
1	(1)	
	(2)	
	(3)	
	(4)	
	(5)	① ② ③ ④
	(6)	① ② ③ ④
	(7)	① ② ③ ④
	(8)	① ② ③ ④
	(9)	
	(10)	
	(11)	
	(12)	① ② ③ ④
2	(13)	① ② ③ ④
	(14)	① ② ③ ④
	(15)	① ② ③ ④
	(16)	① ② ③ ④
	(17)	① ② ③ ④
3	(18)	
	(19)	
	(20)	
	(21)	
	(22)	
4	(23)	① ② ③ ④ ⑤ ⑥ ⑦ ⑧
	(24)	① ② ③ ④ ⑤ ⑥ ⑦ ⑧
	(25)	① ② ③ ④ ⑤ ⑥ ⑦ ⑧
	(26)	① ② ③ ④ ⑤ ⑥ ⑦ ⑧
	(27)	① ② ③ ④ ⑤ ⑥ ⑦ ⑧
	(28)	① ② ③ ④ ⑤ ⑥ ⑦ ⑧
	(29)	① ② ③ ④ ⑤ ⑥ ⑦ ⑧
	(30)	① ② ③ ④ ⑤ ⑥ ⑦ ⑧
	(31)	① ② ③ ④ ⑤ ⑥ ⑦ ⑧
	(32)	① ② ③ ④ ⑤ ⑥ ⑦ ⑧
5	(33)	
	(34)	
	(35)	

大問	番号	解答欄
5 つづき	(36)	
	(37)	
6	(38)	① ② ③ ④
	(39)	① ② ③ ④
	(40)	① ② ③ ④
	(41)	① ② ③ ④
	(42)	① ② ③ ④
7	(43)	① ② ③ ④
	(44)	① ② ③ ④
	(45)	① ② ③ ④
	(46)	① ② ③ ④
	(47)	① ② ③ ④
	(48)	① ② ③ ④
	(49)	① ② ③ ④
	(50)A	① ② ③ ④
	(50)B	① ② ③ ④
	(50)C	① ② ③ ④
	(50)D	① ② ③ ④
8	(51)	① ② ③ ④
	(52)	① ② ③ ④
	(53)	① ② ③ ④
	(54)	
	(55)	① ② ③ ④ ⑤ ⑥ ⑦ ⑧
	(56)	① ② ③ ④ ⑤ ⑥ ⑦ ⑧
	(57)	① ② ③ ④ ⑤ ⑥ ⑦ ⑧
	(58)	① ② ③ ④ ⑤ ⑥ ⑦ ⑧
	(59)	① ② ③ ④ ⑤ ⑥ ⑦ ⑧
	(60)	① ②
	(61)	① ②
	(62)	① ②
	(63)	① ②
	(64)	英単語1
		英単語2
		portmanteau
		意味

（注）この解答用紙は原本未入手のため、縮小率を掲載していません。

学校配点		計
	1 各２点×12　2, 3 各１点×10　4 各２点×５ 5, 6 各１点×10　7 各２点×11 8 (51)～(59) 各２点×９　(60)～(63) 各１点×４　(64) ２点	100点

2024年度　駒澤大学高等学校

数学解答用紙

番号		氏名		評点	／100

1

(1)		(2)		(3)			
(4)	$a=$	(5)	人	(6)①	°	(6)②	°
(7)①		(7)②		(8)			

2

(1)	$a=$　　, $b=$	(2)		(3)	
(4)					

3

(1)		(2)		(3)	
(4)					

4

(1)	通り	(2)	通り	(3)	通り
(4)	通り				

5

ア		イ		ウ	
エ		オ			

（注）この解答用紙は原本未入手のため、縮小率を掲載していません。

推定配点		計
	1 各３点×10　2～4 各５点×12　5 各２点×５	100点

二〇二四年度　駒澤大学高等学校

国語解答用紙

番号		氏名		評点	/100

一

問一　a　b　c　d　e

問二　Ⅰ　Ⅱ　Ⅲ　Ⅳ

問三　「患者さま」という言葉で［　　　］を表現していると推測している。

問四

問五

問六　［　　　］〜［　　　］こと。

問七

問八

問九

問十　①　②　③　④　⑤

二

問一　（1）　（2）　（3）

問二　①　②

問三

問四　A　B　C

問五

問六　⑤　⑦

問七

問八

問九

三

問一　①　②　③

問二　①　②　③　④

問三　①　②　③　④

問四　①　②　③　④

問五　①　②　③　④　⑤

（注）この解答用紙は原本未入手のため、縮小率を掲載していません。

推定配点		計
	一　問一　各2点×5　問二　各1点×4　問三〜問六　各3点×4 問七　6点　問八、問九　各3点×2　問十　各1点×5 二　問一、問二　各2点×5　問三　3点　問四、問五　各2点×4 問六　各3点×2　問七　2点　問八　5点　問九　3点 三　各1点×20	100点

２０２３年度　駒澤大学高等学校

英語解答用紙

番号		氏名		評点	／100

※記述問題の解答がマーク解答欄にかからないよう注意してください。

1	(1)	
	(2)	
	(3)	
	(4)	①　②　③　④
	(5)	①　②　③　④
	(6)	①　②　③　④
	(7)	
	(8)	
	(9)	
	(10)	①　②　③　④
2	(11)	①　②　③　④
	(12)	①　②　③　④
3	(13)	①　②
	(14)	①　②　③
	(15)	①　②　③　④
4	(16)	①　②　③　④
	(17)	①　②　③　④
	(18)	①　②　③　④
	(19)	①　②　③　④
	(20)	①　②　③　④
5	(21)	
	(22)	
	(23)	
	(24)	
	(25)	
6	(26)	①　②　③　④　⑤　⑥　⑦　⑧
	(27)	①　②　③　④　⑤　⑥　⑦　⑧
	(28)	①　②　③　④　⑤　⑥　⑦　⑧
	(29)	①　②　③　④　⑤　⑥　⑦　⑧
	(30)	①　②　③　④　⑤　⑥　⑦　⑧
	(31)	①　②　③　④　⑤　⑥　⑦　⑧
	(32)	①　②　③　④　⑤　⑥　⑦　⑧
	(33)	①　②　③　④　⑤　⑥　⑦　⑧
6 つづき	(34)	①　②　③　④　⑤　⑥　⑦　⑧
	(35)	①　②　③　④　⑤　⑥　⑦　⑧
7	(36)	
	(37)	
	(38)	
	(39)	
	(40)	
8	(41)	①　②　③　④　⑤　⑥　⑦　⑧
	(42)	①　②　③　④　⑤　⑥　⑦　⑧
	(43)	①　②　③　④　⑤　⑥　⑦　⑧
	(44)	①　②　③　④　⑤　⑥　⑦　⑧
	(45)	①　②　③　④　⑤　⑥　⑦　⑧
9	(46)	①　②　③　④
	(47)	①　②　③　④
	(48)	
	(49)	①　②　③　④
	(50)	①　②　③　④
	(51)	①　②　③　④
10	(52)	①　②　③　④
	(53)	①　②　③　④
	(54)	①　②　③　④
	(55)	隕石が落ちる速さにより隕石の　　　　が　　　　ため
	(56)	①　②　③　④
	(57)	
	(58)	Ⓣ　Ⓕ
	(59)	Ⓣ　Ⓕ
	(60)	Ⓣ　Ⓕ
	(61)	①　②　③　④　⑤　⑥　⑦　⑧
	(62)	①　②　③　④　⑤　⑥　⑦　⑧
	(63)	①　②　③　④　⑤　⑥　⑦　⑧
	(64)	①　②　③　④　⑤　⑥　⑦　⑧

（注）この解答用紙は実物を縮小してあります。Ａ３用紙に164%拡大コピーすると、ほぼ実物大で使用できます。（タイトルと配点表は含みません）

推定配点		計
	1　各２点×10　2～4　各１点×10　5～8　各２点×20 9　(46)，(47)　各１点×２　(48)　２点　(49)～(51)　各１点×３ 10　(52)～(57)　各２点×６　(58)～(60)　各１点×３　(61)～(64)　各２点×４	100点

２０２３年度　駒澤大学高等学校

数学解答用紙

番号		氏名		評点	／100

1

(1)		(2)	

(3)	円	(4)		(5)	
(6)		(7)		(8)	°

2

(1)		(2)		(3)	

3

(1)		(2)		(3)	

4

(1)		(2)		(3)	

5

(1)		(2)	個	(3)	

（注）この解答用紙は実物を縮小してあります。B４用紙に143％拡大コピーすると、ほぼ実物大で使用できます。（タイトルと配点表は含みません）

推定配点		計
	1～5　各５点×20	100点

二〇二三年度　駒澤大学高等学校

国語解答用紙

番号　　氏名　　評点　／100

一

問一　a　b　c　d　e

問二　Ⅰ　Ⅱ　Ⅲ　Ⅳ

問三　だから。

問四　～

問五　問六　問七

問八　から。

問九

問十　①　②　③　④　⑤

二

問一　A　B

問二　問三　問四

問五

問六　問七　⑥　⑨

問八　問九

問十

三

問一　①　②　③　④　⑤

問二　①　②　③

問三　①　②　③　④

問四　①　②　③

問五　①　②　③　④　⑤

（注）この解答用紙は実物を縮小してあります。A３用紙に161％拡大コピーすると、ほぼ実物大で使用できます。（タイトルと配点表は含みません）

推定配点		計
	一　問一　各２点×５　問二　各１点×４　問三～問七　各３点×５　問八　６点　問九　３点　問十　各１点×５ 二　問一　各２点×２　問二～問九　各３点×９　問十　６点 三　各１点×20	100点

2022年度　駒澤大学高等学校

英語解答用紙

番号		氏名		評点	／100

※記述問題の解答がマーク解答欄にかからないよう注意してください。

1	(1)	
	(2)	
	(3)	
	(4)	① ② ③ ④
	(5)	① ② ③ ④
	(6)	① ② ③ ④
	(7)	
	(8)	
	(9)	
	(10)	① ② ③ ④
2	(11)	① ② ③ ④
	(12)	① ② ③ ④
3	(13)	① ② ③
	(14)	① ② ③ ④
	(15)	① ② ③
4	(16)	① ② ③ ④
	(17)	① ② ③ ④
	(18)	① ② ③ ④
	(19)	① ② ③ ④
	(20)	① ② ③ ④
5	(21)	
	(22)	
	(23)	
	(24)	
	(25)	
6	(26)	① ② ③ ④ ⑤ ⑥ ⑦
	(27)	① ② ③ ④ ⑤ ⑥ ⑦
	(28)	① ② ③ ④ ⑤ ⑥ ⑦
	(29)	① ② ③ ④ ⑤ ⑥ ⑦
	(30)	① ② ③ ④ ⑤ ⑥ ⑦
	(31)	① ② ③ ④ ⑤ ⑥ ⑦
	(32)	① ② ③ ④ ⑤ ⑥ ⑦
	(33)	① ② ③ ④ ⑤ ⑥ ⑦

6 つづき	(34)	① ② ③ ④ ⑤ ⑥ ⑦
	(35)	① ② ③ ④ ⑤ ⑥ ⑦
7	(36)	
	(37)	
	(38)	
	(39)	
	(40)	
8	(41)	① ② ③ ④ ⑤ ⑥ ⑦ ⑧
	(42)	① ② ③ ④ ⑤ ⑥ ⑦ ⑧
	(43)	① ② ③ ④ ⑤ ⑥ ⑦ ⑧
	(44)	① ② ③ ④ ⑤ ⑥ ⑦ ⑧
	(45)	① ② ③ ④ ⑤ ⑥ ⑦ ⑧
9	(46)	① ② ③ ④
	(47)	① ② ③ ④
	(48)	A
		が排水溝の中で
		B
		いる状態であった。
	(49)	① ② ③ ④
	(50)	① ② ③ ④
	(51)	
	(52)	① ② ③ ④
10	(53)	
	(54)	① ② ③ ④
	(55)	① ② ③ ④
	(56)	
	(57)	① ② ③ ④
	(58)	A　　B
	(59)	Ⓣ Ⓕ
	(60)	Ⓣ Ⓕ
	(61)	Ⓣ Ⓕ
	(62)	Ⓣ Ⓕ

（注）この解答用紙は実物を縮小してあります。Ａ３用紙に164％拡大コピーすると、ほぼ実物大で使用できます。（タイトルと配点表は含みません）

推定配点		計
	1　各２点×10　2～4　各１点×10 5～9　各２点×27〔6は各２点×５，9(48)は完答〕 10　(53)～(58)　各２点×６〔(58)は完答〕　(59)～(62)　各１点×４	100点

2022年度　　駒澤大学高等学校

数学解答用紙

番号		氏名		評点	／100

1

(1)		(2)	$x =$ 　　, $y =$	(3)	
(4)	cm	(5)	g	(6)	cm^3
(7)		(8)	cm		

2

(1)		(2)		(3)	$a =$

3

(1)	通り	(2)	通り	(3)	

4

(1)		(2)		(3)	

5

(1)		(2)		(3)	

（注）この解答用紙は実物を縮小してあります。A３用紙に147%拡大コピーすると、ほぼ実物大で使用できます。（タイトルと配点表は含みません）

推定配点		計
	1～5　各５点×20	100点

二〇二二年度　駒澤大学高等学校

国語解答用紙

番号		氏名		評点	/100

一

問一　a　b　c　d　e

問二　Ⅰ　Ⅱ　Ⅲ　Ⅳ

問三　〜　から。

問四

問五

問六　緊急事態宣言の発令やロックダウン政策が、

問七

問八

問九　ア　イ　ウ　エ　オ

二

問一　①　⑫　⑭

問二　→　→

問三

問四　④　⑨

問五

問六　⑥　⑦　⑧

問七

問八

問九

問十　ア　イ　ウ　エ

三

問一　①　②　③　④　⑤

問二　①　②　③

問三　①　②　③

問四　①　②　③　④

問五　①　②　③　④　⑤

（注）この解答用紙は実物を縮小してあります。A３用紙に164%拡大コピーすると、ほぼ実物大で使用できます。（タイトルと配点表は含みません）

推定配点		計
	一　問一　各2点×5　問二　各1点×4　問三　6点　問四、問五　各3点×2　問六　6点　問七、問八　各3点×2　問九　各1点×5 二　問一　各2点×3　問二　3点　問三〜問六　各2点×7　問七　4点　問八　2点　問九　4点　問十　各1点×4 三　各1点×20	100点

２０２１年度　駒澤大学高等学校

英語解答用紙

番号		氏名	

評点	／100

※記述問題の解答がマーク解答欄にかからないよう注意してください。

大問	番号	解答欄
1	(1)	
	(2)	
	(3)	
	(4)	① ② ③ ④
	(5)	① ② ③ ④
	(6)	① ② ③ ④
	(7)	
	(8)	
	(9)	
	(10)	① ② ③ ④
2	(11)	① ② ③ ④
	(12)	① ② ③ ④
3	(13)	① ②
	(14)	① ② ③
	(15)	① ② ③ ④
4	(16)	① ② ③ ④
	(17)	① ② ③ ④
	(18)	① ② ③ ④
	(19)	① ② ③ ④
	(20)	① ② ③ ④
5	(21)	
	(22)	
	(23)	
	(24)	
	(25)	
6	(26)	① ② ③ ④ ⑤ ⑥ ⑦
	(27)	① ② ③ ④ ⑤ ⑥ ⑦
	(28)	① ② ③ ④ ⑤ ⑥ ⑦
	(29)	① ② ③ ④ ⑤ ⑥ ⑦
	(30)	① ② ③ ④ ⑤ ⑥ ⑦
	(31)	① ② ③ ④ ⑤ ⑥ ⑦

大問	番号	解答欄
6 つづき	(32)	① ② ③ ④ ⑤ ⑥ ⑦
	(33)	① ② ③ ④ ⑤ ⑥ ⑦
	(34)	① ② ③ ④ ⑤ ⑥ ⑦
	(35)	① ② ③ ④ ⑤ ⑥ ⑦
7	(36)	
	(37)	
	(38)	
	(39)	
	(40)	
8	(41)	① ② ③ ④ ⑤ ⑥ ⑦ ⑧ ⑨ ⑩
	(42)	① ② ③ ④ ⑤ ⑥ ⑦ ⑧ ⑨ ⑩
	(43)	① ② ③ ④ ⑤ ⑥ ⑦ ⑧ ⑨ ⑩
	(44)	① ② ③ ④ ⑤ ⑥ ⑦ ⑧ ⑨ ⑩
	(45)	① ② ③ ④ ⑤ ⑥ ⑦ ⑧ ⑨ ⑩
9	(46)	① ② ③ ④
	(47)	
	(48)	① ② ③ ④
	(49)	① ② ③ ④
	(50)	
	(51)	① ② ③ ④ ⑤ ⑥
	(52)	① ② ③ ④
10	(53)	① ② ③ ④
	(54)	① ② ③ ④
	(55)	① ② ③ ④
	(56)	① ② ③ ④
	(57)	① ② ③ ④
	(58)	
	(59)	Ⓣ Ⓕ
	(60)	Ⓣ Ⓕ
	(61)	Ⓣ Ⓕ
	(62)	① ② ③ ④

（注）この解答用紙は実物を縮小してあります。A３用紙に164％拡大コピーすると、ほぼ実物大で使用できます。（タイトルと配点表は含みません）

推定配点		計
	1　各２点×10　2～4　各１点×10 5～9　各２点×27〔6は各２点×５〕 10　(53)～(57)　各２点×５　(58)～(61)　各１点×４　(62)　２点	100点

2021年度　駒澤大学高等学校

数学解答用紙

番号		氏名		評点	／100

1

(1)		(2)		(3)	
(4)	%	(5)	$a =$ 　　, $b =$	(6)	
(7)	分後	(8)			

2

(1)	$a =$	(2)	(　　,　　)	(3)	

3

(1)	通り	(2)	通り	(3)	通り

4

(1)		(2)		(3)	

5

(1)		(2)		(3)	個

（注）この解答用紙は実物を縮小してあります。A3用紙に145%拡大コピーすると、ほぼ実物大で使用できます。（タイトルと配点表は含みません）

推定配点		計
	1～5　各5点×20	100点

二〇二二年度 駒澤大学高等学校

国語解答用紙

番号　　氏名　　評点　／100

一

問一　a　b　c　d　e

問二　Ⅰ　Ⅱ　Ⅲ　Ⅳ

問三　　問四　　問五　A　B

問六　Y　Z　　問七

問八

問九

問十　ア　イ　ウ　エ

二

問一

問二　①　③　⑨

問三　　問四

問五　④　⑤　⑦

問六　①　②

問七

問八

問九

三

問一　① ア　イ　ウ　② ア　イ　ウ

問二　①　②　③　④

問三　①　②

問四　①　②　③

問五　①　②　③　④　⑤

（注）この解答用紙は実物を縮小してあります。Ａ３用紙に164%拡大コピーすると、ほぼ実物大で使用できます。（タイトルと配点表は含みません）

推定配点

一 問一、問二 各２点×９ 問三 ３点 問四～問六 各２点×５ 問七 ３点 問八 ６点 問九 ２点 問十 各１点×４

二 問一～問六 各２点×11 問七～問九 各４点×３

三 各１点×20

計 100点

２０２０年度　駒澤大学高等学校

英語解答用紙

番号		氏名	

評点	／100

※記述問題の解答がマーク解答欄にかからないよう注意してください。

大問	番号	解答欄
1	(1)	
	(2)	
	(3)	
	(4)	① ② ③ ④
	(5)	① ② ③ ④
	(6)	① ② ③ ④
	(7)	
	(8)	
	(9)	
	(10)	① ② ③ ④
2	(11)	① ② ③ ④
	(12)	① ② ③ ④
3	(13)	① ②
	(14)	① ② ③
	(15)	① ② ③ ④ ⑤
4	(16)	① ② ③ ④
	(17)	① ② ③ ④
	(18)	① ② ③ ④
	(19)	① ② ③ ④
	(20)	① ② ③ ④
5	(21)	
	(22)	
	(23)	
	(24)	
	(25)	
6	(26)	① ② ③ ④ ⑤ ⑥ ⑦
	(27)	① ② ③ ④ ⑤ ⑥ ⑦
	(28)	① ② ③ ④ ⑤ ⑥ ⑦
	(29)	① ② ③ ④ ⑤ ⑥ ⑦
	(30)	① ② ③ ④ ⑤ ⑥ ⑦
	(31)	① ② ③ ④ ⑤ ⑥ ⑦
	(32)	① ② ③ ④ ⑤ ⑥ ⑦
	(33)	① ② ③ ④ ⑤ ⑥ ⑦
6 つづき	(34)	① ② ③ ④ ⑤ ⑥ ⑦
	(35)	① ② ③ ④ ⑤ ⑥ ⑦
7	(36)	
	(37)	
	(38)	
	(39)	
	(40)	
8	(41)	① ② ③ ④ ⑤ ⑥ ⑦ ⑧ ⑨ ⑩
	(42)	① ② ③ ④ ⑤ ⑥ ⑦ ⑧ ⑨ ⑩
	(43)	① ② ③ ④ ⑤ ⑥ ⑦ ⑧ ⑨ ⑩
	(44)	① ② ③ ④ ⑤ ⑥ ⑦ ⑧ ⑨ ⑩
	(45)	① ② ③ ④ ⑤ ⑥ ⑦ ⑧ ⑨ ⑩
9	(46)	
	(47)	① ② ③ ④
	(48)	① ② ③ ④
	(49)	① ② ③ ④ ⑤ ⑥
	(50)	① ② ③ ④ ⑤ ⑥ ⑦ ⑧
	(51)	
10	(52)	① ② ③ ④
	(53)	① ② ③ ④
	(54)	① ② ③ ④
	(55)	
	(56)	① ② ③ ④
	(57)	① ② ③ ④
	(58)	① ② ③ ④
	(59)	Ⓣ Ⓕ
	(60)	Ⓣ Ⓕ
	(61)	Ⓣ Ⓕ

（注）この解答用紙は実物を縮小してあります。B４用紙に127％拡大コピーすると、ほぼ実物大で使用できます。（タイトルと配点表は含みません）

推定配点		計
	1　各２点×10　2～4　各１点×10 5～8　各２点×20〔6は各２点×５〕 9　(46)～(50)　各２点×５　(51)　３点 10　(52)～(58)　各２点×７　(59)～(61)　各１点×３	100点

２０２０年度　駒澤大学高等学校

数学解答用紙

番号		氏名		評点	／100

1

(1)		(2)	$x=$, $y=$	(3)	
(4)	$a=$	(5)		(6)	m
(7)	∠CEO = °	(8)			

2

(1)	(,)	(2)	(,)	(3)	:

3

(1)		(2)		(3)	

4

(1)		(2)		(3)	通り

5

(1)		(2)		(3)	

（注）この解答用紙は実物を縮小してあります。Ｂ４用紙に141％拡大コピーすると、ほぼ実物大で使用できます。（タイトルと配点表は含みません）

推定配点		計
	1～5　各５点×20	100点

二〇二〇年度　駒澤大学高等学校

国語解答用紙

番号　　氏名　　評点　/100

一

問一　a　b　c　d　e

問二　a　b　c　d

問三　A　B

問四

問五　問六

問七

問八

問九

二

問一　①　⑤　⑪

問二　②　③　⑧

問三

問四　～

問五

問六

問七

問八　ア　イ　ウ　エ

三

問一　①　②

問二　①　②　③

問三

	漢字	意味		漢字	意味		漢字	意味
①			②			③		
④			⑤					

問四　①　②　③　④　⑤

（注）この解答用紙は実物を縮小してあります。A3用紙に164%拡大コピーするとほぼ実物大で使用できます。（タイトルと配点表は含みません）

推定配点		計
	一 問一、問二　各2点×9　問三、問四　各3点×3 問五、問六　各2点×2　問七　6点　問八　3点　問九　2点 二 問一、問二　各2点×6　問三～問五　各3点×3　問六　6点 問七　3点　問八　各2点×4 三 各1点×20	100点

高校後見返し